E a r l y C h i l d h o o d S o c i a l E d u c a t i o n

영유아사회교육

김현자 · 하수연 · 김종미 공저

어가 語歌

머리말

어릴 적부터 다양한 관계의 경험 속에서 자신을 알고 다른 사람을 알아가며 상황에 맞게 의사표현을 하고, 공동체 속에서 질서를 배워 가며 사회화되어 간다는 것이 말처럼 쉬운 일은 아니다. 영아기에 시작되는 사회·정서 발달은 유아기와 아동기, 청소년기 그리고 이후의 삶에도 영향을 미친다. 이렇듯 한 사람이 사회의 구성원으로 성장하며 적응하려면 가정과 유아교육기관과 사회, 국가의 협력이 필요하다.

코로나19를 겪은 예비 교사들과 영유아기의 자녀를 둔 부모들에게는 더불어 생활하고, 더불어 양육하는 모든 상황들이 버겁게 느껴질 수 있다. 본인들의 삶뿐만 아니라 영유아를 안정적으로 잘 교육하고 성장시키고자 하는 의지만큼의 결과를 얻기란 쉽지 않은 시기를 겪고 있기 때문이다.

함께하기보다는 혼자서도 많은 것을 해낼 수 있는 환경적인 지원이 영유아의 기본적인 생활습관의 형성과 인성교육의 효과에 오히려 부정적인 영향을 끼치고 있다. 따라서 집필진은 유아의 사회화와 행복을 위해 예비 유아교사가 유아사회교육의 기초 이론과 유아의 사회성 발달에 영향을 주는 요인들을 파악하여 성역할, 자기조절과 리더십, 친사회적 행동, 세계시민교육, 경제교육 및 환경교육을 하는 데 있어서 자신감을 갖도록 교재의 내용을 구성하고자 했다.

유·초·중학교는 물론 대학교에서도 인성교육이 강조될 수밖에 없는 현실에서 유아사회교육은 학교급의 연계를 고려하여 사회·경제·환경 등의 변화와 개인주의 가치관의 만연화 속에서도 자신을 긍정적으로 인식하고 다른 사람과 바람직한 관계를 형성하여 공동체에 소속감을 느끼며, 기쁨을 찾을 수 있도록 도움이 되고자 한다. 따라서 예비 유아교사도 본 교재를 통해 자신의 삶에 주도적인 주체임을 확인하고, 자신감 있게 유아들의 사회화를 교육할 수 있기를 기대해 본다. 이에 유아의 사회성 발달에 영향을 주는 요인으로 개인적 요인, 사회적 요인, 환경적 요인을 다루었으며, 유아의 사회성 발달을 위해 성역할, 자기조절력과 리더십, 친사회적 행동, 세계시민교육, 경제 및 환경교육을 다루었다.

유아교육 현장에서 영유아를 교육했던 교사로서 유아사회교육의 실천적인 방법을 강구하고 전문적인 역량 강화에 도움이 되도록 사명감을 갖고 집필하였음을 밝힌다. 이 책은 3부로 나누어 총 12장의 주제로 구성하였다. 제1부 유아사회교육의 기초 이론에서는 1장과 4장은 김현자 교수, 2장은 하수연 교수, 3장은 김종미 교수가 집필하였으며, 제2부 유아의 사회성 발달에 영향을 주는 요인으로 5장·6장·7장은 하수연 교수가 집필하였다. 제3부 유아의 사회성 발달을 위한 지도 영역에서는 8장·9장·10장을 김종미 교수, 11장·12장은 김현자 교수가 집필하였다.

이 책이 나오기까지 편집과 출판을 위해 애써 주신 도서출판 어가의 사장님과 직원 여러분들께 감사의 마음을 전한다.

2025년 12월

저자 일동

차 례

제3장 유아사회교육의 이론적 접근

제4장 교육과정과 유아사회교육

제2부 유아의 사회성 발달에 영향을 주는 요인

제5장 개인적 요인

제1부

유아사회교육의 기초 이론

제1장 유아사회교육의 기초 이해

학습 목표

1. 유아기 사회교육의 개념과 목표를 설명할 수 있다.
2. 유아기 사회교육의 중요성을 설명할 수 있다.

생각해 보기

1. '유아사회교육' 하면 떠오르는 단어들을 나열해 보고 경험적·지식적 차이를 토론해 보세요.
2. 초·중·고등학교에서 배웠던 사회교육의 내용은 무엇이었는지 소개해 보세요.

한 개인이 사회의 구성원으로 소속감을 갖고 살아가기까지는 어릴 적부터 다양한 관계와 경험 속에서 자신을 알고 다른 사람을 알아가는 과정을 필요로 한다. 특히 유아기에 유아 자신이 삶에 능동적인 주체가 되도록 하기 위해서는 더불어 살아가는 과정 등을 배워가는 사회교육이 자연스럽게 이루어져야 한다. 따라서 유아교육기관에서 가정과 연계하여 사회교육을 하려면 유아사회교육의 개념 및 목적, 중요성을 아는 기초가 필요하다.

1 유아사회교육의 개념 및 목적

1) 유아사회교육의 개념

사회교육은 사전적 정의가 여러 가지로 해석되고 있다. 고려대 한국어대사전에서는 가정과 학교가 아닌 곳에서 주로 청소년이나 성인을 대상으로 사회인으로서 필요한 사항을 가르치는 교육으로 가정과 학교 이외의 도서관, 동물원, 강연회 따위를 통하여 이루어진다고 정의하고 있다. 한국민족문화대백과사전(https://encykorea.aks.ac.kr)에서는 국가가 학력을 인정하는 제도적 정규 교육기관 외에 사회에서 행해지는 조직적 교육활동으로 정의하고 있으며, 비형식적 교육으로 학교와는 달리 형식성을 갖추지 않은 교육활동을 말한다고 되어 있다. 표준국어대사전에서는 일반 민중에게 사회인으로 필요한 교육을 실시하는 조직적인 활동으로 정의하고, 가정과 학교 이외의 도서관, 동물원, 강연회 및 신문, 잡지 따위를 통해 이루어진다고 설명하고 있다.

시펠트(Seefeldt, 1997)는 유아사회교육을 다른 교육 영역에 비해 유아가 가정과 학교, 사회에 참여하고 미래사회의 유능한 시민으로서 성장하는 데 필요한 지식, 태도, 기술, 가치를 얻을 수 있도록 돕기에 가장 적합한 교육 영역이라고 하였다. 학자들은 유아사회교육을 다음과 같이 정의하고 있다.

사회교육의 내용과 범위는 광범위하다. 초기에는 사회교육을 신체와 감각적 인식, 정서와 감정이입의 개인적 발달 측면과 우정과 유대관계, 갈등과 협동, 애정과 친절 등 사회적 발달 측면에 국한하여 유아사회교육을 사회화에 중점을 두었다. 하지만 최근에는 단순히 사회적 기술뿐 아니라 사회과학의 접근방법을 활용하여 서로의 감정을 이해하고 남과 함께하는 관계를 유지하도록 강조하고 있다. 이러한 관점의 사회교육은 시민정신의 전달을 주된 목표로 태도, 지식 및 기술을 습득하는 사회과학적 접근과 사회적 맥락에서 의사결정 과정을 습득하는 반성적 탐구를 포함한다(Walton & Mallan, 1999; Wolf, 1978: 황해익 외, 2015 재인용).

여러 교과 영역 가운데 사회교육은 사람과 사람 간의 관계와 상호작용 및 인간의 다면적인 활동을 통해 사회의 조직을 발전시키고 유능한 시민으로 성장할 수 있는 개인이 되게 하는(교육인적자원부, 2007) 중요한 역할을 한다.

표 1-1 유아사회교육의 정의

학자	정의
김영옥 (2014)	사회생활, 지식, 기술이 조화되는 과정이며, 사회성 교육뿐만 아니라 사회과학(역사, 지리, 경제, 사회학, 인류 등)을 통합하여 유아의 건전한 자아발달, 가치관 및 태도를 형성하는 것이다.
양옥승 외 (2014)	취학 전 단계에 있는 유아들이 가정, 학교, 사회에서 바람직한 사회생활을 할 수 있도록 사회생활에 관한 개념, 기술, 태도와 가치관 등을 형성하여 바람직한 민주시민을 육성하는 것이다.
이경실 (2011)	유아가 사회적 문제를 해결할 수 있는 능력을 기르고 가치 판단과 의사결정을 하여 민주사회의 일원이 될 수 있도록 하는 교육으로 유아가 살고 있는 사회에 대한 이해를 바탕으로 사회과학의 다양한 지식을 습득하여 실생활에 적용할 수 있는 능력을 기르는 것이다.

유아사회교육은 유아들이 능동적인 인식 주체로 인식하여 지식을 학습하고, 여러 현상에 대해 적극적으로 탐색할 수 있도록 유아의 적극적인 수업 참여를 강조하는 교육이다. 유아교육에서 최근 강조하는 구성주의 이론에 기초한 프로젝트 접근법, 레지오 에밀리아 접근법에서 유아에게 적합한 사회교육의 특성을 찾을 수 있다(양옥승 외, 2014).

2) 유아사회교육의 목적

일반적으로 교육의 목적이 사람을 만드는 것에 있다면 유아사회교육은 이를 좀 더 구체적으로 설명할 수 있는 영역으로 교육의 대상인 유아가 그가 속한 사회의 구성원으로 적응하며 건강한 사람으로 살아가도록 돕는 데 목적이 있다고 할 수 있다.

유아교육 분야에서 사회교육은 사회과학적 지식뿐만 아니라 사회정서 발달의 내용을 포함하고 있다(조운주, 2014). 또한 사회교육은 민주시민의 양성이라는 목적하에서 다양한 내용을 포함하고 있으며 학교급에 따라 그 내용과 범위가 달라지기 때문에, 유아를 위한 사회교육에서 무엇을 어떻게 가르칠 것인가를 결정하기는 쉽지 않다(이효림·이지연, 2018).

유아사회교육의 목적은 유아가 민주시민으로 살아가는 데 필요한 사회적 품성을 함양하고 적절한 사회적 기술을 내면화하고 사회생활과 관련된 기본적 지식을 습득할 수 있도록 교육하는 것이다(김영옥·이은화, 2000; 양옥승 외, 2014). 또한 유아가 사회생활에서 직면하는 문제해결을 중심으로 자신의 생활 경험 속에서 그들이 속한 세계를 이해하고 자기가 속한 여러 집단의 일원으로서 기능을 발휘할 수 있게 하는 데 있다(황해익 외, 2015). 이러한 측면에서 볼 때 유아사회교육의 목표는 다음과 같이 제시할 수 있다.

- 자신에 대한 긍정적인 인식을 갖고, 자존감을 발달시킨다.
- 타인을 배려하고 책임 있는 행동을 할 수 있는 도덕적 감수성을 발달시킨다.
- 다양한 사람들과 문화에 대한 이해와 존중하는 태도를 기른다.
- 또래 및 주변 사람들과 긍정적인 관계를 형성하며 대인관계 능력을 발달시킨다.
- 공동체적인 삶을 이해하고 경제 및 환경의 순환적 삶을 알아간다.

함께 하는 실내 모래놀이

2 유아사회교육의 중요성

인간은 혼자 살아갈 수 없는 사회적인 존재이기 때문에 크고 작은 공동체를 이루며 살아야 하는 존재이고, 이를 위해서는 구성원으로서의 역할을 감당해야 하며, 이러한 과정을 통해 사회화되어 간다. 즉, 인간의 발달과업 중 하나인 사회성이 발달해 간다.

사회성은 인간이 행복한 삶을 영위하기 위하여 갖추어야 하는 기본적이고 발달적인 측면으로 다른 사람과 사회적 상호작용을 통해서 형성되는 능력이다(O'Malley, 1977). 이러한 능력은 단기에 생성되는 것이 아니라 자아개념이 형성되면서 나와 주변을 알아가는 유아기부터 주변 사람들과 다양한 상황의 경험을 통해 발달해 간다.

유아교육의 모든 교과 영역에서 유아가 현재 또는 미래의 사회 구성원으로 살아가는 방법을 가르치고 준비시키지만, 특히 유아사회교육은 유아가 자신이 속한 가정과 사회 및 환경을 이해하고 가족, 또래 집단, 지역사회, 나아가 세계 시민으로 참여하는 구성원으로서 필요한 사회과학적 개념, 가치 및 태도 그리고 기술의 틀을 형성하는 것을 목적으로 한다(Seefeldt, 2001)는 점에서 중요한 교육과정의 한 영역이라고 할 수 있다(이효림·박소연, 2017). 그러므로 유아기가 사회교육의 적기라고 할 수 있다. 본 장에서는 유아사회교육이 유아기에 꼭 필요한 이유를 유아의 발달적·경험적 측면과 사회적 측면에서 정리하였다.

1) 발달적·경험적 측면

발달적·경험적 측면이란 유아가 주어진 환경에서 자연스럽게 성장·발달하고 경험하는 과정에서 학습되어서 사회 구성원으로 성장하는 과정을 볼 수 있는 관점을 말한다.

① 유아기는 자신이 속한 사회 속에서 인간의 상호 의존성과 다양한 경험을 통해 사회화가 되어가는 시기이다.

유아사회교육은 유아가 성장하면서 경험하는 다양한 사회적 관계를 통한 사회화 과정을 지원하고 사회생활에 요구되는 사회환경에 대한 이해를 하도록 도와줌으로써 인간 형성의 토대를 마련해 주는 기능을 수행한다. 즉, 유아가 민주시민사회의 일원으로 살아가는 데 필요한 사회적 품성을 함양하고 적절한 사회적 기술을 내면화하고 사회생활과 관련된 기본적 지식을 습득할 수 있도록 교육하는 것을 목적으로 한다(김영옥·이은화, 2000; 양옥승 외, 2014). 유아기는 자신이 속한 주변 사회와의 관계 속에서 인간의 상호 의존성을 경험하며, 다양한 삶의 모습을 보고 배우게 된다. 따라서 유아가 속한 공동체 내에서 서로 협력하고 돕는 상호 의존의 관계를 형성하고 새로운 상황에서도 이를 적용할 수 있는 시기이기에 유아사회교육이 중요하다.

② 유아기는 사회정서 발달이 중요한 시기이다.

유아사회교육에서 다루어지는 유아의 사회정서 발달이란 사회적으로 성인 및 다른 유아와 친밀하고 만족스러운 관계를 형성하고 유지할 수 있는 능력을 의미하며, 정서적으로 자신의 감정을 인식하고, 적절히 표현하고 조절할 뿐 아니라 다른 사람의 감정을 이해하고 적절히 반응할 수 있는 능력을 의미한다(Administration for Children and Families, 2015: 조운주·최일선, 2023 재인용).

유아기에는 자신이 누구이고 남과 다른 점과 공통점을 알아가며 정체성을 형성하게 되어 자신에 대한 가치와 존중감을 갖게 된다. 영아기와 유아기의 성장 과정을 통해 또래 및 주변 사람들과 관계를 경험하면서 함께하는 기쁨을 느끼며 다양한 정서가 발달하게 된다.

유아는 정서를 다양하게 표현하고 이해하는 것, 불안감, 슬픔, 좌절을 극복하는 것, 자신의 감정을 조절하는 것, 만족을 지연하는 것, 공격성을 통제하는 것을 배워야 한다(조운주·최일선, 2023). 유아는 유아교육기관에서 다양한 사람과 함께 어울리면서 욕구불만, 기쁨, 공포, 긴장, 분노와 같은 다양한 감정들을 어떻게 다루어야 하는지 배우며, 자신이 살고 있는 사회적 환경에 대한 요구과 기대, 그들의 필요와 관심들 간의 차이점을 어떻게 조화시키는가에 대한 올바른 판단 능력을 기른다(Kostelnik et al., 1993). 유아는 관계의 지속성을 위해 타인에 대한 존중과 협력의 중요성을 알아가며, 이에 필요한 기술과 자신의 정서 조절을 발달시키도록 돕기 위해서 유아기에 사회교육이 중요하다.

③ 유아기는 사회과학의 학습이 중요한 시기이다.

사회교육의 근본적인 교육 목표는 사회과학의 지식을 가르치는 것을 목적으로 하는 것보다는 사회과학적 지식을 통해 민주시민으로서 필요한 자질을 함양하고 합리적인 생활태도와 긍정적이고 바람직한 가치관을 형성할 수 있도록 하는 데 있다(양승옥 외, 2014).

유아는 일상생활 속에서 사회과학적 지식을 자연스럽게 학습해 간다. 물리적인 환경과 날씨 등의 변화를 느끼며 과거와 현재, 미래 등 시간의 개념을 알아가고, 사물의 속성 등의 개념을 배워 간다.

유아기에 기본적인 경제 개념인 돈, 생산·소비 등을 이해하는 것이 건전한 소비생활을 위해서 중요하다(조운주·최일선, 2023). 유아기에는 부모가 돈을 주고 물건을 사는 것을 관찰하고, 용돈을 받아서 스스로 물건을 사 보거나 유아교육기관에서 시장 놀이에 참여함으로써 화폐의 가치와 구매의 방법 등 기본적인 경제 개념을 조금씩 학습해 간다. 따라서 과학

문명의 발달에 따른 개인 및 사회의 권리에 대한 존중과 책임을 생활 속에서 알고 실천할 수 있도록 해야 한다. 이와 같이 유아기는 사회과학의 다각적이고 체계적인 학습이 가능한 시기이므로 유아기에 사회교육이 중요하다.

함께 하는 미술놀이

2) 사회적 측면

사회적 측면이란 유아기의 발달적 특성이나 경험적 특성처럼 유아의 개인적인 요인과는 다르게 오로지 주변 환경, 사회·문화·정책 등의 변화가 유아기의 사회정서 발달과 사회과학적 지식 및 학습 등에 영향을 끼치는 관점을 말하는 것이다.

① 가정의 사회화 기능이 점점 약화되고 있다.

유아는 가정에서 사회를 처음으로 경험하고 자아를 찾아가며, 부모에게 공동체의 구성원으로 살아가는 데 필요한 기본적인 지식과 태도, 기술을 배우게 된다. 하지만 1인 가구 비율의 증가와 결혼에 대한 필요성이 점차 감소하고, 부부 중심의 가족이 증가하다 보니 저출생 비율의 증가와 핵가족 중심의 가족관으로 인해 자녀를 과잉보호하거나 가정교육의 모든 책임을 교육기관으로 떠맡기는 경우가 증가하고 있다.

가족에 대한 가치관의 변화와 부모의 경제활동 등으로 사회관계의 소중함에 대한 이해와 대인관계 속에서의 갈등을 경험하고 문제를 해결하는 과정을 배울 기회가 줄어들고 있어서 가정의 사회화 기능은 점점 약화되고 있다. 유아가 부모로부터 받은 정서적 경험은

한 인간이 타인과 바람직한 관계를 맺을 수 있는 초석이 되며(오영희 외, 2007), 부모와의 성공적인 관계 맺음은 이후의 심리적인 적응과 사회적 성공을 예측하는 지표가 된다(김향은·정옥분, 1999).

최근에는 TV와 인터넷 매체를 통하여 가족의 삶을 회복시키기 위한 다양한 각도에서의 접근을 보여주는 프로그램이 흥행하고 있다. 그러한 프로그램이 많다는 것은 가치관의 변화와 세대 간의 이해 차이 등으로 인해 가정교육이 힘들다는 것을 나타낸다고 할 수 있다. 또한 대중매체를 통해 불안정하고 다양한 가정사와 그에 따른 해결책의 사례를 제공받고자 하는 사람들이 많아졌다는 것을 알 수 있다(김현자 외, 2025). 또한 결혼하지 않고 선택적인 싱글맘이 되어 자녀를 낳고 한부모 가정을 유지하는 사람들도 대중매체를 통해 공개되므로 이를 다양한 가족으로 보게 만든다. 이러한 사회의 변화는 결국 가정의 정상적인 사회화 기능을 축소하고 있다고 볼 수 있다. 따라서 유아교육기관에서는 가정의 사회화 기능이 확장될 수 있도록 유아기에 사회교육을 더욱 강조할 수밖에 없다.

② 매스미디어의 급격한 발달이 사회화에 영향을 주고 있다.

매스미디어의 급격한 발달로 스마트폰과 태블릿PC의 사용은 영아기부터 시작되고 있으나 가정에서의 교육적 관리는 매우 소홀한 상태이다. 이정원 등(2021)은 미디어 이용 시기의 하향화와 영유아의 미디어 이용의 보편화에 따라 영유아의 적정한 미디어 이용을 유도하기 위한 정책과 지원방안의 필요성을 제기하기도 하였다. 또한 과학기술정보통신부(2022)에서도 자율 조절이 어려운 유아, 청소년 등의 지나친 스마트기기 사용은 건강, 심리, 관계에서 새로운 사회문제로 대두되고 있다고 지적한 바가 있다.

디지털 네이티브(digital native)라고 불리는 MZ세대를 부모로 둔 알파 세대는 태어나면서부터 디지털 미디어에 익숙한 환경에 놓인다. 따라서 텍스트보다는 영상과 그래픽, 가상현실 등에 더욱 친숙한 학습자이다(김현자 외, 2025). 이러한 문화적인 변화에 긍정적인 측면은 있으나 스마트폰과 인터넷 사용에 대한 과의존은 유아기에 또래 및 가족과 상호작용의 기회를 감소시킬 뿐 아니라 다양한 탐색 활동에 대한 흥미를 덜 느끼며, 강렬한 자극에만 뇌가 반응하는 등 두뇌 발달을 저해하는 요인으로 작용하여 결국에는 유아가 건강하게 사회화되어 가는 과정에 부정적인 영향을 줄 수밖에 없다. 따라서 유아기에 사회교육을 통해서 이러한 문제를 예방하고 해결해 나가야 한다.

참고 기사

"사춘기前 숏폼 중독땐 집중력 저하-문해력 약화"

방성은, 조유라(2025.04.02.). 동아일보.
https://n.news.naver.com/article/020/0003625334?sid=102

③ 인권의식의 변화가 사회화에 영향을 주고 있다.

인권(Human rights)이란 인간이라면 누구나 갖는 기본적이고도 보편적인 권리이자, 종교와 문화, 인종, 국가를 초월한 유일한 것으로 세계적으로 합의된 가치이다. 즉, 인권은 인간이 인간답게 존재하기 위한 보편적이고도 절대적인 인간의 권리 및 지위와 자격을 일컫는다(Reichert, 2008: 민미희·성미영, 2016 재인용). 인권의식의 변화는 사람과 사람, 사람과 환경 간의 관계에 영향을 줄 수 있다. 포스트모더니즘 시대가 되면서 개인의 공간과 생각, 가치관 등을 당연시하고 존중해야 한다는 긍정적인 측면이 강조되었다. 그러나 인본주의 측면에서만 강조되는 인권의식은 개인의 욕구와 가치관을 지나치게 강조하다 보니 다양한 영역에서 사회의 질서가 조금씩 파괴되며, 개인은 여러 측면에서 중독이라는 질병을 갖는 경우가 증가하고 있다.

아동의 인권에 관한 국내 연구는 1990년대 초부터 시작되었으며, 아동의 인권의식과 관련하여 학교생활만족도, 자아존중감, 친사회적 행동, 다문화 인식 및 수용성 등에 영향을 끼치는 것으로 나타났다. 한편, 김정화(2020)의 연구에서는 유아 인권에 관한 연구에서 유아교사의 유아 인권 인식을 다룬 연구가 초기에는 UN 아동권리협약에 명시된 아동의 생존, 발달, 보호, 참여에 관한 기본 권리들에 대한 교사의 인식에 주로 초점을 맞추어 왔으며(이미숙, 2010; 이지영, 2011), 이후 유아권리존중의 개념(김진숙, 2010)이 제시되면서 유아권리존중 실행 연구(이진화, 2014; 최은혜, 2017), 유아권리 인식과 유아존중 실행 수준 간의 관련성 연구(구은미 외, 2016; 김정화, 2014)들이 이루어져 왔다고 밝히고 있다.

이와 같이 유아 인권에 관한 인식의 변화는 유아기에 유아교육기관에 잘 적응하고 다양함을 받아들이는 사회화의 과정에 변수로 작용할 수 있다는 것이다. 유아들에게 가장 많은 영향을 주는 교사와 부모의 인권의식은 유아들의 인권의식에 영향을 주는 것은 당연하므로 유아교육기관을 통한 유아사회교육은 매우 중요하다.

Activity

가정의 사회화 기능이 약화될 수밖에 없는 이유를 신문기사와 통계자료를 통해 찾고 문제점과 그 해결책을 나누어 보세요.

감정 헤아리고 격려하기

아이의 마음 안에 있는 감정 사전에는
매일매일 새로운 감정의 단어들이 쓰이고 있답니다.
– 중략 –
때로는 글씨를 쓰는 것도 서툴러서 삐뚤빼뚤
줄도 안 맞고 글씨 크기도 제각각으로 써지겠지요.
그럴 때마다 대신 써 주고 싶어서
부모님의 손이 움찔거리더라도
꾹 참으시기 바랍니다.
응원과 격려를 해 주면서 기다리는 동안에
한 줄 한 줄 차곡차곡
감정 단어들이 자기 자리를 찾아갈 거예요.
그렇게 아이 스스로 감정을 탐구하다 보면
'엄청 뿌듯함'이라는 감정 단어 하나를
오늘 새로이 발견하게 될 테니까요!

– 유정은 외(2023). 《영유아의 의견 존중 한걸음 더 나아가기》 중에서

제2장 유아의 사회화와 행복

학습 목표

1. 유아기 행복의 개념과 요인을 설명하고, 행복에 영향을 미치는 내적·환경적 요인을 설명할 수 있다.
2. 사회적 유능성의 개념과 발달 과정을 설명하고, 유아의 사회적 유능성이 행복과 어떻게 연관되는지 분석할 수 있다.
3. 유아의 행복한 사회화를 촉진하기 위한 교육적 접근 방법을 이해하고, 교사 상호작용 및 놀이 중심 환경 구성의 실제 적용 방안을 제시할 수 있다.

생각해 보기

1. 유아는 자신의 행복을 언어로 직접 표현하기 어렵습니다. 그렇다면 교사는 유아의 행복을 어떻게 이해하고 관찰해야 할까요?
2. 또래와 잘 어울리는 유아가 더 행복한 이유는 단순히 친구가 많기 때문일까요? 사회적 유능성과 행복 사이의 연결고리를 사례나 경험을 바탕으로 설명해 보세요.

유아기는 인생의 첫 사회화가 시작되는 시기이다. 유아는 또래, 교사, 가족 등 다양한 사회관계 속에서 자신을 인식하고 타인을 이해하며, 점차 공동체의 일원으로 성장해 간다. 이 과정에서 유아가 느끼는 정서적 안정과 만족감, 즉 '행복'은 단순한 감정의 순간을 넘어 발달의 방향과 질을 결정짓는 중요한 요소가 된다.

유아교육 현장에서는 지식 전달보다 행복하고 조화로운 삶을 위한 사회적 역량과 정서적 기반을 기르는 것을 중요하게 다루고 있다. 특히 사회적 유능성은 유아가 타인과 긍정적인 관계를 형성하고, 다양한 사회적 상황 속에서 조화롭게 살아가기 위한 핵심 능력이다. 이는 유아의 행복감과도 깊이 연결된다.

유아의 행복과 관련하여 행복의 개념과 그 요인을 살펴보고, 유아의 사회적 유능성이 행복과 어떤 방식으로 맞물리는지, 유아의 행복한 사회화를 위해 교육 현장에서 실천할 수 있는 구체적인 접근 방법과 교사의 역할에 대해 모색하고자 한다.

1 유아 행복의 개념과 요인

유아기의 행복은 단순한 감정 상태를 넘어 유아의 전인적 발달을 이끄는 핵심 동력이다. 유아가 느끼는 행복은 자신이 안전하고 존중받고 있다는 감각에서 비롯되며, 이 감각은 정서 발달, 사회적 유능성, 자기 개념 형성 등 다양한 발달 영역에 긍정적인 영향을 미친다.

하지만 유아기의 행복은 성인과는 다른 방식으로 구성되고 표현된다. 유아는 언어로 복잡한 감정을 설명하기보다는 표정, 놀이, 관계 속 반응으로 자신의 정서를 드러낸다. 그러므로 유아 행복을 이해하기 위해서는 그 의미와 특징을 유아기 발달 특성의 맥락에서 접근할 필요가 있다.

1) 유아기 행복의 의미와 심리사회적 특성

「대한민국 헌법」 제2장 제10조에는 "모든 국민은 인간으로서의 존엄과 가치를 가지며, 행복을 추구할 권리를 가진다. 국가는 개인이 가지는 불가침의 기본적 인권을 확인하고 이를 보장할 의무를 가진다."라고 행복을 추구할 권리가 명시되어 있다. 이는 인간의 기본적 권리로 당연히 유아에게도 적용되는 조항이다. 유아기는 행복의 기초를 증진하는 시기로 자기이해, 자아존중감, 긍정적 관계, 사회적 유능성이 발달하고(Steinberg et al., 2012), 청소년기와 성인기의 생애주기 전반에 미치는 영향이 높은 시기이다(황해익 외, 2022).

행복은 다양한 영역을 포함하고 있어 그에 대한 정의도 다양하게 제시되고 있다. 행복은 긍정적 정서, 기쁨, 만족감, 성취감 등을 의미(Diener et al. 2009)하며, 행복은 개인의 삶에 대한 주관적 안녕감과 만족감을 강조하는 상대적으로 안정적이며, 긍정적이고, 애정적인 특성(Holder & Klassen 2010)이 있다.

행복에 대한 사전적 의미는 '생활에서 충분한 만족과 기쁨을 느끼어 흐뭇함 또는 그러한 상태'(우리말샘, 2025. 10. 12. 인출)라고 설명되어 있다. 옥스퍼드 영어 사전에서는 세 항목으로 설명하고 있다. 첫째, 인생 또는 특수한 사건에서의 행운, 성공, 번영, 둘째, 성공 또는 좋은 것으로 간주되는 것으로부터 오는 마음의 만족한 상태, 셋째, 성공적 또는 알맞은 적성, 적당, 적합성, 적절성, 경사 등이다. 즉, 행복이라는 말은 행운에서 쾌락에 이르기까지 다양한 의미로 쓰인다(박정인 외, 2022 재인용).

세계 행복 보고서 2013(Halliwell et al., 2013)에 따르면, 행복은 두 가지로 사용될 수 있다. 첫 번째는 정서적(Emotion) 의미이고, 두 번째는 평가(Evaluation)의 의미이다. 다시 말해, '지금 행복한지'에 대한 감정으로서의 행복감과 '전반적인 생활이 행복한지'에 대한 삶의 만족으로서의 행복감으로 사용된다. 실제로 사회적 발전과 성취에 의해 느껴지는 행복감과 이와는 다른 정서상의 행복감은 서로를 반영하지 못할 수도 있다. 다시 말해, 자신의 생활이 나아져서 느끼는 행복감도 있지만, 생활이 궁핍하여 힘들더라도 생활하면서 느끼는 정서상의 행복감도 있다. 그러므로 행복감은 삶에 대한 만족감(life satisfaction)과 정서(emotion)의 두 가지 요소를 함께 반영한다고 볼 수 있다(도남희 외, 2014).

따라서, 유아기의 행복은 단순한 즐거움이나 순간적인 기쁨을 넘어, 전반적인 정서적 안정감, 소속감, 자율성, 관계의 질, 놀이 경험 등 다양한 요인의 통합적 결과로 이해된다. 특히 유아기는 자아정체성의 기초 형성과 사회적 관계의 기초가 형성되는 시기이므로, 이 시기의 행복은 이후 삶에 지속적인 영향을 미치게 된다.

행복한 유아

긍정심리학(positive psychology)의 창시자인 셀리그먼(Seligman, 2012)은 행복의 요소를 다섯 가지로 범주화하여 첫 글자를 따서 PERMA 모델로 제시하고 있다. 이는 긍정적 감정(Positive Emotion), 참여(Engagement), 관계(Relationships), 의미(Meaning), 성취(Accomplishment)이다. 행복의 요소 PERMA 모델을 유아의 발달 특성과 교육적 관점으로 접근해 보면 다음과 같다.

첫째, P(Positive Emotion), 긍정적 감정이다. 유아는 일상 속에서 즐거움, 기쁨, 만족, 사랑 같은 긍정 정서를 경험할 때 정서적 안정감을 형성한다. 안정적인 애착 관계, 교사-유아 상호작용, 놀이를 통한 성취 경험은 유아가 긍정적 감정을 자주 경험하게 하며, 이는 정서 조절 능력과 자기 개방성에도 영향을 준다. 긍정 정서는 또래와의 관계 형성과 갈등 상황의 평화로운 해결에도 중요한 기초가 될 수 있다.

둘째, E(Engagement), 참여이다. 유아는 몰입을 통해 자기 효능감과 만족을 경험한다. 자유놀이, 예술활동, 신체놀이, 탐색 중심의 프로젝트 활동 등에서 유아가 자신의 흥미와 관심에 따라 몰입하는 경험은 '심리적 흐름(flow)' 상태와 유사한 참여감을 제공할 수 있다. 유아의 참여는 단순한 활동 수행이 아니라, 자발성과 의미 있는 경험의 축적을 가능하게 한다.

셋째, R(Relationships), 관계이다. 유아는 사회적 존재로서, 인간관계를 통해 정서적 안전과 소속감을 느낄 수 있다. 가족, 또래, 교사와의 긍정적인 관계는 유아가 신뢰, 공감, 친밀감을 배우는 기반이 되며, 이는 행복감과 직결된다. 특히 유아는 애정 어린 언어, 수용적인 분위기, 일관된 반응 속에서 자신이 사랑받고 존중받고 있다고 느낄 때 심리적 안정과 행복을 느낀다.

넷째, M(Meaning), 의미이다. 비록 유아는 성인처럼 추상적인 '의미'를 인식하기는 어렵지만, '내가 소중한 존재'라는 느낌과 '내가 속한 세계의 일부'라는 감각을 통해 삶의 의미를 경험한다. 상징놀이, 역할놀이, 전래놀이 등에서 사회적 역할 수행은 유아가 자신이 중요한 존재임을 느끼도록 도와준다. 또한 규칙을 함께 만들고 지키는 공동체 활동을 통해 유아는 자신이 공동체에 기여하고 있음을 인식하게 된다.

다섯째, A(Accomplishment), 성취이다. 유아는 도전 과제를 시도하고, 그것을 해결하거나 성취했을 때 자신감과 만족감을 느낀다. 자조 활동(예: 신발 신기, 정리 정돈), 창의 활동(예: 블록 쌓기, 그림 그리기) 등은 유아에게 작은 성공 경험을 반복적으로 제공하게 된다. 이러한 성취 경험은 유아가 '나는 할 수 있다'는 자기효능감을 갖고 사회적 관계에서도 보다 주체적으로 행동하도록 도울 수 있다.

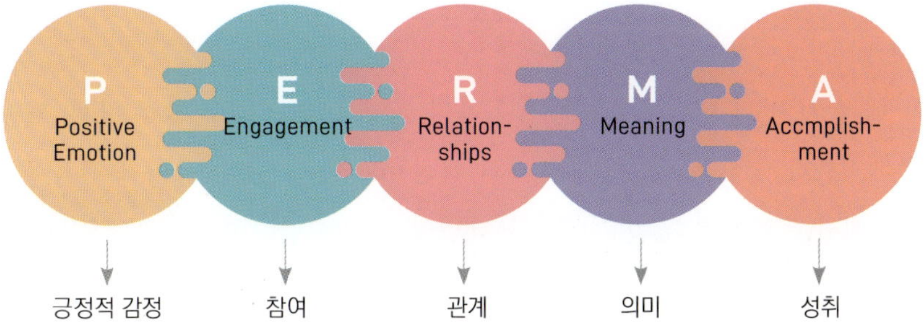

그림 2-1 셀리그먼(Seligman)의 PERMA 모델

심리사회적 관점에서는 에릭슨(Erikson, 1950)이 제시한 발달단계 중 유아기는 '자율성 대 수치심'(toddler stage), '주도성 대 죄책감'(preschool stage) 단계에 해당한다. 이 시기 유아가 긍정적인 상호작용과 자율적 선택의 기회를 경험할 때, 자기효능감과 자아존중감이 강화되며 이는 행복감의 기반이 된다.

또한, 유아기 행복은 표현 방식에서도 성인과 구별된다. 유아는 언어적으로 감정을 정교하게 설명하기보다는 표정, 몸짓, 놀이 행동, 또래 반응 등을 통해 간접적으로 자신의 행복을 표현한다(Laevers, 2005). 따라서 교사나 보호자는 유아의 행복을 단순히 '웃는 얼굴'이나 '조용함'으로 판단하기보다는, 유아의 참여도, 사회적 상호작용, 정서적 반응을 종합적으로 관찰하여 이해할 필요가 있다.

유아기의 행복은 단순한 쾌감이나 즐거움 그 이상으로, 정서적 안정, 자기 인식, 사회적 소속감이 조화롭게 어우러진 상태이다. 유아는 자신이 사랑받고 있다는 느낌, 타인과 긍정적으로 연결되어 있다는 경험, 자신이 할 수 있다는 확신 속에서 심리적 행복을 형성해 나간다.

이러한 행복은 기질, 정서조절력, 사회적 상호작용과 같은 심리사회적 특성과 밀접히 관련되며, 일상의 소소한 경험 속에서 점차 다져진다. 따라서 유아기 행복은 순간의 반응이 아니라, 발달의 흐름 안에서 점진적으로 형성되는 정서적·사회적 안녕의 기반이다. 유아가 안정적이고 따뜻한 환경 속에서 자신을 긍정적으로 바라보며 타인과 건강한 관계를 맺을 수 있도록 돕는 것은, 결국 행복한 삶을 살아갈 힘을 길러주는 일이다.

2) 유아 행복을 구성하는 내적 자원

유아의 내적 자원(internal resources)은 유아의 긍정적 정서 및 긍정적 관계, 도전적 상황 속에서 주체적으로 대처하고 성장하는 것의 핵심이라 할 수 있다. 유아가 행복을 경험하고 유지하기 위해서는 외부적 조건뿐 아니라, 내면의 자원이 단단하게 자리 잡는 것이 중요하다. 자아존중감, 회복탄력성, 낙관성, 정서적 역량은 유아가 삶의 다양한 상황 속에서 스스로를 지지하고 성장시킬 수 있는 심리적 기초가 된다. 유아의 행복을 구성하는 내적 자원은 다음과 같다.

첫째, 자아존중감(self-esteem)이다. 자아존중감은 주요한 타인으로부터 긍정적인 평가를 받고, 타인과의 비교에서 우위를 차지하며, 효과적으로 행동할 수 있는 능력을 갖추고 있다는 믿음에 기초한다(Hewitt, 2002: 윤미승 외, 2022 재인용). 유아가 스스로를 긍정적으로 평가하고, 세상에서 '나도 중요한 존재'라는 확신을 가질 때 행복의 기초가 형성된다. 높은 자아존중감은 사회적 참여 의욕, 실패에 대한 회복탄력성을 높이며, 또래 및 성인과 긍정적 관계를 맺는 데 중요한 역할을 한다.

둘째, 회복탄력성(resilience)이다. 회복탄력성은 라틴어의 'resiliere'에서 파생된 영어의 'resilience'로 원래 물질이나 기관의 유연성과 신축성을 설명하기 위해 사용하던 용어로서, 늘어나 있거나 압축된 상태에서 다시 튀어 오르거나 원래 상태로 되돌아오는 능력을 의미한다(서주희, 2020). 회복탄력성은 유아가 좌절이나 어려움을 마주했을 때 다시 일어설 수 있는 정서적·행동적 유연성을 의미한다. 유아의 회복탄력성은 걱정, 불안, 분노의 상황에서도 적절히 반응할 수 있고, 상황을 긍정적으로 재해석하는 능력과도 밀접하게 관련된다.

셋째, 낙관성(optimism)이다. 낙관성은 유아가 힘들고 어려운 상황에서도 긍정적인 결과를 기대하는 마음가짐이다. 연구에 따르면, 유아기의 부모 특히 어머니의 낙관성은 유아의 정서 안정과 사회적 적응에 중재 자원(mediator) 역할을 하며, 행복감 형성에도 기여한다.

넷째, 정서적 역량(emotional competence)이다. 정서적 역량은 자신과 타인의 감정을 인식, 이해, 표현하고 조절하는 능력이다. 이 능력이 뛰어난 유아는 사회적 상황에서 갈등을 평화롭게 해결하며, 공감, 대화, 협력이 가능한 관계를 형성하는 데 유리하다. 다시 말하면, 긍정적 정서의 기반은 행복한 사회 관계를 구축하는 데 기여할 수 있게 된다는 것이다.

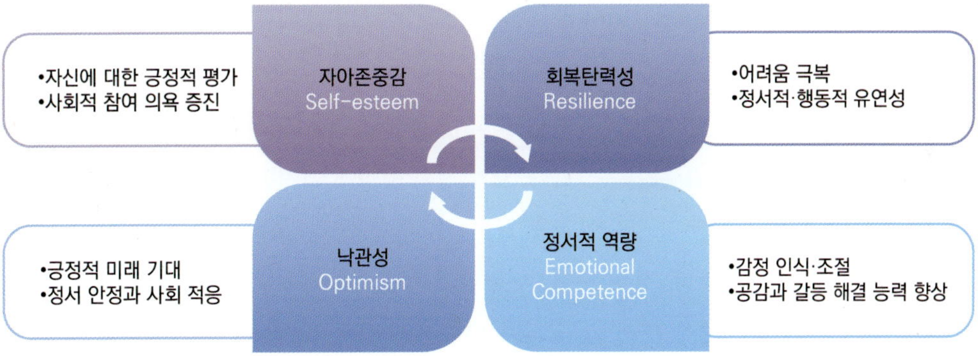

그림 2-2 행복을 구성하는 내적 자원

이러한 내적 자원은 타고나는 것이 아니라, 일상 속 정서적 상호작용, 도전과 성공의 경험, 신뢰 관계 속에서 점차 발달한다. 교사와 부모는 유아가 자신의 감정을 이해하고 표현하며, 실패를 경험하더라도 다시 시도하는 힘을 가질 수 있도록 일관된 지지와 따뜻한 반응을 제공해야 한다. 내적 자원이 튼튼한 유아는 타인의 시선을 두려워하기보다 자신에 대한 믿음을 기반으로 타인과 소통하고 협력하며, 자율성과 사회성을 동시에 갖춘 행복한 존재로 자라날 수 있다.

3) 유아 행복에 영향을 미치는 환경 요인

유아의 행복은 단지 정서 상태에 의해서만 결정되는 것이 아니다. 유아가 성장하고 생활하는 환경은 그 자체로 유아의 정서적 안녕과 사회적 발달에 깊은 영향을 미치는 심리사회적 토대가 된다. 가정에서의 일상과 양육 방식, 유아교육기관에서의 상호작용, 그리고 지역사회와 문화의 분위기, 놀이 공간의 물리적 환경 등은 유아가 일상 속에서 경험하는 안정감과 만족감의 기반이 된다. 특히 유아는 자신의 삶을 해석하고 세상과 관계 맺는 방식을 환경을 통해 배우고 내면화한다. 유아의 행복에 직접적 영향을 미치는 환경 요인은 다음과 같다.

첫째, 가정 및 가정환경이다. 안정된 가정환경은 유아의 정서적 안정과 사회정서 발달에 결정적인 역할을 한다. 브론펜브레너(Bronfenbrenner, 1979)의 생태학적 발달 이론에 따르면, 가정은 유아의 발달에 가장 밀접한 미시체계(microsystem)로, 부모와의 애착 관계, 부모의 양육 태도, 가정 내 정서 분위기가 유아의 행복감 형성에 많은 영향을 미친다. 온정적이고 일관된 양육 태도는 유아의 자아존중감과 긍정 정서 형성에 기여한다.

둘째, 유아교육기관 환경이다. 유아교육기관은 유아가 부모 외에 가장 오랜 시간을 보내는 사회적 공간으로, 사회성, 정서 표현, 자율성, 협동을 실제로 발휘하고 연습할 수 있는 장이다. 유아는 이 공간에서 또래 및 교사와의 다양한 상호작용을 통해 사회 규범을 배우고, 자기 통제를 연습하며, 협력과 갈등 해결을 경험하게 된다. 특히 교사와의 긍정적인 상호작용은 유아의 자기효능감, 정서 표현, 사회적 기술 향상에 결정적 영향을 미친다. 유아가 자신이 속한 공간을 이해하고 일과, 규칙 등을 예측 가능하다고 느낄 수 있어야 한다.

셋째, 지역사회, 문화 및 물리적 환경이다. 유아는 오감각을 총동원해 탐색하는 존재이며, 풍부하고 안전한 물리적 환경은 놀이와 상호작용의 질을 결정한다. 유아가 자기주도적으로 공간을 탐색하도록 지원해 주면 유아는 자율성을 발휘할 수 있다. 반대로, 협소하거나 폐쇄적인 공간은 유아의 탐색 행동과 사회적 관계를 제한할 수 있다. 더불어, 지역사회의 공동체적 분위기, 문화적 개방성, 다양한 사회적 자본도 유아의 행복에 영향을 미치게 된다. 또한 개방적이고 수용적인 문화 환경은 유아가 자신의 감정과 생각을 자유롭게 표현할 수 있도록 돕고, 다양성을 존중하는 태도를 자연스럽게 익히게 한다. 이는 사회성의 폭을 넓히고, 타인과의 관계에서 안정감을 느낄 수 있게 하며, 결과적으로 행복한 관계를 지속할 수 있는 기반이 된다.

이상과 같이 유아의 행복은 유아 자신만의 힘으로 형성되는 것이 아니다. 유아를 둘러싼 환경, 즉 가정, 교육기관, 사회문화적 배경은 유아가 경험하는 정서적 분위기와 관계의 질에 깊이 작용하며, 결국 행복감의 기반이 된다. 특히 안정된 애착 관계, 또래와의 긍정적 상호작용, 존중과 배려의 문화가 살아 있는 환경은 유아가 자신의 감정을 긍정하고 타인과 따뜻하게 연결될 수 있도록 돕는다. 반면, 감정이 억압되거나 자율성이 침해되는 환경은 유아의 내적 안정과 사회성 모두를 위협할 수 있다. 행복한 유아기를 위해서는 유아를 중심으로 정서적으로 풍요로운 환경을 조성하려는 공동체적 노력이 필요하다. 유아가 생활하는 모든 환경은 단순한 '장소'가 아니라, 그 안에서 정서와 사회성이 자라고 행복이 형성되는 삶의 공간이기 때문이다.

2 사회적 유능성과 행복

유아는 태어날 때부터 사회적 존재로, 관계 속에서 배우고 성장한다. 사회 속에서 타인과 긍정적 관계를 유지하고, 상황에 효율적으로 대처할 수 있는 능력은 중요하다. 특히 유아기에는 가족과 교사, 또래와의 상호작용을 통해 사회적 기술을 익히고 정서적 안정감을 얻으며, 점차 사회 구성원으로서의 기반을 확립한다. 이 과정에서 능동적이고 조화로운 참여는 사회성을 넘어, 행복의 근간으로 작용하게 된다.

1) 사회적 유능성의 개념과 핵심 역량

사회적 유능성(social competence)이란, 타인과 긍정적인 관계를 유지하기 위해 사회적 상호작용 속에서 개인의 목적을 성취할 수 있는 능력(Gordon, 1995)을 말한다. 또한, 개인이 자아를 존중하며 건강하고 합리적으로 사회에 적응하는 데 필요한 능력을 지각하는 것이며, 사회적 이해와 주변 상황을 고려한 반응을 선택하고 적절한 사회적 상호작용을 수행하는 것을 포함한다(김광웅 외, 2005).

유아의 사회적 유능성은 타인과 긍정적인 방식으로 관계를 맺고 유지하는 사회적 기술로, 자신이 속한 사회의 가치와 규준을 이해하는 동시에 자신의 정서와 행동을 사회적 상황에 맞게 조절하는 인지적, 정서적, 행동적 자원을 통합하는 능력을 의미한다(김길숙·김태은, 2015; Raver & Zigler, 1997: 서현·박나경, 2023 재인용). 교육부(2000)는 유아의 사회적 유능성을 또래와의 협동적인 상호작용, 감정이입, 도움 제공, 사회적 규칙 준수 및 반사회적 행동을 하지 않는 긍정적인 행동으로 정의하고 있다.

사회적 유능성

이와 같이 유아가 타인과 긍정적 관계를 맺고, 다양한 사회적 상황에서 적절하게 행동하며, 감정과 행동을 조절하는 능력을 포함하는 사회적 유능성의 핵심 역량을 다음과 같이 제시할 수 있다.

첫째, 정서 인식 및 공감력(emotional awareness & empathy)이다. 정서 인식은 유아가 자신의 감정을 정확하게 알아차리고, 그 감정이 어떻게 행동에 영향을 미치는지를 이해하는 능력이다. 공감력은 타인의 감정을 민감하게 감지하고, 그 감정을 이해하거나 함께 느끼려는 태도를 의미한다. 유아는 타인의 표정, 목소리 톤, 상황 맥락 등을 통해 감정을 해석하며, 이러한 능력은 또래 간의 신뢰와 유대 형성, 갈등 방지, 협동의 기초가 된다. 덴햄과 버튼(Denham & Burton, 2003)에 따르면, 정서 인식과 공감 능력은 사회적 문제해결력의 전제가 되며, 공감력이 높은 유아는 또래에서 지위가 높고 사회적 수용을 받기 쉽다고 한다.

둘째, 의사소통 능력(communication skills)이다. 의사소통 능력은 언어적 및 비언어적 방법으로 자신의 생각과 감정을 표현하고, 타인의 메시지를 이해하며 반응하는 능력이다. 언어적 의사소통뿐 아니라 눈 맞춤, 표정, 몸짓 등의 비언어적 표현도 사회적 메시지 전달에서 중요하게 작용한다. 요구하기, 거절하기, 질문하기, 말 차례 지키기, 경청하기 등의 구체적 의사소통 기술을 통해 사회적 관계를 형성하게 된다. 원활한 의사소통은 놀이 협상, 규칙 정하기, 친구와의 관계 유지에서 결정적이라 할 수 있다. 루빈 등(Rubin et al., 2006)은 의사소통 능력은 사회적 성공(social success)의 핵심 요소이며, 이 능력이 부족하면 또래 관계에서 고립될 가능성이 높다고 설명한다.

셋째, 자기조절 능력(self-regulation)이다. 자기조절은 자신의 감정과 행동을 적절히 통제하고 조절할 수 있는 능력이다. 유아는 충동을 억제하고, 좌절을 참으며, 과도한 흥분 상태를 가라앉히는 과정을 통해 사회적으로 수용 가능한 방식으로 감정을 처리하는 법을 배운다. 친구가 먼저 장난감을 집었을 때 참기, 놀이 도중 화났을 때 교사에게 말로 설명하기 등을 예로 들 수 있다. 유아가 화, 좌절, 충동 상황에서도 안정적 반응을 보일 때, 사회적으로 수용되고 또래 관계에서 긍정적 평가를 받는다. 아이젠버그 등(Eisenberg et al., 2010)의 연구에 따르면, 자기조절력이 높은 유아는 낮은 공격성과 높은 또래 수용도를 보이며, 이는 사회적 유능성의 핵심 지표로 간주된다.

넷째, 협동 및 문제해결력(cooperation & problem solving)이다. 협동은 공동의 목표를 위해 타인과 함께 활동하고, 역할을 나누며 조율하는 능력이다. 문제해결력은 갈등 상황이나 사회적 딜레마에서 상대방의 입장도 고려한 해결책을 제시하고 실행할 수 있는 능력을 의미한다. 유아는 역할놀이, 집단 게임, 공동 작업 등을 통해 협동의 기술을 익히고, 놀이 중 생기는 갈등 상황에서 타협, 대안 제시, 순서 정하기 등을 통해 문제해결력을 연습한다. 덴햄과 버튼(Denham & Burton, 2003)은 유아기 협동놀이와 문제해결력은 사회적 지능(social intelligence)의 초기 형태로서, 학교 적응과 학업 성취에도 영향을 미친다고 강조했다.

다섯째, 사회적 책임감 및 배려(social responsibility & caring)이다. 사회적 책임감은 자신이 공동체의 일원이라는 자각 아래, 규칙을 따르고 타인을 배려하려는 태도이다. 유아는 이타적 행동을 통해 소속감과 자존감을 동시에 경험하게 되며, 이는 행복감과 연결된다. 친구가 넘어졌을 때 도와주기, 놀이 순서 양보하기, 규칙 어긴 친구에게 설명해 주기 등을 예로 들 수 있다. 쇼트너 라히힐과 라울러(Schonert-Reichl & Lawlor, 2010)에 따르면, 사회적 책임감은 도덕성의 초기 형태이며, 사회적 행동의 지속성과 깊이에 결정적 영향을 준다고 한다.

이와 같이 유아의 사회적 유능성은 단순히 타인과 잘 지내는 기술을 넘어, 감정과 행동을 조절하고, 타인의 입장을 이해하며, 공동체 속에서 조화롭게 살아가는 삶의 기초 역량이다. 이러한 역량은 생활 속에서의 경험과 교육적 개입을 통해 계발 가능하다는 점에서 교사와 부모의 역할은 중요하다. 아울러 유아가 다양한 사회적 상황 속에서 실패와 성공을 경험하며 점차 사회적 유능성을 길러갈 수 있도록 지지하고 조율해 주는 점도 필요하다. 사회적 유능성이 잘 발달한 유아는 또래와의 긍정적 관계, 정서적 안정, 높은 자아존중감을 갖게 되며, 이는 결국 유아의 행복한 삶과 평생 발달의 기초가 된다.

2) 유아기 사회적 유능성의 발달 특성

사회적 유능성은 언어, 인지, 정서 및 운동 발달이 통합되는 유아기에 급격하게 발달(Guralnick, 1992)하며, 사회적 유능성이 뛰어난 유아일수록 타인과의 상호작용에서 유능한 모습을 보여 또래 및 성인으로부터 선호도가 높다(백예지, 2017). 이 시기 사회적 유능성 발달에는 다음과 같은 특성이 있다.

첫째, 관계 중심의 정체성을 구축한다. 유아는 타인과의 상호작용 속에서 자신에 대한 자아 개념을 점차 형성해 나간다. 특히 이 시기의 유아는 부모나 교사, 또래와의 관계를 통해 자신에 대한 평가를 내리며, 그 평가가 반복되면서 자존감과 자기효능감이 형성된다. 누군가로부터 인정받고 긍정적인 피드백을 받을 때 유아는 사회적 상황에서 자신 있게 행동하게 되며, 이는 곧 사회적 유능성의 기반이 된다.

둘째, 놀이를 통해 사회적 기술을 습득한다. 유아는 다양한 놀이 상황, 특히 협동놀이와 역할놀이를 통해 사회적 규칙을 배우고, 갈등 상황에서의 대처 방법을 익히며, 타인과의 상호작용 방식을 점차 내면화한다. 놀이 속에서 역할을 분담하고 규칙을 따르며, 의견 차이를 조율하는 경험은 사회적 문제해결력과 협동 능력의 발달을 촉진할 수 있다. 유아의 사회성 발달은 단순한 지식 전달이 아닌 일상적인 놀이를 통해 자연스럽게 이루어진다.

셋째, 정서 조절 능력과 사회행동 간의 조화를 이루어 간다. 유아는 자라면서 자신의 감정을 점차 더 잘 인식하고 조절하는 법을 배운다. 화가 날 때 말로 표현하거나, 욕구가 충족되지 않았을 때 감정을 통제할 수 있는 능력이 발달하면서, 또래 관계에서도 더 안정적이고 긍정적인 상호작용을 할 수 있게 된다. 감정 조절이 어려운 유아는 사회적 갈등을 자주 겪을 수 있지만, 이를 조율하는 능력을 갖추게 되면 또래로부터의 수용과 지지 경험이 증가한다.

넷째, 또래 관계의 영향력이 확대된다. 유아기 중반 이후, 유아는 부모나 교사보다 또래와의 관계에 더 많은 의미를 부여하기 시작하며, 또래의 인정, 협력, 갈등 상황은 유아의 사회적 위치 인식과 사회 행동의 조정에 영향을 주게 된다. 또래와의 놀이를 통해 유아는 규칙을 지키는 법, 순서를 기다리는 태도, 감정을 조율하는 법 등을 체득하게 되며, 이는 사회적 규범을 내면화하는 중요한 계기가 된다.

다섯째, 부모, 교사와 같은 성인과 사회문화 환경의 영향을 받는다. 주변 성인의 행동은 유아에게 직접적인 사회적 모델이 된다. 감정 코칭을 제공하고, 일관된 반응을 보이는 성인은 유아가 사회적 기술을 자연스럽게 습득하도록 돕는다. 예를 들어, 협동을 중시하는 문화, 공동체 참여를 장려하는 지역 분위기는 유아가 어떤 사회적 행동을 '바람직한 것'으로 인식하는지에 영향을 준다.

사회적 유능성의 발달은 단순히 '사회성 좋은 아이'로 자라는 것을 의미하지 않는다. 이 시기 유아는 관계를 통해 자아를 형성하고, 놀이 속에서 사회적 기술을 연습하며, 감정을 조절하고 타인의 반응을 내면화하는 등 다층적인 사회적 학습을 수행해야 한다. 또한, 또래와의 관계에서 사회적 규범을 체득하고, 부모와 교사 같은 성인의 상호작용을 모델링하며 사회적 행동의 방향을 잡아가야 한다. 사회적 유능성은 이러한 모든 경험을 통합적으로 반영하는 발달 지표로서, 유아의 행복, 정서 안정, 자아존중감, 학교 적응력 등 전인적 발달과 직결된다.

3) 사회적 유능성과 행복 간의 관련

유아기 행복은 단순한 즐거움이나 쾌락을 의미하는 것이 아니라, 정서적 안정감과 사회적 관계에서의 만족, 자아존중감, 삶에 대한 긍정적 태도가 통합된 심리사회적 상태라 할 수 있다. 이와 밀접하게 연결되는 개념이 바로 사회적 유능성(social competence)이다. 사회적 유능성은 유아가 타인과 긍정적이고 효과적으로 관계를 맺는 데 필요한 일련의 정서적·행동적 기술을 의미하며, 행복의 중요한 기반이 된다.

유아가 또래와 원만하게 상호작용하고, 감정을 조절하며, 협동적 문제해결을 수행할 수 있을 때, 이러한 성공 경험은 사회적 수용과 긍정적 피드백으로 이어지고 이는 곧 유아의 자기효능감과 자아존중감을 높이는 데 기여한다. 반대로, 사회적 기술이 미숙하여 반복적으로 갈등이나 소외를 경험하게 되면 유아는 정서적 불안과 좌절을 경험하며 행복감이 감소할 수 있다.

덴햄과 버튼(Denham & Burton, 2003)은 사회정서적 능력이 뛰어난 유아가 또래 집단 내에서 더 높은 수용을 경험하고, 보다 안정적인 감정 상태를 유지하며, 이는 전반적인 행복감과 삶의 만족도로 연결된다고 보고하였다. 실제로 사회적 유능성은 유아의 놀이 몰입, 학습 동기, 정서 안정과도 밀접한 관련을 가지며, 전인적 발달의 중심축으로 작용한다.

또한, 긍정심리학의 창시자인 셀리그먼(Seligman, 2012)의 PERMA 모델에서도 '긍정적 관계'는 행복한 삶을 구성하는 핵심 요소 중 하나로 제시되며, 이는 곧 사회적 유능성이 행복과 직결됨을 시사한다. 유아가 의미 있는 대인관계를 형성하고, 정서적 지지를 주고받는 경험은 자아정체성의 긍정적 형성과 동시에 심리적 안녕감을 촉진한다.

결국 사회적 유능성과 행복은 유아의 건강한 발달을 이끄는 '양방향의 힘'으로 작용하며, 한쪽이 강화될 때 다른 한쪽도 긍정적인 영향을 받는 상호작용의 관계에 있다. 유아의 전인적 성장을 위해서는 사회적 기술과 정서 발달을 함께 고려한 통합적인 교육적 접근이 필요하며, 이는 유아가 의미 있는 관계 속에서 진정한 행복을 경험할 수 있는 기반이 될 것이다.

3 유아의 사회화와 행복을 위한 교육적 접근

유아의 사회화는 단순히 또래와 어울리는 기술을 익히는 것을 넘어, 사람과 관계를 맺고 살아가는 방식을 배우는 과정이다. 유아는 자신이 사랑받고 존중받는 존재임을 느낄 때 정서적 안정과 만족을 경험하며, 이는 곧 행복한 사회화의 기초가 된다. 따라서 유아의 사회성과 행복을 함께 고려하는 교육적 접근은 지도나 규범 교육을 넘어 정서적 지지와 관계 중심의 실천을 필요로 한다.

유아의 사회화를 돕는 데 있어 가장 중요한 매개자는 바로 교사이다. 교사는 따뜻한 상호작용을 통해 유아가 자신의 감정을 이해하고 표현할 수 있도록 돕고, 또래와 긍정적 관계를 맺는 기회를 제공해야 한다. 또한 놀이 중심의 교육 환경은 유아가 자발적으로 협동하고 소통하며 사회성을 기를 수 있는 풍부한 장을 마련해 줄 수 있다.

1) 정서적 상호작용을 위한 교사의 역할

유아는 정서적으로 민감하고, 관계 안에서 배우며 성장하는 존재이다. 이 시기의 정서 발달은 단순히 감정을 느끼는 차원을 넘어, 감정을 인식하고 조절하며 타인과의 관계 속에서 사회적 행동을 습득해 가는 복합적 과정으로, 이러한 정서 발달의 핵심 환경은 바로 유아가 하루의 대부분을 보내는 유아교육기관이며, 그 중심에는 교사가 있다.

교사는 단순한 지식 전달자가 아니라 유아의 정서를 수용하고, 감정에 이름을 붙이며, 관계 안에서 안정감을 형성해 주는 정서적 동반자이자 안내자이다. 교사의 한마디, 표정, 눈맞춤은 유아에게 자신이 '존재해도 되는' 사람이라는 신호를 보내며, 이는 유아의 자존감과 사회적 유능성, 더 나아가 행복감의 토대가 된다. 특히 사회적 갈등이나 감정의 혼란을 겪는 순간마다 교사의 정서적 중재는 유아가 상황을 이해하고 대처하는 힘을 길러주는 교육적 기회가 된다.

정서적 상호작용을 위한 교사의 역할 10가지와 각 역할에 따라 교사가 활용할 수 있는 실천 전략 및 발문 예시를 살펴보면 다음과 같다.

① 감정 코칭자

유아가 자신의 감정을 인식하고 언어로 표현할 수 있도록 도와주는 정서 지도자 역할을 수행한다. 감정을 수용하고 공감적으로 반응함으로써 유아의 감정 이해와 표현 능력을 촉진한다.

- "지금 네 마음이 어떤 것 같아?"
- "속상한 느낌일까? 화가 난 느낌일까?"

② 정서 표현 모델

교사가 자신의 감정을 적절하게 표현하는 모습을 통해 유아에게 건강한 감정 표현 방법을 보여준다.

- "선생님은 지금 기뻐. 너희가 서로 도와주니까 마음이 따뜻해졌어."
- "나는 좀 속상해. 친구가 약속을 지키지 않았을 때 그랬거든."

③ 정서적 안정감 제공자

예측 가능한 환경과 일관된 반응을 통해 유아에게 심리적 안정감을 제공하여 정서적 안정 기반을 마련한다.

- "괜찮아, 선생님은 여기 있어."
- "네가 화가 났을 때도 선생님은 여기에 있어. 언제든 얘기해도 괜찮아."

④ 공감 능력 촉진자

타인의 감정을 이해, 공감하고 배려할 수 있도록 정서적 해석과 질문을 제공한다.

- "친구가 울고 있을 때 어떻게 해 주면 좋을까?"
- "만약, 네가 그 상황이라면 어떤 기분일 것 같아?"

⑤ 긍정적 피드백 제공자

유아가 긍정적인 행동이나 감정 표현을 보였을 때 구체적이고 즉각적인 격려를 제공하여 정서 행동을 강화한다.

- "친구를 기다려줬구나. 배려하는 모습이 참 멋졌어."

- "기분이 나빴을 텐데 말로 잘 표현했구나."

⑥ 감정 명명 지원자

유아가 자신의 감정을 말로 표현할 수 있도록 감정 단어를 제공하고 정서에 대한 명확성을 높여 준다.

- "눈물이 나는 걸 보니 마음이 많이 아팠나 봐. 슬픈 기분이었구나."
- "지금 기분을 한 단어로 말해 볼 수 있을까?"

⑦ 자기조절 코치

유아가 자신의 감정을 조절할 수 있도록 구체적인 전략을 안내하고 연습하도록 돕는다.

- "숨을 천천히 쉬어 볼까? 화가 날 땐 잠깐 멈추고 숨을 크게 쉬어 보자."
- "화날 땐 어떻게 하면 괜찮아질까?"

⑧ 놀이 개입자

놀이 속의 정서 흐름을 파악하고, 정서적 갈등이나 긴장을 완화하는 방식으로 개입하여 놀이의 질을 높인다.

- "지금 놀이에서 누가 어떤 역할을 하면 좋을까?"
- "친구가 함께 안 놀아줘서 마음이 속상한 거지? 같이 놀 방법을 이야기해 볼까?"

⑨ 갈등 중재자

유아 간 정서적 갈등 상황에서 감정을 중재하고, 상호이해와 해결을 위한 대화를 촉진한다.

- "두 친구 모두 이 장난감을 갖고 싶었구나."
- "어떻게 하면 둘 다 기분 좋게 놀 수 있을까?"

⑩ 따뜻한 관계 형성자

일관되고 따뜻한 상호작용을 통해 신뢰감이 있고 애착이 형성된 교사-유아 관계를 구축한다.

- "선생님은 네가 좋아. 너랑 이야기하는 게 즐거워."
- "언제든지 말하고 싶은 것이 있으면 이야기해도 돼."

2) 놀이 중심 환경에서 사회화를 촉진하는 교사의 역할

유아에게 놀이란 단순한 활동이 아닌, 세상을 배우고 자신을 표현하며 타인과 관계를 맺는 삶의 방식이다. 유아는 놀이를 통해 협동과 갈등을 경험하고, 감정을 나누며, 사회 규칙과 역할을 자연스럽게 익혀가게 된다. 따라서 유아기의 사회성 발달은 놀이 속에서 가장 활발히 이루어진다고 해도 과언이 아니다. 이처럼 중요한 놀이의 장에서 교사는 단순한 감독자가 아니라, 유아 간의 상호작용을 민감하게 관찰하고, 필요할 때 정서적 중재자 또는 사회적 촉진자로서 유아의 사회화를 지원하는 핵심 인물이 되어야 한다. 유아의 자율성과 주도성을 보장하는 동시에, 갈등 상황을 해결하거나 긍정적인 사회적 기술을 모델링하는 교사의 개입은 유아의 사회적 유능성은 물론 행복한 놀이 경험을 확장하는 데 결정적인 역할을 하게 된다.

놀이 중심 환경에서 유아의 사회화를 촉진하기 위한 교사의 역할 10가지와 각 역할에 따라 교사가 활용할 수 있는 실천 전략 및 발문 예시를 살펴보면 다음과 같다.

① 놀이 관찰자

유아의 놀이를 주의 깊게 관찰하여 유아의 사회적 상호작용, 감정 반응, 역할 수행을 이해하고 적절한 개입 시점을 판단한다.

- "친구랑 어떤 놀이를 하고 있었니?"
- "지금 누구와 함께 놀고 있었는지 말해 줄래?"

② 놀이 공동 참여자

놀이에 직접 참여하여 유아와의 관계를 강화하고 사회적 기술을 자연스럽게 모델링한다.

- "선생님이 같이 해도 될까?"
- "그 역할은 내가 맡아도 될까?"

③ 사회적 기술 촉진자

유아가 놀이 중 협력, 순서 지키기, 타협 등의 사회적 기술을 익히도록 도와준다.

- "이번에는 누구 차례일까?"

- "어떻게 하면 두 친구 다 원하는 걸 할 수 있을까?"

④ 정서 조절 안내자

놀이 도중 발생하는 감정 충돌이나 좌절을 다루는 데 필요한 전략을 제공한다.

- "화가 날 땐 어떻게 하면 좋을까?"
- "기분이 안 좋을 때는 친구에게 뭐라고 말하면 좋을까?"

⑤ 갈등 해결 지원자

놀이 중 일어나는 갈등 상황에서 유아들이 문제를 인식하고 해결할 수 있도록 중재한다.

- "어떤 일이 있었는지 서로 말해 줄래?"
- "두 친구가 모두 만족할 수 있는 방법은 뭐가 있을까?"

⑥ 역할놀이 조력자

유아가 다양한 사회적 역할을 탐색할 수 있도록 놀이 자극을 제공하고, 역할을 자연스럽게 이끌어준다.

- "이번엔 네가 선생님 역할을 해 볼래?"
- "이 직업에서는 어떤 일을 할까?"

⑦ 또래 관계 조성자

놀이를 통해 또래 간 상호작용을 장려하고 유대감을 형성할 수 있도록 돕는다.

- "새로 온 친구랑도 같이 놀아 볼까?"
- "이 놀이에 누구를 초대하면 좋을까?"

⑧ 다양성 존중 촉진자

놀이 중 다양한 의견과 배경을 존중하며, 포용적 태도를 유아가 자연스럽게 익히도록 유도한다.

- "친구의 생각이 다를 수 있어. 어떻게 하면 좋을까?"
- "이렇게 다른 방식도 있구나."

⑨ 놀이 환경 설계자

사회적 상호작용이 자연스럽게 일어날 수 있도록 놀이 공간과 자료를 구성한다.

- "여기에서는 무엇을 함께 할 수 있을까?"
- "이 놀이 재료로 어떤 걸 만들 수 있을까?"

⑩ 긍정적 모델 제공자

놀이 상황에서 예절, 배려, 존중 등의 사회적 행동을 몸소 보여주는 역할을 한다.

- "고마워, 친구를 도와줘서 참 기뻐."
- "친구가 먼저 말하고 있으니, 잘 듣고 네가 이야기해 볼까?"

Activity

유아의 사회화를 돕기 위해 교사는 어떤 교육 환경을 만들어야 할까요? 교육적 실행 방안을 구체화해 보세요.

행복하고 즐거운 여가의 장소, 가정

화사한 4월의 휴일, 서울대공원에서 어린 자녀와 함께 여가를 즐기는 많은 가족들을 보았다. 아이들은 신이 났고, 부모들은 힘이 들면서도 연신 행복해했다. 흐뭇한 광경이었다. 인간의 삶에서 가장 행복한 순간은 자녀와 함께 하는 시간임을 느꼈다. 동시에 자녀와 함께 이러한 여가를 즐길 수 있는 부모들은 일과 삶의 균형이라는 의미인 워라밸(Work and Life Balance)을 실천하고 있는 멋진 부모로 보였다.

일은 삶에 필요한 새로운 에너지를 얻게 해 준다. 일을 하면서 손상된 몸과 마음을 정화하여 새롭게 만들어 주는 휴식이 필요하다. 휴식의 전제조건은 일이고, 일에는 반드시 휴식이 따라야 한다.

가정과 연관지어 보자. 가정은 일하는 장소가 아닌 휴식과 여가활동의 장소이다. 휴식을 위한 여가활동은 사랑하는 사람과 함께할 때 더욱 가치롭고 유용하다. 따라서 가정은 휴식과 여가활동에 최적이 되어야 한다. 서울대공원에서 본 가족들의 모습이 그렇게 행복해 보였던 이유도 여기에 있다.

그런데 부모들이 잊고 있는 것이 있다. 자녀에게는 유치원이나 학교에서 생활하고 공부하는 것이 바로 일이다. 따라서 자녀도 여가활동을 하여야 한다. 여가활동은 단순한 휴식이 아니다. 일로 인해 못했던 다른 활동을 통해 학습하는 시간이기도 하다. 특히, 자녀에게 공부만 강조하는 것은 고무줄을 계속 당기는 것과 같다. 고무줄의 탄성이 유지되기 위해서는 당김과 풀어줌이 조화로워야 되듯이, 일과 휴식(여가활동)의 조화는 인간의 성장에 필요한 회복 탄력성을 유지하는 절대적 방법이다.

– 하수연(2024. 4. 22.). 화성신문. https://www.ihsnews.com/50858에서 일부 발췌

제3장

유아사회교육의 이론적 접근

학습 목표

1. 심리사회적 발달 이론에 대한 특성을 알고 유아사회교육과의 관계를 살펴본다.
2. 사회문화적 인지이론의 특징을 알고 유아의 또래놀이 상호 관련성에 대해 파악한다.
3. 사회학습이론의 기본적인 개념의 특징과 모방학습을 통한 사회성 발달에 대해 안다.
4. 생태학적 이론에 대한 체계와 개념을 이해하고 사회성 발달에 영향을 미치는 주요 원인을 알아본다.
5. 도덕성 발달 이론의 특징을 알고 유아사회교육에서의 관계를 파악한다.

유아는 성장하면서 사회적 능력을 향상하기 위한 발달적 변화가 점진적으로 일어난다. 이러한 변화는 모든 유아들에게 공통적으로 일어나며, 비슷한 또래의 유아들에게 전형적인 발달 원리에 따라 발생한다. 즉, 유아들의 사회적 행동들이 올바른 구성원으로서 사회화가 되어 가는 과정의 중요한 능력이라고 할 수 있는데, 이러한 능력이 습득되고 유아들이 배워 나가는 과정을 우리는 사회화 과정이라고 한다. 유아를 교육하기 위한 목적은 유아에게 필요한 기본 능력과 바른 인성을 기르고 민주시민의 기초를 형성하는 것이다. 따라서 유아의 사회성을 발달시키기 위해서는 먼저 사회성 발달에 관한 이론적인 학습이 다루어져야 한다.

1 에릭슨(Erikson)의 심리사회적 발달 이론

생각해 보기

지금까지 자신의 성장 과정 중 가장 기억에 남는 행복했던 시기와 어려웠던 시기를 생각해 보고, 그때의 일로 자신의 성장 과정에 어떠한 영향을 미쳤는지 생각해 보세요.

심리사회적(psychoso-cial) 이론은 정신분석의 대표적인 학자인 프로이트(Freud)와 에릭슨(Erikson)의 이론을 통해서 보고되었다. 이 장에서는 프로이트의 이론을 근간으로 인간의 성격 발달이 개인과 사회적 환경의 상호작용을 통한 결과로 보고 타인과의 사회적 관계에 초점을 맞추어 발달단계를 제시한 에릭슨의 심리사회적 발달 이론에 대해 살펴보고자 한다.

1) 에릭슨의 심리사회적 발달 이론의 이해

에릭슨의 심리사회적 발달 이론에서는 프로이트가 강조한 생물학적·신체적 측면보다 심리적·사회적 측면을 더 중요시하였다. 에릭슨은 인간의 발달은 성숙 과정인 생물학적 요구와 사회적 압력 간의 상호작용을 통해서 비롯된다고 보고 사회화의 차원을 강조하였다. 인간이 영아기부터 노년기에 이르기까지 전 생애에 걸쳐 총 8단계를 통해 발달한다고 하였다. 즉, 사회 문화권마다 다소 차이가 있을 수는 있지만 성숙의 힘에 지배되는 발달단계가 존재하며, 단계마다 개인과 주변의 사회환경 간의 상호작용이 빚어내는 심리사회적 위기가 있다고 주장하였다(박영아, 2013). 본 장에서는 그중 영유아기부터 아동기에 해당하는 1단계부터 4단계까지의 단계별 특징을 살펴보고자 한다.

표 3-1 에릭슨의 심리사회적 발달단계

단계	내용
1단계 (영아기 출생~1세) 신뢰감 대 불신감	생후 첫해 동안 영아는 자신을 둘러싼 환경에 전적으로 의존한다. 이 시기는 프로이트의 구강기에 해당하는 것으로 에릭슨은 이 시기를 가장 중요한 시기로 보고 그중에서도 수유 활동에 대해 중요성을 강조하였다. 영아가 배가 고프거나 기저귀가 불편할 때 자신이 필요로 하는 것에 신호를 보내게 된다. 이때 양육자의 민감성과 일관된 반응의 정도에 따라 영아는 자기 자신과 주 양육자인 어머니로부터 세상에 대한 기본적인 신뢰감과 불신을 경험하게 된다.

단계	내용
2단계 (2~3세) 자율성 대 수치심	이 단계는 걷기를 통한 신체 이동이 가능해지면서 기고, 서고, 걷고 하는 신체적 운동 기능을 가지게 되며, 영아 스스로 선택하며 자율성을 형성해 나가고자 하는 의지가 강해진다. 이 시기의 가장 중요한 발달과업은 괄약근의 통제 능력이 발달함에 따라 배변 훈련이 이루어진다. 이로 인해 자율성을 얻게 되고 엄격한 배변 훈련이 이루어지면서 양육자의 지나친 통제와 강요를 받게 되면 영아는 수치심과 불신감을 느끼게 된다.
3단계 (4~5세) 주도성 대 죄책감	이 단계 유아의 특징은 호기심이 많고 적극적으로 주변을 탐색하며 신체활동이 활발하게 일어나기 때문에 다양한 신체활동과 언어활동에 참여하며 운동능력은 물론 지적 수준이 향상된다. 그러므로 이 시기의 영유아는 자신이 세운 목표에 부합하고자 행동하게 되는데 이때에 주 양육자의 적절한 지원과 지지를 통해 주도성을 획득하게 된다. 반면, 양육자의 과도한 통제와 간섭은 유아가 자신이 세운 목표가 사회적으로 비난받거나 금지된 것으로 여겨 죄책감을 가지게 된다.
4단계 (6~11세) 근면성 대 열등감	이 단계는 학령기에 접어드는 단계로 학업, 운동, 협동과 같은 생산적인 활동을 통해 인정받는 것이 매우 중요한 시기이다. 아동은 자신에게 주어진 과제를 수행에 나가면서 만족감을 느끼며 이를 통해 근면성을 발달시키게 된다. 즉, 자신의 도전적인 과업을 성공했을 경우에는 만족감이 크지만 이와 반대로 사회적으로 수용받지 못하는 결과를 느꼈을 때는 의욕을 상실하게 되고 열등감을 가지게 된다.

출처: 황해익 외(2015). 유아사회교육.

2) 심리사회적 발달 이론과 유아사회교육과의 관계

에릭슨은 인간이 천성적인 선한 존재이므로 적응적이며 창조적 힘을 발휘할 수 있다고 강조하였다. 프로이트가 부모와의 관계만을 중요하게 적용한다고 본 에릭슨은 부모뿐만 아니라 유아를 둘러싼 가족, 친구, 사회문화적 요인도 중요하게 작용한다고 보고, 사회적 요인이 인간 발달에 많은 영향을 미친다고 강조하였다. 심리사회적 발달 이론에 따르면 인생의 초기 경험에 대한 중요성이 영유아기 발달 측면에 많은 영향을 준다는 점에서 유아사회교육은 유아의 자아개념 획득과 자아존중감은 물론 정서, 자율성 발달을 향상하고, 또래와의 사회적 관계 발달을 도울 수 있다.

유아교육기관에서 경험하는 또래와의 상호관계는 유아에게 있어 인지적, 정서적, 사회적 발달에 의미 있는 중요한 요인이 된다. 특히, 일생 동안 가장 중요한 인간관계를 가지는 또래 집단에서 친구와의 관계 경험은 유아들에게 사회적 상호작용을 통해 사회 실재에 대한 이해를 넓혀 주고 유아 자신에 대해 새롭게 인식하는 경험이 될 수 있고, 이를 바탕으로 유아들의 사회적 기술을 발달시킬 기회를 제공해 줄 수 있다(Hartup, 1990).

유아들이 형성하는 사회적 관계란 유아들이 다른 또래로부터 받는 사회적 인정에 따라 구분되기도 하지만, 소수의 친밀한 정도에 따라 이루어지는 관계도 있다. 따라서 유아가 사회적으로 또래관계를 형성하고 있다는 점은 유아의 발달 측면에 중요한 점을 보여주고, 이 시기의 유아사회교육의 영향이 클 수밖에 없다는 것이다.

Activity

1. '벤자민 버튼의 시간은 거꾸로 간다' 영화를 시청하고 심리사회학적 발달 이론에 근거한 자신의 성장에 관한 사례를 분석해 보세요.
2. 'The Reader: 책 읽어주는 남자' 영화를 시청하고 에릭슨의 각 발달단계에 근거하여 심리적 상처와 치유의 방법에 대해 토론해 보세요.

2 비고츠키(Vygotsky)의 사회문화적 인지이론

생각해 보기

현재까지 자신의 학창 시절 중 큰 어려움에 직면했을 때 도움을 준 친구가 있었나요? 그 친구를 통해 나의 사회관계 형성에 어떠한 변화가 있었는지 이야기해 보세요.

비고츠키는 인간은 사회적 맥락 속에서 존재하기 때문에 인간 행동이 그 맥락을 벗어나 이해할 수 없고, 나아가 인간에게 중요한 인지적 기술 또한 개인이 혼자 환경과의 상호작용을 통해 습득하는 것은 아니라고 언급하였다. 비고츠키는 유아 인지발달의 근원을 사회와 문화에서 찾고 양육자, 부모, 교사 또는 유아 자신보다 앞선 또래와의 사회적 상호작용을 통해 개념과 태도, 시술과 전략 등 개별적인 심리 과정을 습득한다고 주장하였다. 따라서 비고츠키는 유아 발달에서 사회문화적 요인의 중요성을 강조하며 이러한 이론을 사회문화적 인지이론이라고 하였다.

1) 비고츠키의 사회문화적 인지이론의 이해

인간은 성숙하는 동안 끊임없이 사회로부터 자극을 받으며 여러 사람들과 상호작용을 한다. 이러한 과정에서 자신의 내면화와 외면의 세계, 사물과의 관련을 파악하며 통합적인 사고로 발달하게 된다. 이와 같은 이론의 배경은 유아의 잠재력에 근거를 두어 일상생활과 관련한 생활 속에서 교사, 부모, 또래들 간의 상호작용을 통해 사회적 관계를 맺는다. 즉, 비고츠키의 이론은 유아의 사회적 상호작용과 인지발달 간의 관계를 통찰하고 검토하여 유아가 도달해 있는 발달단계의 수준을 파악하여 유아를 이해한다고 할 수 있다. 비고츠키의 견해는 학습과 발달 사이의 관계와 차이가 유아마다 다를 수 있고 영역에 따라 또다시 변화되고 달라질 수 있다고 하였다(Bodrove & Leong, 1996). 또한 비고츠키는 유아의 인지발달이 성인이나 유능한 또래와의 상호작용과 중재 과정을 통해 이루어진다고 보고 이와 관련하여 근접발달영역과 비계설정이라는 개념을 제시하였다.

표 3-2 비고츠키의 근접발달영역과 비계설정의 개념

근접발달영역	비계설정
유아 자신이 스스로의 힘으로 문제를 극복할 수 있는 현재의 실제적인 발달 수준을 포함히여 성인이나 유능한 또래로부터 도움을 받아 문제를 해결할 수 있는 잠재적 수준의 발달 수준 사이의 영역을 의미한다.	비계는 건물을 지을 때 높은 곳에서의 작업을 원활하게 하기 위한 임시 가설물, 즉 자재 운반이나 작업을 위한 통로 또는 발판을 말한다. 비계설정이란 유아가 자신에게 주어진 과제를 효과적으로 수행하도록 성인이나 자신보다 유능한 또래로 하여금 도움이나 지원을 제공받는 것을 의미한다.

비고츠키의 이론을 통해 유아의 인지발달이 사회문화적으로 상호작용에 의해 영향을 받는다는 점에서 주목해야 한다. 즉, 인지발달에 있어 사회·문화적 영향을 강조하고 있기 때문에 성인이나 자신보다 유능한 또래와의 상호작용을 통해 유아가 자신의 잠재적 능력을 끌어올려 자신의 학습능력을 극대화할 수 있다고 보는 관점이다.

2) 사회문화적 인지이론과 유아사회교육과의 관계

비고츠키의 이론은 사회·문화적 접근으로 알려져 있는데 그 이유는 그의 이론이 사회적·문화적 요인들이 유아기 발달에 미치는 영향에 대해 이해하려는 데 있다고 보았다. 그는 인간의 심리 과정이 저등정신과 고등정신으로 나누어진다고 보고 언어를 포함한 인간의 고등정신이 개인 간의 수준에서 발현되고 그다음에 사회적 상호작용을 통해 개인 간에 형성된 기능을 내면화하여 자신의 것이 된다고 하였다. 즉, 이러한 설명은 그가 제시한 근접발달영역의 개념에서 살펴볼 수 있다. 유아의 봉오리와 같은 현재의 미성숙 단계는 근접발달영역을 통해 성숙해 나아가는 성공 가능한 단계라고 할 수 있다(황해익·최혜진, 2000).

유아는 자신의 사고를 촉진하기 위해 도구를 사용하기도 하는데, 이 도구는 유아의 사고를 바꿀 수 있다. 비고츠키는 언어를 가장 심리적인 도구로 보고 물건을 만드는 틀이 그 물건의 모양을 결정짓는 것과 같이 언어가 사고의 구조를 결정짓는다고 강조한바, 이는 유아가 또래와의 사회적 놀이를 통해 상호작용하며 그 안에서 인지적 사고가 촉진되며 사회성이 발달한다고 볼 수 있다. 즉, 근접발달영역은 사회적 경험과 학습의 중요한 의미를 부여함으로써 유아의 삶에 있어 영향을 미치는 사람들을 강조할 뿐만 아니라 유아의 전인적 성장을 이끌어 가는 데 교육기관에서 이루어지는 교육의 중요성을 강조한다는 점에서 유아사회교육과의 관계성을 제시한다. 따라서 교사는 유아가 교육기관에 머무는 동안 능동적으로 놀이와 학습에 참여하도록 계획하며 지원하되 유아의 현 발달 수준보다 고차원적인 단계와 고등정신을 통한 협동학습 활동을 할 수 있도록 제안할 필요가 있다.

이러한 도움과 상호작용의 과정을 확장하여 개념화하려는 노력이 비계설정이다. 비고츠키의 비계설정은 교사와 학습자가 공동의 문제해결 활동에 몰입하는 동안에 두 사람 간의 즐거운 협동을 뜻한다. 이 협동을 하는 동안 교사는 민감하면서 동시에 우연한 지원을 제공해야 하고, 유아의 표상적이며 전략적인 사고를 기를 수 있도록 하며, 또 유아의 문제해결 기술이 증가함에 따라서 과제에 대한 좀 더 많은 책임을 갖도록 고무함으로써 자율성을 지원하게 된다. 즉, 교사나 부모 또는 더 나은 수준의 또래가 안내와 도움을 제공하여 이것이 유아의 학습에 도움을 주어 인지적 향상이 일어나도록 도와주는 발판 역할을 하는 것이다. 따라서 인간의 사회관계성 및 인지발달이 문화를 공유하고 있는 타인과의 상호작용을 통해 시작된다는 비고츠키의 생각은 유아의 사회관계성 및 인지발달에 미치는 교육의 영향을 중시한 입장으로 받아들여지고 있다고 볼 수 있다.

Activity

1. 사회문화적 인지이론에 근거한 유아의 또래 놀이 상황에서의 사례를 조별로 찾아보고 토론해 보세요.
2. 비고츠키의 사회문화적 인지이론을 통해 자신이 적용해 보고 싶은 유아 놀이는 무엇인지 제시하고 이유를 설명해 보세요.

3 반두라(Bandura)의 사회학습이론

생각해 보기

자신의 오래된 습관과 행동 중 부모님과 유사한 부분들이 있었나요? 긍정적인 영향과 부정적인 영향에 대해 이야기해 보세요.

반두라는 행동주의적 조건이론을 수용하면서도 아동들이 새로운 반응에 대해 어떠한 방식으로 획득하는가에 대한 다른 견해를 밝혔다. 인간은 능동적으로 사고할 줄 아는 인지적인 존재로 동물과는 달리 행동과 결과 간의 관계를 생각하고 예측하는 능력이 있으며, 능동적으로 주변의 세계를 이해하고자 한다. 이러한 인지능력은 직접적인 외적 강화나 처벌이 없어도 관찰을 통해 새로운 학습을 억제할 수 있다. 이러한 점에서 반두라는 인간의 복잡한 행동을 고전적 조건형성이나 조작적 조건형성에서의 자극과 반응, 강화, 소거 등으로 설명하는 데 한계점이 있다고 보고, 사회적 상황 속에서 인간의 행동을 모방이라는 원리를 통해 설명하려고 했다. 이와 같은 학습 과정은 일상적인 사회생활 속에서 주로 이루어지기 때문에 이를 사회학습이론이라고 한다.

1) 반두라의 사회학습이론의 이해

반두라의 사회학습이론은 보상과 처벌을 통해서도 학습될 수 있지만 동시에 인간의 내적 과정도 중시하였으며 다른 사람의 행동을 관찰하고 모방함으로써 이루어질 수 있다고 하였다. 또한, 모방의 과정은 외적인 강화 없이도 발생하며, 모방과 행동 그 자체만으로도 보상이 되고 실질적으로 자극과 강화에 의한 학습보다 더 많이 일어난다고 보았다(민혜영 외, 2023). 이처럼 반두라의 이론은 내적 과정도 인정함으로써 인간의 행동을 학습하는 데 있어서의 인지적 과정을 고려하였으므로 '인지적 사회학습이론'이라고 한다.

인지적 사회학습이론에서는 다른 사람의 행동을 관찰하며 학습이 일어난다고 보는데, 이를 대리적 조건형성(vicarious conditioning) 또는 관찰학습(observational learning)이라고도 한다. 예를 들면, 부모가 늘 이웃들에게 예의 바르게 인사를 하거나 존댓말 등을 사용하면 아이는 부모를 보고 학습하여 어른들에게 인사를 한다거나 존댓말을 사용하게 된다는 것이다. 이와 같이 인간은 다른 사람의 행동을 관찰하며 그러한 행동을 했을 때 나타나는 결과에 대해서도 관찰하게 되는데, 이러한 행동을 모방하며 수행하였을 때 일어날 수 있는 결과에 대해서도 예측할 수 있다. 즉, 이러한 행동이 강화가 되는데 이를 '대리강화'라고 한다. 또한 이런 경우에 직접적인 학습을 경험하는 것이 아니기 때문에 '대리학습'이라고도 하며, 모방을 통해 이루어진다고 하여 '모방학습' 또는 '관찰학습'이라고도 한다(조성연 외, 2017).

관찰학습의 주요 단계를 살펴보면 다음과 같다.

① **주의집중 단계**: 이 단계는 모델로부터 무엇을 학습하기 전에 유아가 주의를 집중하는 단계이다. 어떠한 모델에 집중하게 되는 요인에는 애정, 유사성(성, 연령 등), 모델의 사회적인 위치(유능함, 인기, 지위) 등이 있으며 관찰자인 유아의 의존성, 자존심, 능력 등과 같은 심리적 특성도 영향을 미친다.

② **파지 단계**: 유아는 대상의 형태를 상징적 형태로 기억하는 파지 과정(retention process)을 거친다. 유아는 모델을 관찰하고 일정 시간이 지난 후 그 모델의 행동을 모방한다. 즉, 모델의 행동에 집중함과 동시에 기억한 정보를 인지적으로 저장해 두는데, 이것을 '파지'라고 한다.

③ 재생 단계: 유아는 관찰을 통해 학습한 새로운 반응 패턴을 실제 행동에 옮겨 봄으로써 인지적 시연(cognitive rehearsal) 과정을 거치며 획득해 나아간다. 모방하려는 행동을 잘 파지하여 두는 것만으로 모방이 일어나는 것은 아니며, 그러한 것들을 실제로 실행했을 때 학습의 효과가 높다는 것이다.

④ 강화와 동기적 단계: 유아가 새로운 행동을 학습하였더라도 그 행동을 유지시켜 주는 강화가 없다면 행동에 대한 지속성이 떨어진다. 예를 들어, 같은 반 또래가 다른 친구를 때리는 행동을 보고 때리는 행동을 배울 수는 있지만, 자신도 친구를 때리는 행위를 할 것인지는 강화와 동기에 의해 영향을 받는다. 즉, 그러한 행동에 벌을 받게 된다면 더 이상 그 행동이 일어나지 않게 되는 것이다. 따라서 어떤 행동에 대해 모방을 할 것인지 아닌지는 그 행동이 보상을 가져오는지 또는 그 행동을 할 수 있는 자신의 능력에 대한 신념이 어떠한지에 따라 달라질 수 있다.

2) 사회학습이론과 유아사회교육과의 관계

유아가 능동적으로 자신의 성장과 발달에 개입할 수 있는 것은 환경과 상호작용에 의한 인지적 사고 과정을 거치기 때문이다. 모델을 통한 학습은 유아기에 가장 영향력이 있으며, 이 시기의 유아들은 조작적 조건을 거치며 새로운 반응 양식을 학습한다. 이때 교사나 부모가 온정적이며 반응적인 보상을 보여줄수록 모델에게 더욱 집중하며 또래와의 관계에서 친사회적 행동을 더 잘 모방하려는 특성이 있다. 또한 유아들은 다른 사람들의 행동을 반복적으로 관찰하고 타인의 격려를 받으며 친사회적 규칙을 내면화시킨다(Mussen & Eisenberg-Berg, 1977). 유아는 모방을 위해 능력 있고 강력한 모델링을 선택하려는 경향이 높다. 특히, 나이 든 친구나 성인의 행위를 당연시 여겨 모방하려 한다(Bandura, 1977). 따라서 가정과 유아교육기관에서 부모의 역할과 교사의 교육적인 학습능력에 대한 모델링이 매우 중요하다. 이는 유아의 사회성을 기르는 중요한 단서가 된다고 보기 때문이다.

유아는 부모와 교사 등 주변 사람들과의 행동을 모방하고 관찰함으로써 사회적 행동을 습득한다. 따라서 나누기, 도와주기, 배려하기, 위로하기, 협력하기와 같은 바람직한 사회적 행동을 학습하기 위해서는 친사회적 행동을 하는 모델과 접할 기회가 마련되어야 한다(박영아, 2013). 모델의 영향력은 7~8세 이전의 유아에게 있어 가장 강하게 나타나는데, 유아는 모델처럼 행동하며 자신도 미래에는 모델이 가지고 있는 권위적인 힘을 획득할 수 있다고 믿는다(Kostelnik, 2017).

유아교사의 행동은 유아의 자아 가치감을 강화할 수도 있고 감소시킬 수도 있다. 또한 유아의 대인관계 능력을 향상할 수도 있으며, 또래와 긍정적이며 효과적인 상호작용을 경험하지 못한 채 지낼 수도 있다. 이러한 교사의 행동은 유아의 인지 발달과 사회성 증진을 도와줄 수도 있고 방해할 수도 있다. 따라서 교사는 일상적인 경험을 포함한 전문가로서의 지식과 기술을 가져야 한다. 즉, 모든 유아의 발달과 학습에 의한 이해와 개별 유아가 가진 장점, 욕구, 흥미에 대한 지식, 아이들이 살고 있는 사회적·문화적 맥락에 대한 이해의 기준을 충족할 수 있어야 하며, 이를 통해 유아에게 긍정적인 모델링이 되어야 한다.

반두라가 강조한 관찰학습의 개념은 이미 오래전부터 기록된 개념이긴 하지만, 반두라는 그 중요성에 대한 가치를 높이 평가하여 부각시켰다. 그는 모델이 행동에 영향을 주는 이유에 대해 밝혔고, 사회적 행동이 인간의 행동을 어떻게 변화시키는지에 대해 이해하려고 노력하였다. 따라서 유아에게 있어 인지적 사회학습이론은 인지발달의 사회적, 정서적, 동기적 측면을 동시에 고려해야 하며, 관찰학습과 상징적 표상을 통해 유아의 사고가 사회와 어떻게 연관되는지를 알 수 있다는 점에서 유아사회교육과 관계가 크다고 할 수 있다.

Activity

1. 사회학습이론에 근거한 유아의 놀이 사례를 관찰해 보세요.
2. 반두라의 '보보 인형 실험'을 통한 자신의 견해와 유아의 성장과 발달에 미치는 영향에 대해 토론해 보세요.

4 브론펜브레너(Bronfenbrenner)의 생태학적 이론

생각해 보기

현재 자신의 사회성 발달에 영향을 미치는 가족, 또래, 학교, 대중매체 등 여러 요인들 중 가장 많은 영향을 미치는 요인이 무엇인지 생각해 보세요.

브론펜브레너는 인간의 발달에 생태학을 적용하여 인간 발달은 자신의 환경을 지각하고 다루는 방식을 지속적으로 변화시키는 것이라고 주장하였다. 그는 여러 상황에서 다양한 범위의 주변 환경이 어떠한 방식으로 유아의 발달에 영향을 미치는가에 대해 정의하였다. 유아의 생태학적인 환경 변인에는 유아가 양육자인 부모로부터 받은 개인적인 변인을 포함하여 부모의 사회경제적인 지위 변인, 부모로부터 제공되는 가정환경에 따른 자극 변인 등이 있다. 즉, 유아는 유아 자신이 지닌 고유의 특성에 따라 더불어 부모나 가정으로부터 제공되는 양육의 경험을 통해 사회생활에 적응하는 방법을 배우게 되는 것이다(임말자, 2002). 따라서 유아의 발달과 사회성 형성은 부모로부터 받은 양육행동과 부모의 특성, 그리고 유아의 개인 내 성향을 포함하여 복합적으로 관련성이 있다(Bronfenbrenner, 1979).

1) 브론펜브레너의 생태학적이론의 이해

브론펜브레너는 생태학 이론을 가족과 인간 발달에 적용하였고, 이를 통해 인간 발달에 대한 사회 생태학을 '인간발달생태학(ecology of human development)'이라는 용어를 통해 하나의 학문적 관점으로 체계화하였다. 그는 인간 발달에 있어 인간이 살고 있는 실제 환경과의 상호작용과 실제 환경과 멀리 떨어진 환경까지의 상호작용을 고려하였다(Bronfenbrenner, 1995). 이에 유아에게 영향을 주는 환경을 미시체계, 중간체계, 외체계, 거시체계로 나누었고, 후에는 시간체계를 추가하여 끊임없이 변화해 가는 환경의 역동성을 강조하였다. 즉, 단계별 수준에 따른 다양한 주변 환경이 어떻게 유아의 발달에 영향을 미치는가에 대해 설명하였다.

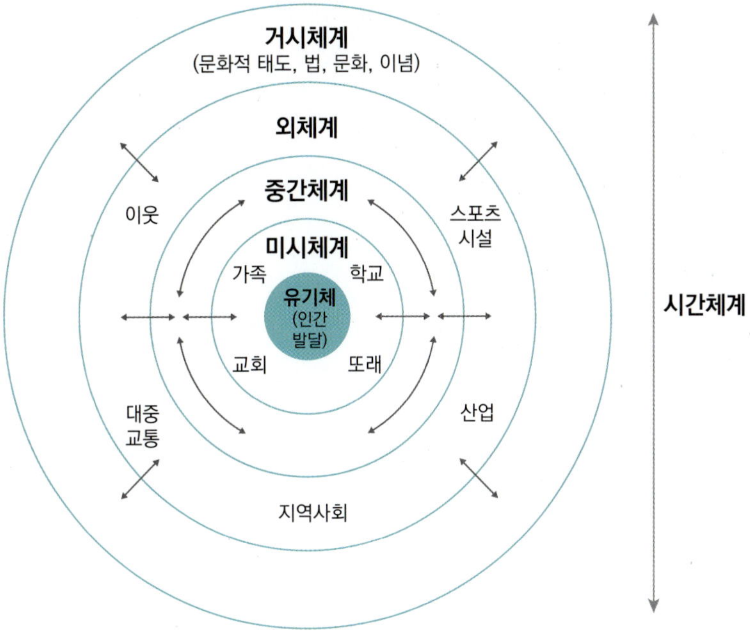

그림 3-1 브론펜브레너의 인간발달생태학 모형

출처: Hetherington, E. M., & Parke, R. D. (1993). Child Psychology: A Contemporary View-point.

(1) 미시체계

미시체계는 브론펜브레너의 생태학적 모델에서 가장 중앙 부분에 위치한다. 유아를 감싸고 있는 가장 깊숙한 내부에 있는 수준으로서, 유아에게 가장 직접적이며 밀접한 주변 환경의 행동 및 상호작용 패턴과 관련이 있다. 미시체계 수준에서의 유아의 발달을 이해하기 위해서는 모든 관계가 상호작용을 미치는 양방적 관계임을 고려해야 한다. 미시체계에는 발달하는 개인이 독특한 물리적·물질적 특성을 내포하는 환경 내에서 경험하는 활동과 역할 그리고 대인관계의 유형이라고 할 수 있다(Bronfenbrennrr, 1979). 이러한 구조 속에서 유아에게 가장 많은 영향을 미치는 관계는 부모, 형제 등과 같은 참여자들의 역할과 관계라고 할 수 있다. 예를 들면, 배려심이 있고 우호적인 유아는 부모로부터 따듯하고 긍정적인 반응을 얻을 수 있지만, 공격적이며 반항심이 있는 유아의 경우에는 통제와 벌을 받을 수 있는데, 이러한 상호작용이 장기화될 경우에는 발달에 지속적인 충격을 받는다(Bronfenbrennrr, 1995; Collinst et al., 2000). 즉, 미시체계에서의 타인은 두 사람의 관계에서 질적 수준에 영향을 주기 때문에 서로에게 우호적이며 지지적인 관계라면 상호작용이 진전된다고 볼 수 있다. 따라서 유아와 관련된 사회문화적 영향에 대한 부분은 미시체계에 초점을 두며 부모-자녀와의 관계는 유아의 미시체계 중 가장 핵심 요인이라고 볼 수 있다.

(2) 중간체계

중간체계는 두 가지 이상의 미시체계 간의 관계로 환경 간의 관계라고 할 수 있다. 중간체계는 가정, 학교, 이웃, 유아교육기관과 같은 미시체계들 간의 상호작용이 포함된다. 일반적으로 중간계들 간의 관계가 친밀하고 밀접할수록 유아의 긍정적인 발달이 촉진된다. 예를 들어, 유아의 학습 활동은 교실 내에서만 이루어지는 것이 아니며 가정과의 연계를 통해 순조롭게 이루어질 때 더 높은 효과를 가져올 수 있다. 이는 부모와의 상호작용이 유아교육기관의 교사와 또래와의 관계에서도 나타나 이 두 가지가 연결되었을 때 유아 발달에 도움이 된다고 할 수 있다. 반면, 부모와의 관계가 원만하지 않은 유아의 경우는 또래와의 관계에서도 어려움을 보이는데, 중간체계의 관계가 유아의 발달에 부정적인 영향을 미쳤기 때문일 것이다. 이처럼 한 개인이 환경에 의해 다른 역할을 수행한다는 것으로 개인과 그 주변의 상호작용을 강조한다는 중요한 의미를 담고 있다.

(3) 외체계

외체계는 유아를 포함하지 않고 유아와 직접 상호작용하지 않지만, 간접적으로 영향을 주는 체계로 부모의 직장, 지역사회에서의 주요 기관, 교통통신시설, 문화시설, 정부의 정책, 학교의 운영위원회 등과 같은 공식적인 시설을 들 수 있다. 즉, 유아가 외체계에 직접적으로 관여하지는 않지만, 이러한 외적인 환경들은 유아의 행동에 영향을 미친다. 예를 들어, 아픈 자녀를 위해 병가를 주는 유동적인 근무 환경이 부모가 자녀를 간호하도록 돕고 이를 통해 간접적으로 자녀에게 영향을 줄 수 있으며, 이는 유아의 발달을 증진할 수 있다. 또한 가까운 친척이나 친구들, 어려움을 함께 나누는 경제적 지원도 외체계에 해당하는데, 이러한 사례들도 유아에게 간접적인 영향을 미치는 예라고 볼 수 있다.

(4) 거시체계

거시체계는 미시체계, 중간체계, 외체계에 포함된 모든 요소들을 포함하고 있을 뿐만 아니라 개인이 살고 있는 모든 사회문화적 환경을 포함한다. 즉, 유아가 속해 있는 가족, 유아교육기관, 대중매체 등과 같은 사회라는 테두리 안에 존재한다는 것이다. 거시체계는 법률과 같은 명백한 부분을 가진 것도 있지만 국가, 문화, 정치적 이념, 일상생활, 관습과 같은 비형식적인 개념이다. 따라서 유아가 직접적으로 느끼지 못하는 부분도 있지만, 우리를 둘러싸고 있는 포괄적인 거시체계로부터 영향을 받는다고 할 수 있다(최옥희, 2007). 거시체계는 일반적으로는 다른 체계보다 안정적이며 때로는 사회 변화에 따라 달라질 수 있다. 예를 들어, 국가가 취업한 부모에게 후생복지와 질적으로 우수한 보육환경을 제공해 준다면 유아들은 질 높은 환경에서 좋은 경험을 할 수 있을 것이다. 따라서 거시체계는 유아의 삶에 직접적인 개입은 하지 않으나 매우 강한 영향을 미치며, 하위체계에 대한 가치와 준거를 제공한다. 이처럼 브론펜브레너는 인간 발달을 성장하는 유기체와 그 유기체가 거주하는 환경과의 성장 과정에서 일생 동안 일어나는 과정에 초점을 맞추며 인간 발달의 생태학을 설명하였다(최혜진 외, 2022).

2) 생태학적 이론과 유아사회교육과의 관계

사회라는 환경은 지속적으로 변화를 겪으며, 그 사회 속에서 생활하는 유아 또한 끊임없이 변화를 경험한다. 전 생애에 걸쳐 나타나는 변화들과 사회·역사적인 환경을 어떻게 다루는가에 따라 유아의 신체, 인지 및 정서, 그리고 사회성 발달 측면에 많은 영향을 미친다. 유아의 발달 과정에서 일어나는 모든 상황들과 처해 있는 환경은 유아 개인에게 영향을 주게 되는 상호작용과 상호 연계성의 규명을 통하여 알 수 있는 것처럼 개인을 둘러싸고 있는 환경체계의 이해가 중요하다는 것을 보여준다(Bronfenbrenner, 1979). 즉, 유아가 성장하며 사회화 과정을 거치며 사회성 발달을 이루기 위해서는 생태학적 체계가 가지고 있는 가장 기본적인 '개인'의 단위를 넘어 유아를 둘러싼 주변 환경에 대해 이해하고 사회의 전반적인 측면을 이해하여야 한다.

유아는 가정을 중심으로 유아교육기관이나 학교, 지역사회 등의 가까운 환경에서부터 신념, 가치, 역사, 시간 등의 멀리 있는 환경까지 여러 다양한 환경에 따라 발달에 많은 영향을 받으며 많은 관심을 두고 있다. 가족 내에서는 부모와 자녀라는 관계인 가족이라는 미시체계 안에서 상호작용하며 성숙해 나간다. 부모의 양육 태도에 따라 긍정적인 영향을 받게 되기도 하지만, 부정적인 양육 태도에 따라 부정적인 모습으로 성장할 수도 있다. 그러나 이러한 미시체계가 그동안은 유아의 발달에 큰 비중을 차지한다고 간주되어 왔지만, 생태학적 관점에서는 각각의 체계가 상호 관련성이 있다는 것과 이들 체계들 간의 상호작용을 통해 유아의 전인적 성장 발달의 결과를 가져온다고 보고 있다. 즉, 가정 내에서의 부정적인 환경과 경험이 유아의 발달에 영향을 주기는 하지만, 이로 인해 모든 자녀가 같은 정도의 영향을 받는 것은 아니다. 미시체계인 가정의 불화보다는 이로 인한 가족 내 역할과 부모-자녀 관계나 유아교육기관과 같은 다른 환경에서 또래나 교사와의 관계와 지원에 따라 유아가 받는 영향이 다를 수 있다는 것이다. 따라서 유아교육기관에서는 이러한 생태학적 관점을 근거로 한 유아사회교육에 대한 구체적인 교수·학습 방법들을 고안하고 가정과 기관, 지역사회 등과 같은 모든 체계에서 맥락과 환경을 고려한 노력을 기울여야 한다.

Activity

1. 자신의 유아기를 돌아보고 생태학적 이론에 따른 부모와의 관계에 대해 생각해 보세요.
2. 생태학적 접근에 근거한 관계 중심 유아교육의 실천 방안에 대해 토론해 보세요.

5 콜버그(Kohlberg)의 도덕성 발달 이론

생각해 보기

여러분은 거짓말에 대해 어떻게 생각하나요? 선의의 거짓말은 해도 된다고 생각하나요?

도덕성 발달 이론의 가장 핵심적인 이론 중에 하나는 콜버그의 도덕성 발달 이론이다. 콜버그는 도덕성이 사람에 따라 차이가 나타나 발달하는 경향이 다를 수 있고 문화적 노출 정도에 따라서도 차이를 보여 달라질 수 있다고 하였다. 그는 연속적인 도덕 발달이 사회적 역할을 통해서 얻어진다고 보았다. 도덕성의 개념은 관점에 따라 상이하게 정의되고 있는데, 보편적인 개념은 도덕적으로 바람직한 행위를 하는 행동 습관이나 도덕적 가치를 추론할 수 있는 능력이다. 또한, 인간이 마땅히 지녀야 할 사고와 판단으로 일반적인 도덕성의 원리와 가치를 선택하여 이를 자율적으로 실천하는 것이라고 정의할 수 있다(김지현, 2014).

1) 콜버그의 도덕성 발달 이론의 이해

콜버그는 피아제의 인지발달 이론에 기초를 두고 이를 확장하여 자신의 독자적인 이론을 정립하였다. 인지적 도덕 발달 이론에 의하면, 도덕성 발달은 구체적인 내용들이나 행동들을 주입하는 것이 아니라 사고의 어떤 특징적인 형태들이나 구조들을 발달시키는 측면에서의 판단 방식과 구조로 보았다. 또한 도덕성은 어떤 형식적 특징들, 즉 보편성과 규정성 그리고 공평성 들을 지니고 있는 접근이나 절차이며 하나의 방법으로 본다(김지현, 2014). 콜버그는 아동과 청소년을 대상으로 가상의 도덕적 딜레마 상황을 제시하며 이에 대한 반응을 토대로 도덕성의 발달 단계를 구분하였다.

콜버그의 도덕성 발달 이론은 여섯 가지 단계로 나누어지며, 사회규범이나 관습을 의미하는 인습에 관한 순응을 기준점으로 전 인습적 수준(1수준), 인습적 수준(2수준), 후 인습적 수준(3수준)으로 구분하였다(이영미, 외, 2021). 첫 번째 수준인 전 인습적 수준에서는 규칙과 사회적 기대가 자아에게 외부적 요인이 되며, 자아가 타인의 기대와 규칙을 내재화한다. 이 수준의 두 단계는 인습 이전 수준의 단계로 아동은 자기중심성이 강하기 때문에 도덕적 판단에서 타인을 이해하지 못하는 성향을 가지고 있다. 1단계인 '처벌과 복종'의 지향 단계에서는 보상과 처벌의 기준에 따라 행동하고, 처벌을 받지 않기 위해 사회적 규칙을 따른다. 2단계인 '욕구충족' 지향 단계에서는 권위를 지닌 성인에게 순종하며 칭찬이나 보상을 받기 위한 노력을 한다.

두 번째 수준인 인습적 수준의 3단계와 4단계는 내면화가 중간 정도 생겨나 타인의 입장을 고려하며 사회적 규범에 순응하는 선한 행동을 하며, 법과 질서를 지키는 도덕성의 발달 단계에 이르게 된다. 이 수준의 아동은 다른 사람의 입장을 더 잘 이해하게 되고, 도덕적 가치와 타인의 기대를 중요하게 생각하는 부분에 의미를 부여한다.

세 번째 수준인 후 인습적 수준은 도덕성 발달의 가장 높은 수준으로 5단계와 6단계에서는 사회적 규칙과 관습을 포함하여 가치와 원칙에 의해 도덕적인 판단을 이룬다. 5단계에서는 사회적 계약을 지향하여 최대 다수의 최대 행복에 근거한 규범을 존중하며, 공동체를 유지하기 위한 삶과 자유 등을 인간의 기본 권리로 본다. 마지막으로 6단계에서는 보편적인 원리를 지향하며 시대와 문화를 초월한 보편적인 원리에 따르며 인간 존엄성, 평등, 정의 등을 보편적인 원리로 본다.

이처럼 콜버그는 "사람이 옳고 그름을 어떻게 판단하게 되는가?"에 대한 질문에 도덕적으로 성숙해지는 과정과 도덕 판단 능력이 단계적으로 발달한다고 보고, 이러한 단계를 성숙한 모델로 제시하였다.

표 3-3 콜버그의 도덕성 발달 단계

수준	단계		특징
전 인습적 수준	1	처벌과 복종 지향	•보상과 처벌의 기준에 따라 행동하고, 처벌을 받지 않기 위해 규칙을 지킨다. •권위를 지닌 사람에게 순종한다.
	2	욕구충족 지향	•자신의 욕구충족 여부에 따라 판단하고, 자신이 원하는 것을 얻기 위해 규범을 준수한다.

수준	단계		특징
인습적 수준	3	착한 아이 지향	•타인으로부터 인정을 받고 사회 규범에 순응하는 것을 선한 행동으로 간주한다. •신뢰, 충성, 감사를 중요한 도덕적 가치로 생각한다.
	4	법과 질서 지향	•규범을 고정불변한 것으로 여기며, 사회적 규칙과 규범에 순응하는 것을 선한 행동으로 여긴다.
후 인습적 수준	5	사회계약 지향	•최대 다수의 최대 행복에 근거한 규범을 존중하며, 공동체를 유지하기 위한 삶, 자유, 행복 추구를 인간의 기본 권리로 간주한다.
	6	보편적 원리 지향	•시대와 문화를 초월한 보편적 원리를 따르는 것을 궁극적인 선으로 여기며, 인간 존엄성, 평등, 정의 등을 보편적 원리로 간주한다.

출처: Kohlberg, L. (1966). A cognitive-developmental analysis of children's sex role concepts and attitudes.

콜버그의 도덕적 딜레마: 하인츠 이야기

유럽의 한 마을에 암으로 죽어가던 여인이 있었다. 하인츠는 자신의 아내를 위해 약을 구하러 약국에 가게 되었다. 다행히 약국에는 약사에 의해 개발된 약이 있었고, 하인츠는 그 약을 구하기 위해 돈을 모으려고 애를 썼지만 많은 돈이 모자랐다. 그는 약사에게 애원하며 자신의 아내가 암으로 죽어가고 있다는 설명을 하고 돈이 없는 사정을 이야기했다. 그러나 약사는 약을 주지 않았고, 결국 하인츠는 약을 구하기 위해 약국 문을 부수고 약을 훔치는 행위를 하게 되었다.
하인츠가 약을 훔치는 행동이 옳은 일인지 그렇지 않은 행동인지 여러분의 생각은?

2) 도덕성 발달 이론과 유아사회교육의 관계

콜버그는 도덕성 발달에 있어서 인지가 수행하고 있는 역할을 일관성 있게 강조하였다. 유아는 가정이라는 최초의 환경 속에서 가족 내 부모의 적절한 보살핌을 받고 적절한 균형과 안정을 유지하며 성장한다. 이러한 관계에서 적응하며 얻을 수 있는 사회성은 성인의 강화와 모델링을 통해 성숙되는데, 도덕성도 많은 경험과 학습에 의해 발달된다. 콜버그의 도덕성 발달 이론의 인습 이전 수준에 해당하는 유아들은 문화적 규칙, 좋은 것과 나쁜 것, 옳은 일과 나쁜 일이라는 분류를 다루고 경험할 뿐 이 안에서 발생할 수 있는 결과들이 타인에게 어떤 의미나 가치를 가지는지에 관해서는 고려하지 못한다(최태혁, 2011). 즉, 자기중심성이 강하기 때문에 도덕적 판단에서 타인의 입장을 고려하지 못하며 오직 처벌의 회피와 권위에 대한 맹목적인 존중이 중시될 뿐인 것이다. 그러므로 유아기의 올바른 도덕적 가치관과 사회성을 형성하기 위한 성인의 바람직한 모델링과 꾸준한 교육적 노력이 필요하다.

긍정적인 모델링을 통한 꾸준한 학습과 훈련은 유아가 성장하며 그 빛을 발현시킬 수 있도록 할 것이다. 자신의 욕구를 충족하기 위한 행동들은 타인으로부터 인정받고 선한 행동이라는 것을 점차 경험하며 도덕적 가치와 중요성에 대해 인식하게 된다. 예를 들어, 또래의 놀잇감을 갖기 위해 처음에는 일방적인 힘을 가해 얻으려고 하는 자신의 행동이 잘못되었다는 것을 인식하게 된다. 그리고 교사에게 꾸지람을 듣지 않기 위해서 또는 칭찬받기 위한 목적을 가지고 빼앗는 행동을 멈추게 된다. 점차 이러한 관계 속에서 유아는 단지 친구의 놀잇감을 가지려는 자신의 일방적인 태도가 잘못됨을 인식하게 되고 친구의 마음도 헤아릴 수 있는 수준에 이른다. 이처럼 유아의 도덕성 발달은 모방과 관찰을 통한 내면의 학습에 의해 형성되므로 사회학습과 모델링이 강조된다. 따라서 도덕적인 판단과 일치하도록 가정과 교육기관에서 도덕적 기준과 실천이 필요하다.

Activity

1. 콜버그의 도덕적 딜레마와 관련한 사례를 찾아보고 의견을 나누어 보세요.
2. 도덕성 발달 이론에 근거한 최근 사회문제를 찾아보고 분석해 보세요.

진실은 가장 조심히 다뤄야 한다

진실이라고 해서 모두 밝힐 필요는 없다. 진실만큼 조심히 다뤄야 할 것도 없기 때문이다. 진실은 양날의 검과 같아서 심장을 도려낼 수도 있다.

진실을 말하는 것만큼이나 감추는 것도 중요하다. 그렇다고 거짓말을 마라. 사소한 거짓말 하나가 이때까지 쌓은 명성을 모두 무너뜨릴 수 있다. 거짓보다 더 나쁜 속임수는 배신이다. 그렇다고 해도 진실을 모두 밝혀서는 안 된다. 자기 자신이나 남을 지키기 위해서 밝히지 말아야 할 진실도 있기 때문이다.

– 발타자르 그라시안(2023). 《아주 세속적인 지혜》 본문 중에서

제4장 교육과정과 유아사회교육

학습 목표

1. 2024 개정 표준보육과정(0~2세)과 유아사회교육의 연계를 알 수 있다.
2. 2019 개정 누리과정의 방향과 유아사회교육 목표의 밀접한 관련성을 알 수 있다.
3. 영유아의 교육과정과 초등교육과정의 연계를 알 수 있다.

생각해 보기

표준보육과정과 누리과정에 대해서 알고 있는 만큼 이야기해 보세요.

국가 수준의 영유아 교육과정은 영아 대상의 2024 개정 표준보육과정(0~2세)과 유아 대상의 2019 개정 누리과정으로 구성되어 있으며, 계속적인 개정을 통해 대상별 교육과정의 연계성을 강화하고 있다. 어린이집, 유치원, 초등학교가 이음의 과정을 만들어 가고 있는 것은 고무적인 일이다.

1 교육과정과 유아사회교육 목표

유치원과 어린이집에서는 「2024 개정 표준보육과정」과 「2019 개정 누리과정」을 적용하고 있다. 어린이집에서는 0~2세 영아 대상의 표준보육과정이 적용되고 있으며, 유치원에서는 3~5세 유아 대상의 2019 개정 누리과정이 적용되고 있다. 이에 본 장에서는 교육과정 속에 유아의 사회교육을 어떻게 다루고 있는지, 유아사회교육 목표와 어떠한 연계성을 갖는지 살펴보고자 한다.

1) 2019 개정 누리과정과 유아사회교육

2019 개정 누리과정은 유아 중심, 놀이 중심 교육과정으로 유아가 중심이 되어 자유롭게 주도하며 놀이가 살아나게 하는 데 초점을 두고 있으며, 이에 따른 추구하는 인간상은 건강한 사람, 자주적인 사람, 창의적인 사람, 감성이 풍부한 사람, 더불어 사는 사람이다.

누리과정의 목적은 유아가 놀이를 통해 심신의 건강한 조화로운 발달을 이루고 바른 인성과 민주시민의 기초를 형성하는 데에 있다. 이를 실현하기 위한 목표는 다음과 같다(교육부·보건복지부, 2019, pp. 31-34).

① 자신의 소중함을 알고, 건강하고 안전한 생활 습관을 기른다.

유아에게는 일상에서 환경의 변화에 적응하는 데 필요한 건강하고 안전한 생활을 지속적으로 경험하는 것이 중요하다. 유아가 자신의 몸과 마음에 대한 긍정적인 생각을 키워, 자신을 소중히 여기는 사람으로 성장하도록 도와야 한다.

② 자신의 일을 스스로 해결하는 기초능력을 기른다.

유아가 자신을 이해하고 소중히 여기며 자신의 일을 주도적이고 자율적으로 해결해 나가는 사람으로 성장하도록 도와야 하며, 다른 사람과 함께 생활하는 동안 자신의 생각을 자신 있게 표현하며, 주어진 일에 책임감을 가지고 해결해 나갈 수 있도록 지원해야 한다.

③ 호기심과 탐구심을 가지고 상상력과 창의력을 기른다.

유아가 주변 세계에 대한 호기심을 가지고 자유롭게 상상하며, 융통성 있는 발상의 전환을 지원하고, 새로운 일에 대한 열린 태도와 도전 정신을 가지고 미래에 필요한 독창적인 능력을 키울 수 있도록 도와야 한다.

④ 일상에서 아름다움을 느끼고 문화적 감수성을 기른다.

유아는 자신이 느낀 아름다움과 경이로움, 시적인 감수성을 예술적으로 표현하는 과정을 즐기며, 자연과 문화에 대해 열린 마음을 가지고 향유하는 경험이 필요하다. 유아가 놀이를 통하여 문화적 공감 능력과 심미적 감수성을 키워 갈 수 있도록 도와야 한다.

⑤ 사람과 자연을 존중하고 배려하며 소통하는 태도를 기른다.

유아는 자신과 생각이 다른 사람들과 갈등을 겪을 수도 있으나 이를 원만하게 해결해 보는 경험도 필요하다. 유치원과 어린이집은 유아가 놀이를 통하여 자연을 소중히 여기고 다른 사람과 협력하며 소통하는 방법을 경험할 수 있는 기회를 제공하여, 공동체 의식과 민주 시민의 역량을 키워 갈 수 있도록 도와야 한다.

(1) 2019 개정 누리과정과 유아사회교육의 연계성

2019 개정 누리과정에서는 유아들이 건강한 사회 구성원으로 성장할 수 있도록 바른 인성과 더불어 살아가기 위한 자주성과 창의성 등이 포함되어 있다. 이는 2019 개정 누리과정에서 추구하는 내용을 설명하고 있으며, 그중 사회관계 영역의 목표는 이를 함축한 내용으로 해석할 수 있다.

표 4-1 2019 개정 누리과정과 유아사회교육의 연계성

<table>
<tr><th>추구하는 인간상</th><th>2019 개정 누리과정 목표</th><th>사회관계 영역 목표</th><th>유아사회교육의 목표</th></tr>
<tr><td>건강한 사람</td><td>자신의 소중함을 알고, 건강하고 안전한 생활 습관을 기른다.</td><td rowspan="5">• 자신을 이해하고 존중한다.
• 다른 사람과 사이좋게 지낸다.
• 우리가 사는 사회와 다양한 문화에 관심을 가진다.</td><td rowspan="5">• 자신에 대한 긍정적인 인식을 갖고, 자존감을 발달시킨다.
• 타인을 배려하고 책임 있는 행동을 할 수 있는 도덕적 감수성을 발달시킨다.
• 다양한 사람들과 문화에 대한 이해와 존중하는 태도를 기른다.
• 또래 및 주변 사람들과 긍정적인 관계를 형성하며 대인관계 능력을 발달시킨다.
• 민주시민으로 살아가는 데 필요한 기초적 품성을 함양한다.</td></tr>
<tr><td>자주적인 사람</td><td>자신의 일을 스스로 해결하는 기초능력을 기른다.</td></tr>
<tr><td>창의적인 사람</td><td>호기심과 탐구심을 가지고 상상력과 창의력을 기른다.</td></tr>
<tr><td>감성이 풍부한 사람</td><td>일상에서 아름다움을 느끼고 문화적 감수성을 기른다.</td></tr>
<tr><td>더불어 사는 사람</td><td>사람과 자연을 존중하고 배려하며 소통하는 태도를 기른다</td></tr>
</table>

유아사회교육은 사회과학적 지식뿐 아니라 민주시민의 양성이라는 측면에서 유아가 민주시민으로 살아가는 데 필요한 사회적 품성을 갖추어 나가도록 다양한 내용을 통해 사회적 기술과 생활 속에서 문제해결 능력을 터득해 가도록 하는데 그 역할을 한다. 따라서 2019 개정 누리과정의 목표는 유아사회교육과 매우 밀접한 연관성을 갖는다고 볼 수 있다.

유아에게 적용하고 있는 2019 개정 누리과정은 영아에게 적용하고 있는 2024 개정 표준보육과정과 연계되며, 초등학교 교육과정과도 연계되기 때문에 영아기부터 건강한 아동으로 성장할 수 있도록 돕는 일련의 사회교육의 이음 체계가 형성된 것이다.

(2) 초등학교 2022 개정 교육과정과 유아사회교육의 연계성

표준보육과정과 누리과정은 초등교육 교육과정과의 연계성을 강조하고 있다. 따라서 초등학교 2022 개정 교육과정과 유아사회교육의 연계성을 간략히 살펴보면 다음과 같다.

2024년도부터 시행하고 있는 2022 개정 초등학교 교육과정에서는 1~2학년 시기에는 바른생활, 슬기로운 생활, 즐거운 생활의 교과가 통합 교과로 운영되며, 이를 통해 유아사회교육과 연계된 교육과정이 운영되고 있다.

2022 개정 교육과정의 목표

초등학교 교육은 학생의 일상생활과 학습에 필요한 기본 습관 및 기초 능력을 기르고 바른 인성을 함양하는 데 중점을 둔다.

1) 자신의 소중함을 알고 건강한 생활 습관을 기르며, 풍부한 학습 경험을 통해 자신의 꿈을 키운다.
2) 학습과 생활에서 문제를 발견하고 해결하는 기초 능력을 기르고, 이를 새롭게 경험할 수 있는 상상력을 키운다.
3) 다양한 문화 활동을 즐기며 자연과 생활 속에서 아름다움과 행복을 느낄 수 있는 심성을 기른다.
4) 일상생활과 학습에 필요한 규칙과 질서를 지키고 서로 돕고 배려하는 태도를 기른다.

출처: 교육부(2022a). 초등학교 교육과정. 교육부 고시 제2022-33호 [별책2].

표 4-2 초등학교 교육과정과 유아사회교육의 연계

<table>
<tr><th>2022 개정 교육과정의 목표</th><th>통합 교과 영역</th><th>유아사회교육의 목표</th></tr>
<tr><td>자신의 소중함을 알고 건강한 생활 습관을 기르며, 풍부한 학습 경험을 통해 자신의 꿈을 키운다.</td><td rowspan="4">• 정체성: 우리는 누구로 살아갈까
• 공간성: 우리는 어디서 살아갈까
• 시간성: 우리는 지금 어떻게 살아갈까
• 주체성: 우리는 무엇을 하며 살아갈까</td><td rowspan="4">• 자신에 대한 긍정적인 인식을 갖고, 자존감을 발달시킨다.
• 타인을 배려하고 책임 있는 행동을 할 수 있는 도덕적 감수성을 발달시킨다.
• 다양한 사람들과 문화에 대한 이해와 존중하는 태도를 기른다.
• 또래 및 주변 사람들과 긍정적인 관계를 형성하며 대인관계능력을 발달시킨다.
• 민주시민으로 살아가는 데 필요한 기초적 품성을 함양한다.</td></tr>
<tr><td>학습과 생활에서 문제를 발견하고 해결하는 기초 능력을 기르고, 이를 새롭게 경험할 수 있는 상상력을 키운다.</td></tr>
<tr><td>다양한 문화 활동을 즐기며 자연과 생활 속에서 아름다움과 행복을 느낄 수 있는 심성을 기른다.</td></tr>
<tr><td>일상생활과 학습에 필요한 규칙과 질서를 지키고 서로 돕고 배려하는 태도를 기른다.</td></tr>
</table>

2022 개정 교육과정의 목표에서 자신의 소중함을 안다는 것과 자신의 꿈을 키우는 것은 유아사회교육 목표에서 자신에 대한 긍정적인 인식을 갖고, 자존감을 발달시킨다에 부합한다. 2022 개정 교육과정의 목표에서 다양한 문화 활동을 즐기며 자연과 생활 속에서 아름다움과 행복을 느낄 수 있는 심성을 기른다는 것은 유아사회교육에서 도덕적 감수성을 발달시키고, 다양한 사람들과 문화에 대한 이해와 존중하는 태도를 기른다는 목표에 부합한다. 또한 2022 개정 교육과정의 목표에서 일상생활과 학습에 필요한 규칙과 질서를 지키고 서로 돕고 배려하는 태도를 기르는 것은 유아사회교육에서 긍정적인 관계를 형성하며 대인관계능력을 발달시킨다는 목표에 부합한다.

2022 개정 교육과정(교육부 고시 제2022-2호)은 학교급과 학생의 발달적 특성에 맞는 진로 활동 및 학교급 간 연계교육을 강화하는 데 지원하고 있다(교육부, 2022a). 이는 유아기에 이어 초등학교 1, 2학년 시기에 학교 적응을 돕는 이음 교육 체계의 과정이기도 하다. 따라서 유아기에 사회교육은 초등학교와 연계되어 바람직한 민주시민을 단계적으로 성장시킬 수 있는 과정이며, 특히 누리과정의 사회관계 영역과 밀접한 관련이 있음을 알 수 있다.

(3) NCSS와 DAP 관점에 기초한 유아사회교육의 목표

NCSS(미국 전국사회교과협회)와 DAP(발달에 적합한 실제) 관점에 기초한 유아사회교육의 목표는 개인적인 발달, 사회적 시민 능력, 사회적 지식 습득, 다양성에 대한 이해와 존중, 세계적 시민의식이며, 이를 살펴보면 다음과 같다(Melendez et al., 2000: 황해익 외, 2015 재인용).

- **개인적인 발달**: 유아들이 독특한 한 개인으로서 긍정적인 발달을 이루도록 돕는다. 이와 같은 경험은 효율적인 의사결정 능력의 발달을 촉진할 것이다.
- **사회적 시민 능력**: 유아들이 사회생활을 성공적으로 해 나가기 위해서 필요한 적절한 지식, 기술, 그리고 태도를 발달시켜 나가도록 한다.
- **사회적 지식 습득**: 유아들이 사회 현실에 대한 아이디어를 습득하고 발달시켜 나갈 기회를 제공한다. 이러한 경험은 사람과 그들의 행동을 다양한 각도로 바라보고 평가하고 이해할 수 있는 시각을 길러 줄 것이다.
- **다양성에 대한 이해와 존중**: 유아사회교육을 통해 유아들은 서로 다른 특성에도 불구하고 모두 존중되어야 한다는 평등감을 갖게 될 것이다. 유아기부터 다양한 사회교육 활동을 통해 사회적·문화적으로 다양한 사회에서 어울려 살 수 있는 태도를 기르고, 서로 다른 생각, 다른 행동, 신체적인 차이 등에 대한 이해를 증진해 나갈 것이다.
- **세계적 시민의식**: 유아들이 세계시민으로서의 감각을 발달시켜 나갈 수 있도록 돕는다. 유아는 자신의 행동과 그 행동이 다른 사람에게 미치는 영향에 대한 책임감을 습득하게 될 것이다.

NCSS와 DAP 관점에 기초한 유아사회교육과 유아사회교육의 연계성을 찾아볼 수 있다.

표 4-3 NCSS와 DAP 관점에 기초한 유아사회교육과 유아사회교육의 연계성

<table>
<tr><th>NCSS와 DAP 관점에 기초한 유아사회교육의 목표</th><th>유아사회교육의 목표</th></tr>
<tr><td>개인적인 발달</td><td rowspan="5">• 자신에 대한 긍정적인 인식을 갖고, 자존감을 발달시킨다.
• 타인을 배려하고 책임 있는 행동을 할 수 있는 도덕적 감수성을 발달시킨다.
• 다양한 사람들과 문화에 대한 이해와 존중하는 태도를 기른다.
• 또래 및 주변 사람들과 긍정적인 관계를 형성하며 대인관계 능력을 발달시킨다.
• 민주시민으로 살아가는 데 필요한 기초적 품성을 함양한다.</td></tr>
<tr><td>사회적 시민 능력</td></tr>
<tr><td>사회적 지식 습득</td></tr>
<tr><td>다양성에 대한 이해와 존중</td></tr>
<tr><td>세계적 시민의식</td></tr>
</table>

(4) 2024 개정 표준보육과정(0~2세)과 유아사회교육의 연계성

2024 개정 표준보육과정(0~2세)의 추구하는 인간상 및 목표는 유아사회교육의 목표와 매우 밀접한 연관성을 갖는다고 볼 수 있다. 그중에서 0~2세의 사회관계 영역에서 '나를 알고 긍정적으로 여긴다'는 것은 유아사회교육의 목표에서 자신에 대한 긍정적인 인식을 갖는 것과 연계된다. 또한 '함께 지내는 즐거움을 경험한다'는 것은 유아사회교육의 목표에서 타인, 다양한 사람들, 또래 및 주변 사람들과 관계를 형성하며 대인관계 능력을 발달시킨다는 것과 연계된다.

표 4-4 0~2세 표준보육과정과 유아사회교육의 연계성

<table>
<tr><th>추구하는 인간상</th><th>0~2세 표준보육과정 목표</th><th>0~2세 사회관계 영역 목표</th><th>유아사회교육의 목표</th></tr>
<tr><td>건강한 사람</td><td>자신의 소중함을 알고 건강하고 안전한 환경에서 즐겁게 생활한다.</td><td rowspan="5">나를 알아가며, 더불어 생활하는 경험을 한다.
1) 나를 알고 긍정적으로 여긴다.
2) 함께 지내는 즐거움을 경험한다.</td><td rowspan="5">• 자신에 대한 긍정적인 인식을 갖고, 자존감을 발달시킨다.
• 타인을 배려하고 책임 있는 행도을 할 수 있도록 도덕적 감수성을 발달시킨다.
• 다양한 사람들과 문화에 대한 이해와 존중하는 태도를 기른다.
• 또래 및 주변 사람들과 긍정적인 관계를 형성하며 대인관계 능력을 발달시킨다.
• 민주시민으로 살아가는 데 필요한 기초적 품성을 함양한다.</td></tr>
<tr><td>자주적인 사람</td><td>자신의 일을 스스로 하고자 한다.</td></tr>
<tr><td>창의적인 사람</td><td>호기심을 가지고 탐색하며 상상력을 기른다.</td></tr>
<tr><td>감성이 풍부한 사람</td><td>일상에서 아름다움에 관심을 가지고 감성을 기른다.</td></tr>
<tr><td>더불어 사는 사람</td><td>사람과 자연을 존중하고 배려하며 소중하는 태도를 기른다.</td></tr>
</table>

2 교육과정과 유아사회교육 내용

최근까지는 유아사회교육의 교육 내용으로 유아의 사회·정서 발달과 유아의 사회성 발달에 영향을 주는 요인인 가족 및 또래와 교육기관, 지역사회와 대중매체, 경제, 지리, 역사 등의 내용을 다루기도 했지만, 현재는 환경교육, 다문화교육 등을 포함하고 있다. 미래에는 가속화되는 사회 변화에 따라 예측하지 못했던 새로운 영역이 포함될 것이다.

1) 유아사회교육 내용에 관한 관점

① 미국 하이스코프(HighScope) 재단은 유아사회교육 내용을 사회정서 발달과 사회과학 교육으로 나누어 제시하였다(Neil, 2015).

사회정서 발달	사회과학
자아정체성(긍정적인 자아정체성)	다양성(사람의 다양한 성격, 흥미, 능력, 이해)
유능감(자신을 유능하다고 느끼는 것)	공동체의 역할(공동체에서 사람의 역할과 기능 인식)
정서(자신의 정서를 인식, 명명, 조절하는 것)	역사(과거, 현재, 미래 이해)
감정이입(다른 사람에 대한 감정이입)	생태(환경보호의 중요성 이해)
공동체(학급공동체에 참여)	의사결정(학급의 의사결정에 참여)
관계 형성(다른 유아, 성인과의 관계 형성)	지리(환경의 특징과 위치 인식)
협동적 놀이(협동적 놀이에 참여)	
도덕성 발달(옳고 그름에 대한 내적 감각발달)	
갈등 해결(사회적 갈등 해결)	

② 이경실(2011)은 여러 학자들의 사회교육 내용 기준에 기초하여 유아사회교육 내용을 다음과 같이 제시하였다.

- 유아들이 자아에 대한 긍정적인 개념을 형성하여 타인과 원만한 관계를 유지하는 내용을 포함하고 있다.

- 유아들이 공동체의 일원으로서 살아갈 수 있는 사회적 기술을 교육하는 내용이 포함되어 있다.
- 유아가 모든 사람이 소중하고 바람직하다고 생각하는 가치 체계를 받아들이고 사회의 일원으로서의 책임을 알게 하는 내용이 포함되어 있다.
- 유아들이 가치분석과 명료화를 통해 태도와 가치를 결정할 수 있는 내용을 포함한다.
- 유아가 일상생활에서 부딪치는 문제를 인지하고 최선의 선택을 할 수 있도록 돕는 문제 해결 교육을 포함하고 있다.
- 불확실하고 해결점이 없는 상황이 있다는 것을 이해하고 반성적 사회화를 할 수 있는 의사결정 내용을 포함한다.
- 유아가 주변의 사회 현상과 환경에 대해 관심을 가지고,사회 현상의 문제를 생각해 보고, 나름대로 판단할 수 있는 능력을 기르는 내용을 포함한다.

③ 최윤경과 임부연(2023)은 놀이 중심 유아교육과정의 교육 내용을 새로운 관점으로 분석하였다.

- 교과지식의 경계를 넘나드는 교육 내용
- 삶의 가치에 대한 교육 내용
- 시간과 공간의 연속성에 따라 변화하는 교육 내용
- 물질과의 관계성으로 만들어지는 교육 내용
- 교사-유아와 유아-유아가 실험하며 생성되는 놀이 속 교육 내용

2) 2019 개정 누리과정의 유아사회교육 내용

어린이집과 유치원의 3~5세에게 적용되고 있는 누리과정은 2012년 7월 10일에 '3-5세 누리과정'이 고시되었고, 2019년에는 '2019 개정 누리과정'(교육부 고시 제2019-189호, 보건복지부 고시 제2019-152호)으로 개정되어 '개정 누리과정'과 '유아·놀이 중심교육과정'으로 지칭하여 사용하고 있다. 2019 개정 누리과정을 이전 3-5세 누리과정과 연관 지어 살펴봄으로써 교육 내용의 변화와 강조점을 알아보기로 한다.

(1) 2019 개정 누리과정의 사회관계 영역 목표

국가 수준 유아교육과정인 3~5세 누리과정에서는 "만 3~5세 유아의 심신의 건강과 조화로운 발달을 도와 민주시민의 기초를 형성하는 것"을 목적으로, 기본생활습관과 바른 인성을 길러 전인 발달이 이루어지도록 할 것을 강조하였다(교육과학기술부, 2013).

3-5세 누리과정과 2019 개정 누리과정의 목표를 비교해 보면, 능력이라는 단어가 빠졌고 하위 목표도 훨씬 이해되기 쉽게 간략해졌다. '가족, 친구, 공동체' 등이 '다른 사람'으로 포괄되었고 '동네'와 '나라'가 '우리가 사는 사회'로 바뀌었다.

① 3-5세 누리과정

자신을 존중하고 다른 사람과 더불어 생활하는 능력과 태도를 기른다는 목표로 하위 5개의 목표를 제시하였다.

- 자신을 소중히 여기며 자율성을 기른다.
- 자신과 타인의 감정을 알고, 자신의 감정을 적절하게 표현하고 조절한다.
- 가족과 화목하게 지내며 서로 협력한다.
- 친구, 공동체 구성원들과 서로 돕고, 예의·규칙 등 사회적 가치를 알고 지킨다.
- 우리 동네, 우리나라, 다른 나라에 관심을 가진다.

② 2019 개정 누리과정

자신을 존중하고 더불어 생활하는 태도를 가진다는 목표로 하위 3개의 목표를 제시하였다.

- 자신을 이해하고 존중한다.
- 다른 사람과 사이좋게 지낸다.
- 우리가 사는 사회와 다양한 문화에 관심을 가진다.

(2) 2019 개정 누리과정의 사회관계 영역 내용범주 및 내용

사회관계 영역의 내용범주 및 내용에 있어서도 3-5세 누리과정과 2019 개정 누리과정의 부분적인 변화를 알 수 있다.

① 3-5세 누리과정

3세, 4세 누리과정에 부분 개정된 5세 누리과정이 추가되어 연령별로 내용범주와 내용으로 구성되었으며, 사회관계 영역은 '나를 알고 존중하기', '나와 다른 사람의 감정 알고 조절하기', '가족을 소중히 여기기', '다른 사람과 더불어 생활하기', '사회에 관심 갖기'의 총 5개의 내용범주와 12개의 내용으로 이루어졌다. 5세 누리과정의 개정된 부분을 살펴보면, '가족을 소중히 여기기' 내용범주 중 '가족과 화목하게 지내기' 내용에서는 '가족과 사이좋게 지낸다'가 '가족과 화목하게 지낸다'로 개정되었으며, '가족과 협력하기' 내용에서는 '가족은 서로 도우면 살아야 하는 것을 알고 실천한다'가 '가족은 서로 도와야 함을 알고 실천한다'로 개정되었다. 또한 '사회에 관심 갖기' 내용범주 중 '사회적 가치를 알고 지키기'의 내용에서는 '옳고 그름을 이해한다'가 삭제되었으며 '자연과 자원을 아끼는 습관을 기른다'가 추가되었다. 이와 같이 3-5세 누리과정에서는 가족 내에서의 위계 질서가 존중되었고, 자연과 더불어 살아가기 위한 실천적 내용이 첨가되었다.

① 2019 개정 누리과정(교육부·보건복지부, 2019a, p. 83)

2019 개정 누리과정에서는 사회교육과 가장 밀접한 사회관계 영역에서 3개의 내용범주와 12개의 내용을 다루고 있다. 사회관계 영역의 내용범주는 유아가 자신을 이해하고 존중하며, 친구와 가족 또는 다른 사람들과 사이좋게 지내며, 유아가 속한 지역사회와 우리나라, 다양한 문화에 관심을 갖는 내용으로 구성하였다.

- '나를 알고 존중하기' : 유아가 자신을 나타낼 수 있는 것과 자신의 감정을 알고 상황에 맞게 적절하게 표현하며, 자신이 할 수 있는 것을 스스로 해 봄으로써, 긍정적인 자아존중감과 자율성을 경험하는 내용이다.
- '더불어 생활하기' : 유아가 가족의 의미와 소중함을 알며, 친구와 서로 돕고 양보, 배려, 협력하며 사이좋게 지내고, 사람들마다 감정, 생각, 행동이 각기 다름을 알고 존중하여, 친구와의 갈등을 여러 가지 긍정적인 방법으로 해결하는 내용이다. 또한 친구와 어른께 예의 바른 태도로 말하고 행동하며, 사회 공동체의 일원으로서 약속과 규칙의 필요성을 알고 지키는 내용이다.
- '사회에 관심 가지기' : 유아가 사회 구성원으로서 자신이 사는 지역에 관심을 가지고 탐

구하며, 우리나라의 상징, 언어, 문화를 알아가면서 대한민국 국민으로서 긍지와 자부심을 가지는 내용이다. 그리고 다른 나라의 다양한 문화에 관심을 가지고 존중하는 경험을 담고 있다.

표 4-3 3-5세 누리과정과 2019 개정 누리과정 사회관계 영역의 내용 비교

<table>
<tr><th colspan="5">3-5세 누리과정</th><th colspan="2">2019 개정 누리과정</th></tr>
<tr><th rowspan="2">내용 범주</th><th rowspan="2">내용</th><th colspan="3">세부내용</th><th rowspan="2">내용 범주</th><th rowspan="2">내용</th></tr>
<tr><th>3세</th><th>4세</th><th>5세</th></tr>
<tr><td rowspan="5">나를 알고 존중하기</td><td rowspan="3">나를 알고 소중히 여기기</td><td>나에 대해 관심을 갖는다.</td><td>나에 대해 알아본다.</td><td>나에 대해 알아본다.</td><td rowspan="3">나를 알고 존중하기</td><td>나를 알고 소중히 여긴다.</td></tr>
<tr><td>나와 다른 사람의 차이에 관심을 갖는다.</td><td>나와 다른 사람의 차이점을 알아본다.</td><td>나와 다른 사람의 신체적, 사회적, 문화적 차이를 존중하다.</td><td>나의 감정을 알고 상황에 맞게 표현한다.</td></tr>
<tr><td>나를 소중하게 여긴다.</td><td colspan="2">나에 대해 긍정적으로 생각하고 나를 소중하게 여긴다.</td><td>내가 할 수 있는 것을 스스로 한다.</td></tr>
<tr><td rowspan="2">나의 일 스스로 하기</td><td>내가 할 수 있는 일을 알아본다.</td><td>내가 할 수 있는 일을 해 본다</td><td>내가 할 수 있는 일을 스스로 한다.</td><td colspan="2" rowspan="5"></td></tr>
<tr><td>내가 하고 싶은 일을 선택해 본다.</td><td colspan="2">하고 싶은 일을 계획하고 해 본다.</td></tr>
<tr><td rowspan="3">나와 다른 사람의 감정 알고 조절하기</td><td rowspan="2">나와 다른 사람의 감정 알고 표현하기</td><td>자신에게 여러 가지 감정이 있음을 안다.</td><td colspan="2">자신의 감정을 알고 표현한다.</td></tr>
<tr><td>다른 사람의 감정에 관심을 갖는다.</td><td>다른 사람의 감정을 안다.</td><td>다른 사람의 감정을 알고 공감한다.</td></tr>
<tr><td>나의 감정을 조절하기</td><td colspan="2">자신의 감정을 조절해 본다.</td><td>자신의 감정을 상황에 맞게 조절한다.</td></tr>
<tr><td rowspan="4">가족을 소중히 여기기</td><td rowspan="2">가족과 화목하게 지내기</td><td colspan="2">가족의 소중함을 안다.</td><td>가족의 의미와 소중함을 안다.</td><td rowspan="6">더불어 생활하기</td><td>가족의 의미를 알고 화목하게 지낸다.</td></tr>
<tr><td colspan="2"></td><td>가족과 화목하게 지낸다.</td><td>친구와 서로 도우며 사이좋게 지낸다.</td></tr>
<tr><td rowspan="2">가족과 협력하기</td><td>가족 구성원을 알아본다.</td><td>가족 구성원의 역할에 대해 알아본다.</td><td>다양한 가족 구조에 대해 알아본다.</td><td>친구와의 갈등을 긍정적인 방법으로 해결한다.</td></tr>
<tr><td>가족을 위하여 내가 할 수 있는 일을 알아본다.</td><td>가족을 위하여 내가 할 수 있는 일을 알아보고 실천한다.</td><td>가족은 서로 도와야 함을 알고 실천한다.</td><td>서로 다른 감정, 생각, 행동을 존중한다.</td></tr>
<tr><td rowspan="2">다른 사람과 더불어 생활하기</td><td rowspan="2">친구와 사이좋게 지내기</td><td>친구와 함께 놀이한다.</td><td>친구와 협동하며 놀이한다.</td><td>친구와 협동하며 놀이한다.</td><td>친구와 어른께 예의 바르게 행동한다.</td></tr>
<tr><td>나와 친구의 의견에 차이가 있음을 안다.</td><td colspan="2">친구와의 갈등을 긍정적인 방법으로 해결한다.</td><td>약속과 규칙의 필요성을 알고 지킨다.</td></tr>
</table>

<table>
<tr><th colspan="5">3-5세 누리과정</th><th colspan="2">2019 개정 누리과정</th></tr>
<tr><th rowspan="2">내용 범주</th><th rowspan="2">내용</th><th colspan="3">세부내용</th><th rowspan="2">내용 범주</th><th rowspan="2">내용</th></tr>
<tr><th>3세</th><th>4세</th><th>5세</th></tr>
<tr><td rowspan="6">다른 사람과 더불어 생활하기</td><td rowspan="2">공동체에서 화목하게 지내기</td><td></td><td>도움이 필요할 때 다른 사람과 도움을 주고받는다.</td><td>다른 사람과 도움을 주고받고, 서로 협력한다.</td><td rowspan="6"></td><td rowspan="6"></td></tr>
<tr><td colspan="3">교사 및 주변사람과 화목하게 지낸다.</td></tr>
<tr><td rowspan="4">사회적 가치를 알고 지키기</td><td></td><td colspan="2">정직하게 말하고 행동한다.</td></tr>
<tr><td></td><td colspan="2">친구와 어른께 예의 바르게 행동한다.</td></tr>
<tr><td>약속과 규칙을 지켜야 함을 안다.</td><td colspan="2">다른 사람과 한 약속이나 공공규칙을 지킨다.</td></tr>
<tr><td></td><td colspan="2">자연과 자원을 아끼는 습관을 기른다.</td></tr>
<tr><td rowspan="8">사회에 관심 갖기</td><td rowspan="3">지역사회에 관심 갖고 이해하기</td><td>우리 동네의 이름을 안다.</td><td colspan="2">우리 동네에 대해 알아본다.</td><td rowspan="8">사회에 관심 가지기</td><td rowspan="3">내가 살고 있는 곳에 대해 궁금한 것을 알아본다.</td></tr>
<tr><td>우리 동네 사람들에 관심을 갖는다</td><td>우리 동네 사람들이 하는 일에 관심을 갖는다.</td><td>다양한 직업에 관심을 갖는다.</td></tr>
<tr><td></td><td>물건을 살 때 돈이 필요함을 안다.</td><td>일상생활에서 돈의 쓰임에 대해 안다.</td></tr>
<tr><td rowspan="3">우리나라에 관심 갖고 이해하기</td><td>우리나라를 상징하는 것에 관심을 가진다.</td><td>우리나라를 상징하는 것을 안다.</td><td>우리나라를 상징하는 것을 알고 예절을 지킨다.</td><td rowspan="3">우리나라에 대해 자부심을 가진다.</td></tr>
<tr><td colspan="2">우리나라의 전통놀이와 풍습에 관심을 갖는다.</td><td>우리나라의 전통, 역사, 문화에 관심을 갖는다.</td></tr>
<tr><td></td><td colspan="2">우리나라에 대해 자부심을 갖는다.</td></tr>
<tr><td rowspan="2">세계와 여러 문화에 관심 가지기</td><td></td><td>세계 여러 나라에 대해 관심을 갖는다.</td><td>세계 여러 나라에 대해 관심을 갖고, 서로 협력해야 함을 안다.</td><td rowspan="2">다양한 문화에 관심을 가진다.</td></tr>
<tr><td></td><td>다양한 인종과 문화에 관심을 갖는다.</td><td>다양한 인종과 문화를 알아보고 존중한다,</td></tr>
</table>

3) 2024 개정 표준보육과정의 영아사회교육의 내용

2024 개정 표준보육과정의 사회교육 내용에서 유아사회교육과 연계된 내용을 살펴볼 수 있다. 어린이집에서는 0~2세의 보육과정으로 2024 개정 표준보육과정(교육부고시 제2024-23호)을 적용하고 있으며, 그중에서 사회관계 영역에는 유아사회교육의 목표에 부합한 내용이 구성되어 있다.

(1) 0~2세 보육과정의 사회관계 영역 목표

사회관계 영역의 목표는 영아가 자신의 욕구와 감정, 좋아하는 것 등을 알아 가며 자신의 고유함을 긍정적으로 여기고 또래나 가족 등 다른 사람과 더불어 생활하며 함께 지내는 즐거움을 경험하는 데 있다(교육부, 2025a).

① 나를 알고 존중하기

영아가 자신의 욕구와 감정을 표현하고, 자신에게 친숙한 것을 알아 가며, 좋아하는 것을 해 보면서 점차 자신의 고유함을 알아 가도록 한다.

② 더불어 생활하기

영아가 자신과 친밀한 관계에 있는 사람에게 안정감을 느끼며, 가족, 또래, 교사 등 다른 사람의 감정과 행동에 관심을 갖고, 반에서 함께 지내는 즐거움을 경험하도록 한다.

(2) 0~2세 보육과정의 사회관계 영역 내용범주 및 내용

0~2세 보육과정에서는 0~1세와 2세로 구분하여 내용범주와 내용을 제시하고 있다.

표 4-6 0~2세 보육과정 사회관계 영역의 내용

<table>
<tr><th rowspan="2">내용범주</th><th colspan="2">내용</th></tr>
<tr><th>0~1세</th><th>2세</th></tr>
<tr><td rowspan="2">나를 알고 존중하기</td><td colspan="2">• 나의 고유함을 알아간다.
• 나의 욕구와 감정을 표현한다.</td></tr>
<tr><td>• 나에게 친숙한 것을 안다.</td><td>• 내가 좋아하는 것을 해 본다.</td></tr>
<tr><td rowspan="4">더불어 생활하기</td><td>• 안정적인 애착을 형성한다.</td><td>• 가족에게 관심을 가진다.</td></tr>
<tr><td>• 또래에게 관심을 가진다.</td><td>• 또래와 함께 놀이한다.</td></tr>
<tr><td colspan="2">• 다른 사람의 감정과 행동에 관심을 가진다.</td></tr>
<tr><td>• 반에서 편안하게 지낸다.</td><td>• 지켜야 할 약속이 있음을 안다.</td></tr>
</table>

출처: 교육부(2025a). 2024 개정 표준보육과정 해설서, p. 113.

0~2세의 사회관계 영역은 두 개의 내용범주로 되어 있으며, 공통 내용과 연령별 내용으

로 구성되어 있다. 이를 간략히 요약하면 다음과 같다.

① 나를 알고 존중하기

- 영아는 오감을 통해 탐색하고, 주변 세계의 모양과 이름 등을 알게 되며, 자신이 좋아하는 것과 싫어하는 것, 감정 등 자신만의 고유한 특성을 알게 된다.
- 영아는 자신이 원하는 것에 대한 욕구 및 다양한 느낌과 기분을 경험하며, 표현하게 된다.
- 영아는 자신의 경험을 통해 익숙하고 편안함을 느끼는 것에서 자신의 관심이나 마음이 끌리는 것에 대해 적극적인 시도를 해 보게 된다.

볼링 놀잇감 탐색

② 더불어 생활하기

- 특정한 사람과 환경에 대해 정서적 신뢰와 유대감을 갖게 되면 점차 가족과 가까운 사람들과 관계 맺는 경험을 통해 안정감과 소속감을 느끼게 된다.
- 또래와 일상생활 및 놀이를 함께 함으로써 관계 맺는 과정에 기쁨을 느끼며, 점차 각자가 가지고 있는 것을 서로 주고받는 긍정적인 사회관계를 맺어 가게 된다.
- 또래나 교사 등 다른 사람의 다양한 감정과 행동 및 표현에 관심을 갖게 되고, 점차 반응적인 행동을 나타내며, 사회적 관계를 맺어 가게 된다.
- 반에서 또래와 교사 등 다른 사람과 함께 지내는 시간과 공간에 익숙해지며 정서적으

로 안정된 생활을 하게 된다. 점차 함께하는 공간과 시간 속에 지켜야 할 약속을 있음을 알고 이를 지키려고 노력하게 된다.

또래와 함께 하는 놀이

이와 같이 영아 대상의 '더불어 생활하기'의 내용범주 속에는 유아 대상의 '사회에 관심 가지기'가 포함되어 있다. 따라서 2024 개정 표준보육과정(0~2세)의 '나를 알고 존중하기', '더불어 생활하기'는 2019 개정 누리과정의 '나를 알고 존중하기', '더불어 생활하기', '사회에 관심 가지기'의 내용범주와 연계되고 있음을 알 수 있다.

4) 유아사회교육을 위한 교사의 역할

유아를 위한 효과적인 사회과 교육이 이루어지기 위해서는 교사 양성 단계부터 예비 유아교사의 교수 내용지식을 향상시킬 수 있는 방안이 모색되어야 하며, 이를 위해서는 예비 유아교사의 유아사회교육 수업모형의 개발이 시급하다고 할 수 있다. 이경실과 엄정애(2012) 또한 교사들이 효과적인 사회교육 수업을 운영하기 위해서는 교사 양성 단계에서 사회과 내용지식에 관한 수업이 강조되어야 하며, 모의수업 및 현장체험을 통하여 교수 방법에 대한 지도도 함께 이루어져야 한다고 하였다. 이와 같이 교사 양성 단계에서 사회과 내용의 교수지식에 관한 교육이 체계적으로 이루어진다면 이는 실제 유아교육 현장의 질적 향상에 기여할 수 있을 것이다(이효림·이지연, 2018).

유아가 일상 속에서 겪는 다양한 상황과 경험은 유아의 심신의 건강과 조화로운 발달을 도모할 수 있도록 삶에서 자연스럽게 통합적으로 교육된다고 볼 수 있다. 따라서 교사는 유아가 자신을 소중히 여기고 스스로 할 수 있는 주도성을 기르고 남과 더불어 생활하는 즐거움을 느끼도록 다양한 놀이의 지원자이며 다양한 경험의 제공자가 되어야 한다.

최윤경과 임부연(2023)의 연구에 소개된 '삶의 가치에 대한 교육 내용'의 사례가 한 유아의 문제 상황을 사회관계 영역에서 시작하여 통합적 접근으로 이끌어서 해결하는 과정을 보여주고 있다.

> B 유아가 컵을 쌓는 것을 두려워하는 친구의 감정, 생각, 행동을 존중하며 멀리 떨어져 기다려 주는 경험을 하였고 이러한 경험에서 생성되는 교육 내용의 요소로 태도, 존중을 제시하였다. 연구자는 평소 실패를 두려워하는 A 유아에게 컵 쌓기가 어떤 의미가 될지 사실적 정보의 종합을 통해 컵 쌓기 놀이와 A 유아의 관계를 이해할 수 있었다. 이를 교육 내용으로 보면 '사회관계 영역-더불어 생활하기-서로 다른 감정, 생각, 행동을 존중한다'를 들 수 있을 것이다. 구체적으로 B 유아가 물질(컵), 교사(A 유아와의 상호작용에서 볼 수 있는 교사의 태도), A 유아의 상태(실패에 대한 두려움, 컵 쌓기에 대박스한 어려움 등의 심정에 대한 행동) 등과의 얽힘 속에서 B 유아의 교육 내용은 상황에 대한 판단력, 친구에 대한 배려와 관련해서 유아의 배움을 추측해 볼 수 있었다. B 유아는 A 유아의 행동과 표정과 심정을 살펴보며 친구의 감정을 이해하고 본인의 방식대로 A 유아를 돕는 사고방식을 살펴볼 수 있었다. 사례를 통해 아이들이 놀이 속에서 행하고 말하는 과정에서 어떻게 교육 내용이 생성되는지, 어떤 배움이 나타나는지 그 지점은 무엇인지 우리는 어렴풋이 찾아볼 수 있다. 특히 본 사례는 사전에 공식화되어 있는 특정한 학습의 내용이 아닌 삶의 가치로움에 대한 교육 내용을 볼 수 있었다. 삶의 가치로운 요소로서 배려는 힘 있는 지식 그 자체는 아닐 수 있지만, 유아가 살아갈 앞으로의 세계 속에서 사회를 변화시킬 힘(Young, 2008)을 지닌 것으로 삶의 가치에 대한 교육 내용의 지식이었다.

출처: 최윤경, 임부연(2023). 놀이중심 유아교육과정의 교육내용에 대한 분석: 힘 있는 지식과 얽힘의 관계적-신지식론 관점으로, p. 96.

교사는 유아가 놀이, 경험 등에 접속하는 현상을 포착하고 교육 내용과 배움의 관계를 보편적 진리에 대한 표상이 아닌 유아들의 삶 속에서 얽혀 있는 물질화된 사건으로 읽어냄으로써 사건의 흐름 속에서 어떤 교육 내용이 일어나고, 그 교육 내용이 어떤 가치와 의미가 있는지 바라볼 수 있어야 한다(최윤경·임부연, 2023). 따라서 교사는 스스로 변화되는 사회에 관심을 갖는 주도성과 자기개발을 위한 노력을 통해 삶의 열정이 유아들에게도 전달되도록 해야 한다.

생각해 보기

1. 유아들에게 새로운 놀이를 소개하면서 예비 유아교사가 경험하며, 배울 수 있는 것은 무엇일까요?

2. 영유아들과 산책을 하면서 예비 유아교사가 염두에 두어야 하는 유아사회교육의 측면에 중요한 것은 무엇일까요?

5) 유아사회교육의 통합적 접근을 통한 배움

유아를 위한 사회과 교육의 목적은 민주시민으로서의 자격을 갖추는 것이며, 이를 위해 유아에게 지식과 기술, 태도 및 가치 등을 통합적으로 교육한다(Seefeldt et al., 2014).

내용범주: 더불어 생활하기	내용: 친구와 서로 도우며 사이좋게 지낸다.
	**'떼구르르 콩'** 기울어진 페트병에 구슬을 넣어서 아래로 떨어뜨리는 놀이를 하는 한 유아(남아)가 계속 실패를 하여 속상해하자 옆에서 놀이하던 유아(여아)가 방법을 알려주며 친구를 도와준다. 그리고 여아는 자신의 도움으로 다시 시도하는 남아를 기다려 준다.

'친구와 서로 도우며 사이좋게 지낸다'는 내용은 유아가 친구들과 함께 놀이하면서 즐거움을 느끼고 서로 배려하고 협력하는 과정을 경험하며 더불어 살아간다는 것이 무엇인지를 알아가게 된다는 내용이다. 사진 속 유아들의 '떼구르르 콩!' 놀이를 통해서 2019 개정

누리과정 5개 영역의 통합적 이해 및 배움을 정리하면 다음과 같다.

> 유아들은 '떼구르르 콩'이라는 놀이를 하고 있다. 단순한 조작놀이이지만, 구슬을 위에서 아래서 떨어뜨리면서 방향, 무게, 속도 등의 자연탐구 영역의 배움을 탐색하며 배우고 있다.
> 기울어진 페트병이 여러 개이지만, 친구가 시작해서 구슬이 아래로 떨어질 때까지는 기다리며, 구슬이 잘 떨어지기를 기다려주는 사회관계 영역의 배움을 보여주고 있다. 또한 끊임없이 이야기를 한다. 구슬이 잘 떨어지지 않을 경우는 왜 그런지, 누가 할 차례인지, 구슬이 잘 떨어지면 약속이라도 했듯이 다 같이 기쁨의 환호성을 지르며 의사소통 영역의 배움을 보여주고 있다.

Activity

유아와 영아를 위한 한 가지 활동을 예로 들어서 '사회관계 영역'의 내용범주와 내용을 비교해 보고 관련된 배움의 내용을 설명해 보세요.

利人之言은 煖如綿絮하고
(이인지언) (난여면서)

傷人之語는 利如荊棘하여
(상인지어) (이여형극)

一言半句가 重値千金이요
(일언반구) (중치천금)

一語傷人에 痛如刀割이니라
(일어상인) (통여도할)

사람을 이롭게 하는 말은 따뜻하기가 솜과 같고,
사람을 상하게 하는 말은 날카롭기가 가시 같아서
한마디 말이 무섭기가 천금과 같고,
한마디 말이 아프기가 칼로 베는 것과 같으니라.

– 최범서 엮음(2003). 《명심보감》 중에서

제2부

유아의 사회성 발달에 영향을 주는 요인

제5장 개인적 요인

학습 목표

1. 유아의 기질 유형을 이해하고, 그 특성이 사회적 행동에 미치는 영향을 설명할 수 있다.
2. 유아의 정서 조절 능력이 사회적 상호작용과 갈등 상황에 미치는 영향을 분석할 수 있다.
3. 언어 및 의사소통 능력이 유아의 사회성 발달에 어떤 영향을 미치는지 설명할 수 있다.

생각해 보기

1. 왜 같은 상황에서도 유아마다 사회적 반응이 다르게 나타날까요? 기질의 관점에서 설명해 보세요.
2. 정서 조절이 어려운 유아는 또래 관계에서 어떤 어려움을 겪을 수 있을까요? 교사는 어떤 접근으로 사회적 기술을 지도할 수 있을까요?

사회성은 타인과의 관계 속에서 길러지지만, 그 출발점은 유아 개인의 특성에 기반한다. 같은 사회적 환경에 놓인 유아들도 서로 다른 방식으로 반응하고 상호작용하는 것은 사회성 발달에 있어 개인적 요인이 중요한 역할을 함을 시사한다. 유아가 타고난 기질, 감정을 조절하는 능력, 생각을 표현하고 이해하는 언어 능력은 사회적 행동의 방향과 질을 결정짓는 핵심 요소라 할 수 있다.

접근성이 높고 유연한 기질을 지닌 유아는 새로운 친구를 사귀는 데 긍정적인 반응을 보일 가능성이 높지만, 민감하거나 회피적인 기질을 가진 유아는 또래 관계를 형성하는 데 어려움을 겪을 수 있다. 또한 정서 조절 능력이 미숙한 유아는 갈등 상황에서 부적절한 반응을 보이기 쉽고, 언어 표현이 어려운 유아는 자신의 의도를 효과적으로 전달하지 못해 억울함이나 위축감 등을 경험할 수 있다.

본 장에서는 유아의 사회성 발달에 영향을 주는 개인적 요인의 주요 영역들, 즉 기질, 정서 조절 능력, 언어 및 의사소통 능력을 중심으로 그 특성과 상호작용을 살펴보고, 교사가 유아의 개별성을 고려하여 사회성을 지원하기 위한 교육적 접근을 모색하고자 한다.

1 기질

유아는 태어날 때부터 저마다 고유한 성향을 지닌 존재로 세상과 마주한다. 같은 환경에서도 어떤 유아는 쉽게 웃고 친숙히 다가가며, 또 어떤 유아는 낯설고 새로운 상황에 쉽게 불안해하거나 위축된다. 같은 사회적 상황에서도 어떤 유아는 적극적으로 관계를 맺으려 하는 반면, 어떤 유아는 소극적이거나 회피하는 행동을 보인다. 이러한 차이는 단순한 성격의 문제가 아니라, 생득적인 '기질(temperament)'의 표현이다. 유아의 기질을 이해하는 것은 단지 유아를 '성격이 다른 아이'로 바라보는 것이 아니라, 사회화를 유도하고 돕기 위한 출발점을 마련하는 일이다. 기질은 유아의 사회적 행동 양식, 정서 표현, 대인 관계 방식 등에 직접적인 영향을 미치며, 이후 사회성 발달의 경로와 질을 결정짓는 중요한 내적 요인이다.

1) 기질의 개념과 유형

기질은 유아가 타고난 정서적 반응성, 행동 양식, 자기조절 특성 등 비교적 안정된 생물학적 성향을 의미한다. 이는 개인이 외부 자극에 대해 일관되게 보이는 반응 경향으로, 출생 직후부터 관찰 가능하며, 유전적 기초를 가지는 동시에 발달 과정에서 환경과 상호작용을 통해 점진적으로 조절되고 변화된다(Rothbart & Bates, 2006). 기질의 유전성을 강조한 올포트(Allport, 1937)는 기질을 주로 유전적 정서의 본질, 즉 정서적 자극의 민감성, 습관적인 반응의 일반적인 강도와 속도, 일반적인 기분의 질 그리고 기분의 변화 등 개인이 지닌 특유의 본성이라고 정의하고 기질을 유전적인 것으로 규명하였다(임지영·배윤진, 2015 재인용).

토마스와 체스(Thomas & Chess, 1977)는 기질을 행동의 스타일로 정의하며, 이는 행동의 '무엇'이 아닌 '어떻게'를 규정한다고 보았다. 즉, 유아가 무언가를 하는가보다 어떻게 하는지가 기질적 특성을 드러낸다는 것이다. 기질은 개인이 타고나는 정서적 반응성과 행동 양식의 경향성으로, 유아가 환경에 반응하고 사회적 자극을 처리하는 방식을 결정짓는 기초적 성향이다. 기질은 유전적으로 결정되며, 출생 직후부터 관찰 가능하고, 비교적 안정적으로 유지되면서도 발달 환경과의 상호작용을 통해 조절 가능하다(Thomas & Chess, 1977).

이와 같이, 기질은 유아가 사회적 상황을 인식하고 반응하는 방식의 기초가 되며, 정서적 표현, 주의 조절, 활동 수준, 자극에 대한 민감성, 낯선 상황에 대한 적응 양상 등에서 뚜렷하게 드러난다. 예컨대, 동일한 환경에 처했을 때 어떤 유아는 쉽게 감정을 드러내고 적극적으로 관계를 맺는 반면, 다른 유아는 조심스럽고 예민하게 반응하며 신체적 거리나 감정 표현에서 차이를 보인다. 이는 기질이 유아의 사회적 행동의 기초이자, 사회화 과정의 개별성을 설명하는 핵심 요인임을 보여준다.

기질은 유아의 행동 양식, 정서 반응성, 자극에 대한 민감도, 사회적 관계 형성 방식 등에 영향을 미치는 타고난 성향이다. 특히 토마스와 체스(Thomas & Chess, 1977)는 뉴욕 종단 연구(New York Longitudinal Study)를 통해 유아의 기질을 9가지 행동 특성으로 분석하였다. 9가지 행동 특성은 활동 수준(activity level), 규칙성(rhythmicity), 접근-회피(approach/withdrawal), 적응성(adaptability), 반응 역치(threshold of responsiveness), 반응 강도(intensity), 기분의 질(quality of mood), 주의산만성(distractibility), 지속성/주의집중(duration of attention/persistence)이다.

이를 바탕으로 각각의 요소들이 어떻게 조합되어 나타나는가에 따라 영아의 기질을 순한 기질의 영아, 까다로운 기질의 영아, 느린(천천히 반응하는) 기질의 영아 세 가지로 구분하였다. 연구 대상이 된 영아들 중 65%가량이 이 세 가지 유형에 속하였으며 이들 중 40%는 순한 기질의 영아, 10%는 까다로운 기질의 영아, 15% 정도는 느린 기질의 영아로 밝혀졌다(하수연 외, 2019).

① 순한 기질(easy temperament)

낯선 사람이나 상황에도 비교적 쉽게 적응하고, 또래나 성인과의 상호작용에서 적극적인 태도를 보인다. 사회적 유능성 발달에 유리한 기질이다. 긍정적인 정서 반응, 규칙적인 생리적 리듬(수면, 식사 등), 새로운 자극에 대한 적응력이 뛰어나다. 관계 형성이 원활해 사회적 상황에서 성공 경험을 쌓기 쉬우며, 교사나 또래의 사회적 강화에 긍정적으로 반응한다.

순한 기질의 아기는 까다로운 기질의 아기보다 양육이 수월하다. 그러나 순하고 요구를 많이 하지 않아 그대로 놔두면 아기의 호기심과 창의성이 부족해질 수 있으므로 다양한 자극을 주고 좋아하는 것을 스스로 요구할 수 있도록 동기를 부여해 주는 것이 바람직하다(하수연 외, 2019).

② 까다로운 기질(difficult temperament)

낯선 사람, 장소, 활동, 또는 새로운 과제 상황에 대한 접근을 회피하거나 거부하는 경향이 있다. 외부 자극에 대한 민감도가 높고 감각적·정서적 반응이 과도하게 나타날 수 있으며, 부정적 정서 경험을 상대적으로 높은 강도로 표현하는 특징을 보인다. 수면, 식사, 배변 등의 생리적 리듬이나 일상적 행동 패턴의 규칙성이 낮을 수 있으며, 정서 및 행동 반응이 즉각적이고 강도의 편차가 크다.

까다로운 기질은 문제행동을 의미하지 않으며, 고유한 기질적 특성으로 환경적 지원과 양육·교육적 중재에 따라 발달 결과가 다양하게 나타날 수 있다. 까다로운 기질의 아이에게는 편안한 환경을 만들어 주는 것이 좋다.

③ 느린 기질(slow-to-warm-up temperament)

낯선 사람이나 환경에 쉽게 접근하지 않고 회피하는 경향이 있으나, 친숙한 관계 내에서는 안정적인 사회적 행동을 보인다. 초기에는 소극적이며 자극에 민감하지만, 반복적인 경험을 통해 점차 적응한다. 활동 수준은 낮고, 반응은 억제된 편이다. 천천히 다가가는 상호작용과 기다려 주는 태도가 필요하다. 처음에는 수동적이지만 점차 능동적으로 변할 수 있으므로 장기적인 관점에서 지지해야 한다.

아이의 행동이 느리다고 해서 부모가 대신 행동을 취하게 될 경우 아이는 더욱 위축될 수 있으므로 아이가 스스로 할 수 있도록 인내심을 가지고 기다려 주는 태도가 필요하다(하수연 외, 2019).

유아는 자신만의 기질적 특성을 바탕으로 세상과 관계를 맺고 사회화의 여정을 시작한다. 기질은 유아의 정서 표현 방식, 타인과의 상호작용 양상, 새로운 환경에 대한 적응 속도 등 사회적 행동의 기초를 형성하며, 이는 단순한 성격의 차원을 넘어 유아의 사회적 발달과 행복에 결정적인 영향을 미친다. 이처럼 기질에 대한 이해는 유아가 보이는 다양한 사회적 행동의 원인을 해석하고, 교육적 지원의 방향을 제공해 준다. 유아사회교육의 핵심은 획일화된 사회성 훈련이 아니라, 각 유아의 기질을 인정하고 존중하며, 그에 적합한 정서적 지지와 상호작용을 설계하는 데 있다.

2) 기질과 유아 사회성 발달의 관련성

유아의 사회성은 타인과 긍정적인 관계를 형성하고, 사회적 규범을 이해하며, 협동과 의사소통을 통해 더불어 살아가는 능력을 의미한다. 이러한 사회성은 교육과 환경의 영향만으로 형성되는 것이 아니라, 유아 각자가 타고난 기질이라는 개인적 특성과 밀접하게 연관되어 있다. 특히 또래 관계 형성, 사회적 접근성, 갈등 상황에서의 반응 등은 유아의 기질 특성에 따라 상이하게 나타나며, 사회성 발달의 질과 경로에 중대한 영향을 미친다.

(1) 기질과 또래 관계

유아의 기질은 또래와의 초기 상호작용 방식에 큰 영향을 준다. 쉬운 기질을 가진 유아는 새로운 환경과 사람에 대한 접근이 유연하고, 정서 표현이 긍정적이며 조절 능력이 뛰어나 또래와의 상호작용이 원활하다. 반면, 까다로운 기질을 가진 유아는 낯선 자극에 민감하고 부정적 정서를 자주 표현하여 또래와의 관계에서 갈등이나 고립을 경험할 가능성이 높다. 느린 기질의 유아는 적응 속도가 느리고 낯가림이 심하여 사회적 상황에서 주도적으로 나서기보다는 관망하는 태도를 보이기도 한다.

(2) 기질과 사회적 접근성

사회적 접근성은 유아가 또래나 성인에게 다가가고 관계를 시작하는 능력과 관련된다. 쉬운 기질의 유아는 새로운 놀이 상황이나 사회적 자극에 대해 접근성이 높아 또래 집단에 쉽게 통합된다. 반대로 까다로운 기질 유아는 낯선 상황에서 회피적이거나 반항적 반응을 보이며, 느린 기질 유아는 초기에는 소극적이나 점차 관계를 형성하는 경향을 보인다. 이러한 차이는 교사나 부모의 반응에 따라 점차 조절될 수 있으므로, 초기 적응 과정에서의 정서적 지지가 매우 중요하다.

(3) 기질과 갈등 반응

갈등 상황에서 기질은 유아의 감정 조절 및 행동 조절 방식에 영향을 미친다. 쉬운 기질을 가진 유아는 갈등 상황에서도 비교적 유연하고 협력적으로 반응하며, 감정을 언어로 표현하는 능력이 높다. 반면, 까다로운 기질 유아는 좌절에 민감하며 충동적이거나 부정적인 방식으로 반응할 가능성이 크다. 느린 기질 유아는 갈등 상황을 회피하거나 감정을 잘 표현하지 못해 오해를 살 수 있다. 이러한 반응은 유아가 경험한 사회적 피드백에 영향을 받을 수 있다.

(4) 사회성 발달의 위험 요인 또는 보호 요인

기질은 환경과 상호작용하며 사회성 발달에 있어 위험 요인이 될 수도, 보호 요인이 될 수도 있다.

- 위험 요인으로 작용할 때

까다로운 기질의 유아가 지속적으로 부정적인 피드백(예: 거절, 비난)을 경험할 경우, 정서적 위축과 부정적 사회성으로 연결될 수 있다.

느린 기질의 유아가 사회적 활동에서 소외될 경우, 사회적 고립감을 경험할 위험이 있다.

- 보호 요인으로 작용할 때

쉬운 기질은 자연스럽게 긍정적인 사회적 경험을 축적할 가능성이 높아 사회성 발달에 유리할 수 있다.

까다로운 기질이나 느린 기질이라도 교사의 민감한 반응과 정서적 중재, 가정의 일관된 양육이 있다면, 유아는 자기 조절력과 사회적 기술을 점진적으로 습득하게 된다. 이를 통해 기질은 오히려 사회적 강점으로 전환될 수 있다(Thomas & Chess, 1986).

3) 기질에 따른 교사의 이해와 지원 방안

교사와 부모, 양육자는 유아의 기질을 평가하거나 교정의 대상으로 삼기보다 기질을 이해하고 존중하며, 그에 적합한 환경을 조성함으로써 사회성 발달을 도울 수 있어야 한다. 교사는 기질의 차이를 이해하고, 각 유아에게 적합한 상호작용과 환경을 제공함으로써 사회성 발달과 정서적 안정을 도울 수 있다. 특히, 부정적인 감정을 자주 표현하는 유아나 낯가림이 심한 유아의 경우, 교사의 민감하고 지속적인 정서적 지지가 그들의 사회적 자산이 되어 줄 수 있다. 기질을 이해하는 것은 단순한 성격 유형 파악이 아니라, 유아가 어떻게 세상을 경험하고 있는지를 공감하고 존중하는 일이다. 이는 유아가 자기를 긍정하고 타인과 더불어 살아갈 수 있는 건강한 정서적 기반을 마련해 주는 것이기도 하다. 중요한 것은 기질에 맞는 상호작용을 통해 유아가 자신의 방식으로 사회적 세계에 긍정적으로 접근할 수 있도록 도와주는 교육적 배려와 실천이 이루어져야 한다. 기질에 따른 교사의 이해와 지원 방안 10가지 그리고 교사가 활용할 수 있는 발문 예시를 함께 제시하면 다음과 같다.

① 정서 반응성이 높은 유아의 감정 수용

자극에 민감하게 반응하고 감정을 강하게 표현하는 유아는 비난보다 공감이 필요하다. 정서적 수용을 통해 감정 조절력을 기를 수 있도록 돕는다.

- "지금 마음이 많이 속상했구나. 어떤 일이 있었는지 말해 줄 수 있어?"
- "그럴 수 있어. 선생님도 그런 기분 느낄 때가 있어."

② 낯가림이 심한 유아에게 여유 주기

느린 기질의 유아는 새로운 사람이나 환경에 익숙해지는 데 시간이 필요하다. 억지로 참여시키기보다는 천천히 다가설 수 있게 기다려 준다.

- "선생님이 옆에 같이 있어 줄게."
- "천천히 해도 괜찮아."

③ 충동적인 유아에겐 규칙과 예측 가능한 구조 제공

감정 조절이 어려운 유아는 일관된 일과와 규칙 속에서 안정감을 느낀다. 사전 예고와 시각적 도구도 효과적이다.

- "이제 놀이는 5분 뒤에 끝나. 끝나면 정리하고 간식 먹을 거야."
- "약속을 지키면 친구들이 더 좋아할 거야. 우리 어떻게 할까?"

④ 사회적으로 조용한 유아에게 인정의 언어 제공

내성적인 유아는 겉으로 드러나는 표현이 적지만, 주의 깊게 관찰하고 조용히 참여하는 경우가 많다. 긍정적 피드백이 사회적 자신감을 키우는 데 도움이 된다.

- "조용히 잘 듣고 있구나. 선생님도 너처럼 그랬어."
- "네가 한 말이 참 중요한 생각이었어. 친구들도 들었을까?"

⑤ 활동 수준이 높은 유아의 에너지 수용

신체활동을 좋아하고 가만히 있는 것을 힘들어하는 유아는 억제보다는 긍정적인 방향으로 에너지를 발산할 수 있게 유도한다.

- "지금은 뛰기 어려워. 대신 여기서 몸을 움직일 수 있어."
- "친구들이 너와 함께 놀면 더 재미있어해."

⑥ 부정적 정서를 자주 표현하는 유아와 감정 명명하기

자주 화내거나 울음을 터뜨리는 유아에게는 감정 어휘를 알려주고 말로 표현할 수 있도록 도와준다.

- "지금 화가 난 걸까? 속상한 걸까? 어떤 기분인지 알려줄래?"
- "그럴 땐 '나 지금 속상해요'라고 말할 수 있어."

⑦ 사회적 주도성이 낮은 유아의 또래 연결 지원

수줍음이 많고 주도적으로 놀이에 참여하지 못하는 유아에게는 또래와 연결될 수 있는 말 걸기, 참여 중재가 필요하다.

- "지은아, 민우랑 같이 블록 놀이해 볼래? 선생님이 소개해 줄게."
- "지금 친구들이 하는 놀이가 재미있어 보여. 함께 해 보면 어떨까?"

⑧ 지시나 규칙에 민감한 유아에겐 유연한 피드백 제공

지나치게 규칙을 엄격히 지키거나 융통성 없는 유아는 새로운 시도나 변화에 불안을 느낄 수 있다. 융통성 있는 해석과 긍정적 모델링이 필요하다.

- "오늘은 특별한 날이니까 조금 다르게 해도 괜찮아."
- "우리 규칙도 중요하지만, 친구 마음도 함께 생각해 보자."

⑨ 끈기가 부족한 유아에게 단계적 성공 경험 제공

금방 포기하거나 집중 시간이 짧은 유아는 쉬운 과제에서부터 점진적으로 도전하게 하며, 작은 성공을 자주 경험하게 한다.

- "조금만 더 해 보자. 선생님이 도와줄게."
- "이건 어려운 거였는데, 여기까지 해낸 게 참 대단해."

⑩ 유아 개별 기질에 맞는 상호작용 스타일 조절

교사는 모든 유아에게 동일한 방식으로 대하기보다는 기질에 따라 언어 톤, 피드백 방식, 지지의 강도를 조절해야 한다.

- "천천히 해도 괜찮아. 선생님이 기다릴게."
- "너의 생각도 듣고 싶어. 그런데 다른 친구는 어떻게 생각할까?"

2 정서 조절 능력

사회화는 단순히 타인과 어울리는 기술을 익히는 것을 넘어, 자신의 감정을 이해하고 적절히 표현하며, 타인의 감정에 반응하는 능력을 포함하는 복합적 과정이다. 이러한 사회화의 기초에는 유아가 자신의 감정을 어떻게 조절하고 다루는지가 핵심적으로 작용한다. 즉, 정서 조절 능력은 유아의 사회적 관계 형성과 유지에 있어 핵심적인 개인적 요인이라 할 수 있다.

정서 조절이 잘 이루어지는 유아는 또래와의 갈등 상황에서 충동적인 반응을 억제하고, 감정을 말로 표현하며, 타인의 입장을 고려하는 행동을 보인다. 반대로 정서 조절이 미숙한 유아는 쉽게 분노하거나 좌절하고, 공격적이거나 위축된 반응으로 인해 사회적 거리를 경험하기 쉽다. 결국 정서 조절 능력은 사회적 기술이 작동할 수 있는 정서적 토대가 된다.

1) 정서 조절 능력의 개념과 특성

정서 조절은 유아가 자신의 감정을 인식하고, 상황에 맞게 표현하거나 억제하며, 목표 지향적인 행동을 가능하게 하는 일련의 내적·외적 과정이다(Gross, 1998). 이는 단순히 감정을 억제하거나 숨기는 것이 아니라, 정서적 경험을 조절하여 사회적으로 적절하게 반응하는 능력을 말한다. 정서 조절은 유아의 사회적 상호작용, 문제 해결, 또래 관계 형성, 자기 개념의 발달 등 다양한 발달 영역과 밀접하게 연관된다. 특히 유아기는 자율성과 타율이 공존하는 시기로, 자기 인식과 자기 통제 능력이 급격히 성장하는 시기이기 때문에 정서 조절 능력의 기초를 형성하는 데 매우 중요한 시점이다. 특히 성인의 정서적 지지와 모델링은 정서 조절 능력의 형성에 결정적인 역할을 한다.

스트롱맨(Strongman, 1996)은 기쁨·화·불안의 세 가지 기본 정서를 제시하면서 정서의 크기도 고려했다. 기쁨은 가장 낮은 수준인 기쁨에서 점차 의기양양, 환희로 그 크기가 증대된다. 화는 가장 낮은 수준인 성가심에서 점차 화, 분노로 그 크기가 증대된다. 불안은 가장 낮은 수준인 우려에서 점차 불안, 공포로 그 크기가 증대된다. 이러한 정서의 유형과 그 크기를 조절하는 것이 정서 조절의 핵심이다. 다시 말하면 화, 불안을 기쁨으로 전환하는 것만 정서 조절이 아니라 분노에 달한 극도의 감정을 화로 가라앉히거나 공포에 휩싸인 마음을 단순 불안으로 가라앉히는 것도 정서 조절이다(하수연 외, 2023).

정서 조절 능력이 잘 발달한 유아는 또래와의 갈등 상황에서도 자신의 감정을 적절히 표현하고 타인의 감정을 이해하며, 갈등을 해결하려는 유연한 태도를 보인다. 반면, 정서 조절 능력이 미숙한 유아는 좌절, 분노, 슬픔과 같은 감정에 압도되어 공격적이거나 위축된 반응을 보이기 쉽다. 따라서 유아의 사회성 교육에 있어 정서 조절 능력은 단순한 개인의 특성뿐 아니라 사회적 관계를 가능하게 하는 핵심 역량으로 간주되어야 한다.

유아기에는 정서 조절 능력이 아직 미숙하므로 자발적인 조절보다는 성인의 도움에 크게 의존한다(Kopp, 1989). 교사나 부모와의 정서적 상호작용 속에서 유아는 감정에 이름 붙이기, 표현 방법, 상황 판단 등을 학습하게 되며, 이러한 외부의 조절 경험은 점차 내면화되어 자기조절 능력의 기초가 된다. 또한, 유아는 감정 상태에 몰입하거나 급격하게 변하는 경우가 많으며, 실망이나 좌절, 분노의 감정을 적절히 다루는 데에 어려움을 겪기도 한다. 이에 따라 유아기 정서 조절은 성인과의 지속적이고 일관된 정서적 지원을 통해 안정적으로 발달할 수 있다. 유아기 정서 조절 능력은 다음과 같은 특성을 보인다.

첫째, 발달적 성숙 과정에 있다. 정서 조절은 선천적인 기질에서 출발하되, 양육자와 교사, 또래와의 상호작용을 통해 발달적으로 성숙해진다. 초기에는 외부 조절(예: 성인의 위로)에 의존하지만, 점차 내면화된 자기조절 전략을 사용하게 된다(Kopp, 1989).

둘째, 인지·언어 발달과 밀접하다. 정서 조절은 단순한 감정 억제 이상의 것으로, 언어적 사고, 자기 대화, 상황 이해력과 같은 인지 기능의 성숙과 관련된다. 감정을 명명할 수 있는 언어 능력은 정서 조절의 시작점이 되며, 이는 또래와의 관계에서 중요한 역할을 한다.

셋째, 사회적 행동과의 상호 관련이 있다. 정서 조절 능력이 뛰어난 유아는 공격적 행동을 줄이고, 공감, 협동, 자기주장 등 사회적으로 긍정적인 행동을 더 자주 나타낸다. 반대로 정서 조절 능력이 부족하면 사회적 거절, 충동적 행동, 좌절감 등을 경험하기 쉽다.

넷째, 개인차가 크다. 정서 조절 능력은 유아의 기질, 양육 환경, 애착 유형, 문화적 배경 등에 따라 다양하게 나타난다. 따라서 교사와 부모는 유아마다 다른 조절 방식과 속도를 이해하고 민감하게 반응할 필요가 있다.

다섯째, 정서적 안녕과 연결된다. 정서 조절은 단순히 사회성의 문제가 아니라, 유아의 행복감, 자기효능감, 자아존중감과도 깊은 관련이 있다. 정서 조절을 잘하는 유아는 위기 상황에서도 탄력적으로 대처할 수 있다.

한편, 정서 조절 능력은 영아기 후반부터 유아기까지 급격한 발달을 보인다. 초기에는 울음, 고개 돌리기, 손가락 빠는 등의 반사적 반응이 주를 이루지만, 시간이 지남에 따라 다음과 같은 보다 능동적인 전략을 활용하게 된다(Kopp, 1989).

- **주의 전환**(Attention shifting): 불쾌한 자극에서 시선을 돌려 관심을 다른 곳으로 옮기는 전략
- **자기 위로**(Self-soothing): 자신을 진정시키는 행동(예: 조용히 숨 쉬기, 안는 인형 찾기 등)
- **언어 표현**(Verbal expression): 자신의 감정을 말로 표현하거나 도움을 요청하는 전략

이러한 전략은 유아의 인지, 언어, 자기 인식의 발달과 함께 정교화되며, 점차 내면화된 자기 통제 기능으로 연결된다. 따라서 정서 조절 능력은 단지 정서적 안정을 위한 것이 아니라, 사회적 유능성과 행복을 위한 기초 자원으로 간주된다(Fredrickson, 2001).

2) 정서 조절 능력과 유아 사회성 발달의 관계

정서 조절 능력은 유아가 사회적 관계를 형성하고 유지하는 데 있어 핵심적인 심리적 기제이며, 유아의 사회적 행동을 조율하는 핵심 역량이다. 유아기에는 정서와 행동의 분리가 완전히 이루어지지 않기 때문에, 감정이 행동에 직접적으로 영향을 미치는 경우가 많다. 따라서 정서 조절의 정도는 곧 사회적 행동의 질과 밀접하게 연관된다.

정서 조절 능력이 잘 발달된 유아는 또래와의 상호작용에서 자신의 감정을 적절히 다루고, 갈등 상황에서도 협력적이고 유연한 행동을 보이는 경향이 있다. 예를 들어, 장난감을 차지하고 싶은 욕구가 강하게 생겼을 때, 자신의 감정을 조절하여 양보하거나 차례를 기다릴 수 있으며, 상대방에게 '같이 놀자'고 제안하는 언어적 전략을 사용할 수 있다. 이러한 협력적 태도는 또래로부터의 호감을 이끌어내며, 사회적 수용성과 유능감을 높인다(Denham et al., 2003).

정서 표현

반면 정서 조절 능력이 미숙한 유아는 부정적 정서가 행동으로 직접 표현되는 경향을 보인다. 이는 공격성, 분노 폭발, 통제 불가능한 울음, 혹은 위축과 회피로 나타나기도 하며, 반복적인 부적응 행동은 또래로부터의 거부, 고립, 배제로 이어질 수 있다(Calkins & Hill, 2007). 이는 유아가 사회적 장면에서 점차 부정적인 자기 개념을 형성하고, 상호작용의 기회를 회피하게 되는 악순환을 유발할 수 있다.

특히 정서 조절 능력은 공감 능력(empathy), 자기 이해(self-awareness), 적절한 감정 표현(emotional expressiveness)과 상호작용하며, 사회적 기술 전반에 영향을 준다. 유아는 자신의 감정을 이해하고 적절히 표현할 수 있어야 타인의 감정에도 민감하게 반응하고, 그에 맞는 사회적 행동을 선택할 수 있기 때문이다.

덴햄(Denham, 2006)은 정서 조절 능력이 뛰어난 유아가 정서적으로 안정적일 뿐 아니라, 또래와의 관계에서 지속적으로 긍정적인 상호작용을 유지할 가능성이 높다고 설명한다. 정서 조절이 가능한 유아는 타인의 감정에 과도하게 압도되지 않고, 그 감정을 인식하고 반응할 여유를 확보할 수 있다. 이는 곧 공감 능력의 전제 조건이다. 공감은 단순한 감정 모방이 아니라, 타인의 감정을 자신과 분리하여 인식하고 적절히 반응하는 정서적·인지적 능력으로, 자신의 감정을 조절하지 못하는 상태에서는 공감의 실천이 어렵다(Denham, 2006). 유아가 타인의 감정을 받아들이고 이에 공감하며 행동할 수 있을 때, 사회적 갈등은 줄고, 협력과 배려가 증가한다.

또한 정서 조절은 자기 인식과 자기 이해의 확장을 수반한다. 유아가 '나는 지금 화가 났구나'라고 인식할 수 있다는 것은 감정 상태와 자기 행동을 연결 지어 설명할 수 있는 인지적 성숙을 반영한다. 자기 이해가 높을수록 유아는 감정에 휘둘리는 대신 감정에 이름을 붙이고, 감정을 조절하거나 표현하는 전략을 스스로 구사하게 된다(Gross, 1998). 이는 사회적 자기효능감의 기반이 되며, 주체적으로 사회적 관계에 참여하게 만든다.

정서 조절은 감정을 억누르는 것이 아니라, 적절한 방식으로 표현하는 능력을 포함한다. 유아가 슬픔을 울음이나 회피로만 표현하는 것이 아니라, "나 속상해." 또는 "같이 놀고 싶었는데…"처럼 감정을 언어로 표현할 수 있을 때, 또래나 교사는 유아의 감정을 이해하고 반응하기 쉬워진다. 이처럼 적절한 감정 표현은 사회적 의사소통을 원활하게 하고, 오해나 갈등을 줄이며 사회적 유대감을 형성한다(Calkins & Hill, 2007).

결과적으로 정서 조절 능력은 유아의 사회성 발달에 있어 기초적이면서도 통합적인 역할을 한다. 교사나 부모 등 성인의 정서적 중재와 모델링을 통해 정서 조절 전략을 배우고, 반복된 성공적 상호작용을 통해 사회적 기술이 강화된다. 따라서 유아의 사회성 교육에 있어 정서 조절 능력을 중심에 두는 접근이 요구된다.

3) 정서 조절을 위한 교사의 지원 전략

유아기는 정서가 급격히 발달하고 사회적 상호작용이 활발히 시작되는 시기로, 감정의 인식과 표현, 조절 능력이 사회성의 기초를 이루는 중요한 시점이다. 그러나 유아는 아직 자신의 감정을 완전히 통제하거나 언어로 표현하는 능력이 충분히 발달하지 않았으므로 다양한 감정 상황에서 혼란을 겪고 때로는 부적절한 행동을 보이기도 한다. 이러한 시기에 교사는 유아가 감정을 인식하고, 이를 상황에 적절하게 표현하며, 조절할 수 있도록 도와주는 중요한 정서적 조력자이자 모델이 된다. 특히 교사의 정서적 민감성과 일관된 상호작용은 유아에게 정서 안정감을 제공하고, 유아가 자기조절 전략을 내면화하는 데 필수적인 역할을 한다.

정서 조절은 단순히 감정을 억누르는 기술이 아니라, 자기 이해, 공감 능력, 감정 표현의 적절성과 함께 작용하는 사회정서적 역량이다. 따라서 유아의 정서 조절 능력은 건강한 또래 관계와 사회적 유능성, 나아가 행복한 삶의 기초를 형성하는 데 있어 핵심이 된다. 정서 조절을 위한 교사의 지원 전략 10가지와 교사가 활용할 수 있는 발문 예시를 함께 제시하면 다음과 같다.

① 감정 인식 돕기

유아가 자신의 감정을 알아차리고 인식할 수 있도록 도와준다. 감정 카드를 활용하거나 거울 보기, 표정 따라 하기 등의 활동을 통해 정서 표현의 어휘를 풍부하게 한다.

- "지금 네 얼굴이 안 좋아 보여. 무슨 기분이니?"
- "이 그림 속 아이는 어떤 감정을 느끼고 있을까?"

② 감정 명명 지원

감정 어휘를 구체화해 유아가 복합 감정을 말로 설명할 수 있도록 돕는다. 이를 통해 유아는 감정을 단순 행동 대신 언어로 조절할 수 있게 된다.

- "슬프기도 하고 화도 나? 그런 기분을 뭐라고 부를 수 있을까?"
- "그 기분을 단어로 표현한다면 어떤 말을 쓰고 싶어?"

③ 감정 수용 및 공감적 반응

유아의 감정을 판단하지 않고 수용하며, 교사가 공감적 언어로 반응할 때 유아는 감정을 안전하게 표현할 수 있게 된다.

- "그랬구나, 그래서 속상했구나."
- "정말 놀랐겠구나. 나라도 그랬을 거야."

④ 정서적 모델링 제공

교사는 자신의 감정을 표현하고 조절하는 과정을 유아에게 보여주는 정서적 모델이 되어야 한다.

- "선생님도 아까 긴장돼서 숨을 크게 쉬었어."
- "화가 날 땐 나는 이렇게 말하려고 노력해."

⑤ 자기조절 전략 가르치기

주의 전환, 심호흡, 자기 위로 등의 전략을 놀이와 상황에 맞추어 소개한다. 유아가 실제 상황에서 스스로 사용할 수 있도록 반복 연습한다.

- "속상할 땐 잠깐 조용한 곳에서 숨을 쉬어 볼까?"
- "우리 '마음 안경' 쓰고 다시 볼까?"

⑥ 감정 표현 놀이 활용

역할 놀이, 감정 카드 게임, 이야기 꾸미기 등을 통해 감정 표현을 자연스럽게 유도한다. 감정을 탐색하고 조절하는 기회를 놀이로 확장한다.

- "이 인형은 지금 어떤 기분일까?"
- "우리가 같이 기쁜 표정을 지어 볼까?"

⑦ 또래 간 감정 조절 중재

유아들이 또래와의 갈등 상황에서 감정을 언어화하고 조정할 수 있도록 중재자로 개입한다.

- "어떻게 말하면 친구 기분이 나아질까?"
- "두 사람 다 속상했구나. 그럼 어떤 방법이 좋을까?"

⑧ 일상에서 감정 조절 기회 제공

규칙적인 일과와 예측 가능한 활동을 통해 감정 조절의 안정감을 높이고, 감정 조절이 필요한 다양한 상황을 경험할 수 있도록 한다.

- "지금은 정리할 시간이에요. 아쉬운 기분을 어떻게 표현할 수 있을까?"
- "기다릴 때 기분이 어떠니? 그럴 땐 어떻게 해 볼까?"

⑨ 정서 그림일기·감정 그림 기록 활용

유아가 스스로 감정을 그림 등으로 표현하는 습관을 들이면, 내면의 감정을 정리하고 조절하는 능력을 기를 수 있다.

- "오늘 하루 중 가장 기뻤던 일은 뭐였을까?"

- "감정 색칠표에서 오늘 기분은 어떤 색이었을까?"

⑩ 회복탄력성 강화

실패나 실수 경험을 감정 조절의 기회로 삼아, 좌절을 딛고 다시 시도하도록 격려한다.

- "실수해도 괜찮아, 누구나 그런 날이 있어."
- "그랬구나, 그래도 다시 해 보려는 네 마음이 멋지다!"

3 언어 능력

언어는 인간의 사고와 감정, 사회적 관계를 매개하는 가장 핵심적인 도구이며, 유아기의 언어 능력은 사회성 발달의 중요한 기초가 된다. 언어는 단지 의사소통의 도구가 아니라, 타인과 관계를 맺고 유지하며 사회적 규범을 내면화하는 매개로 작용한다. 유아는 타인과의 상호작용 속에서 말로 자신의 의도를 전달하고, 타인의 감정을 이해하며, 사회적 규칙을 배우게 된다. 이러한 과정을 통해 유아는 또래와의 협력, 갈등 해결, 감정 조절 등의 복잡한 사회적 기술을 습득하게 된다. 따라서 언어 능력은 단순한 의사소통의 도구를 넘어서, 사회적 관계를 형성하고 유지하는 데 필수적인 개인적 요인으로 작용한다.

특히 유아기는 언어 발달이 급속히 이루어지는 시기로, 말소리와 어휘 수준을 넘어서 사회적 담화와 정서 표현의 능력까지 확장된다. 이러한 언어 발달은 또래와의 놀이, 교사와의 상호작용, 공동 활동과 같은 다양한 사회적 맥락 속에서 촉진되며, 유아의 사회적 역량을 더욱 정교하게 발전시킨다.

1) 언어 능력의 개념과 유아기 특성

언어 능력(language ability)은 인간이 의사소통을 위해 사용하는 언어적 상징체계를 이해하고 표현하는 능력이라 할 수 있다. 의사소통(communication)은 기호, 신호, 행동 등의 공통 시스템을 통해 개인 간에 정보가 교환되는 과정이다. 'communication'은 라틴어

'communis'(함께하는, 일반적, 공동의)에 어원을 두고 있다. 'communis'에서 'com'은 '함께', 'mun'은 '나누다'라는 의미이다. 따라서 의사소통이란 서로의 지식 등을 함께 공유하고 이해하고, 나누는 행위라 할 수 있다. 여기서 의사소통은 지적 발달과 관계 형성의 기반이 된다. 특히 의사소통은 인간관계를 가깝게도 멀리도 만들 수 있고, 좋은 관계와 나쁜 관계를 만들 수도 있다(하수연 외, 2023).

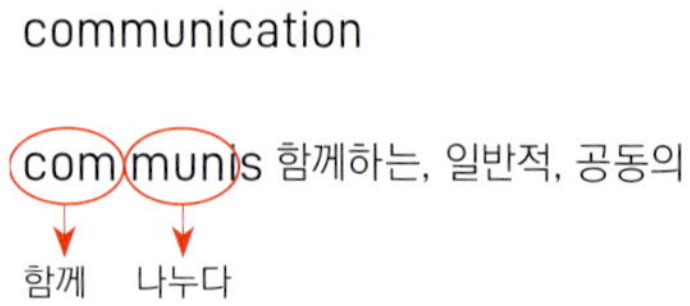

그림 5-1 'communication'의 어원

유아에게 언어는 단순한 표현의 도구를 넘어서, 사회적 규칙을 익히고 정서적 소통을 가능하게 하는 중요한 내적 자원이다.

언어는 유아가 타인과 관계를 맺고 사회적 규범을 습득하는 핵심 매개가 된다. 특히 유아기의 표현언어(expressive language)와 수용언어(receptive language)는 사회적 상호작용에서 중요한 도구로 기능하며, 사회성의 기초를 형성한다. 일반적으로 수용언어가 표현언어보다 앞서 발달하는 특징을 보인다. 즉, 유아는 말을 하기 이전에 먼저 말을 이해할 수 있으며, 타인의 언어적 표현을 통해 의미를 파악하고 반응할 수 있다. 유아기의 표현언어와 수용언어, 그리고 사회성 발달과의 관계는 다음과 같다.

첫째, 수용언어는 사회적 단서의 이해 기반이 된다. 수용언어는 타인의 언어적 메시지를 듣고 이해하는 능력으로, 유아가 지시, 감정, 사회적 규범을 파악하는 데 필수적이다. 예를 들어, "차례를 기다리자.", "친구가 속상하대."와 같은 말은 유아가 상황에 적절하게 행동하고 반응할 수 있도록 돕는다. 수용언어의 발달은 유아가 타인의 입장과 감정을 이해하고 공감하는 능력과 연결되며, 이는 또래와의 긍정적인 상호작용으로 이어진다.

둘째, 표현언어는 사회적 의사소통의 실천 수단이 된다. 표현언어는 유아가 자신의 생각, 감정, 요구를 말로 표현하는 능력으로 자기주장, 협력, 감정 조절의 기반이 된다. 언어로 의

사 표현이 가능한 유아는 또래 간 놀이에서 자신의 의사를 전달하고, 갈등을 해결하거나 도움을 요청하는 데 적극적으로 참여할 수 있다. 반면 언어 표현이 미숙한 유아는 좌절을 행동화하거나 공격성, 회피 행동을 보이며 사회적 관계에 어려움을 겪을 수 있다.

셋째, 수용언어와 표현언어의 통합은 사회적 기술을 발달시킨다. 이 두 언어 능력은 상호작용하며 유아의 사회적 기술(social skills)을 증진한다. 유아는 수용언어를 통해 사회적 규칙을 이해하고, 표현언어를 통해 이를 실천에 옮긴다. 예를 들어, "친구가 먼저 놀고 있었잖아."라는 교사의 말(수용)을 듣고 "미안해, 나중에 같이 하자."고 말하는 것(표현)은 사회적 맥락에 맞는 행동을 가능하게 한다. 이러한 언어적 상호작용은 유아의 사회적 유능성, 공감 능력, 집단 내 소속감을 증진하는 데 중요한 역할을 한다.

2) 언어 능력과 유아 사회성 발달의 관계

유아들은 때때로 자신의 주장을 강하게 내세우기도 하고 서로 조율하며 자신의 감정을 조절하고 상대의 입장을 고려하는 태도를 형성해 간다. 주장과 양보, 조절 행동을 통해 또래 관계를 형성하고, 언어를 통해 공유된 의식은 영유아들 간의 친밀감과 소속감을 형성한다(서동미 외, 2017). 따라서 이 시기에 언어 능력은 중요하다.

언어 능력은 유아가 사회적 상황에서 타인과 긍정적 관계를 형성하고 유지하기 위해 꼭 필요한 개인 내 자원이다. 언어를 통해 유아는 자신의 욕구와 감정을 전달하고, 갈등 상황을 평화롭게 해결하며, 협력과 공감을 실천한다. 언어 표현이 유창한 유아는 또래와의 상호작용에서 긍정적 반응을 유도하고, 사회적 유능성을 자연스럽게 발달시킬 수 있다. 반면, 언어 사용이 제한적이거나 부정확한 유아는 종종 오해를 받거나 위축되고 고립되는 경험을 하게 된다. 따라서 언어 능력은 단순한 의사소통 능력을 넘어, 유아의 사회성 발달 전반에 걸쳐 결정적인 영향을 미치는 요인으로 이해되어야 한다.

유아의 언어 발달과 의사소통 능력은 자아 개념의 형성과 더불어 사회적 관계 형성 및 성격 발달에 결정적인 역할을 한다. 유아는 일상 속에서 사회적·물리적 환경과 상호작용하며, 언어를 매개로 자신의 생각과 감정을 표현한다. 이 과정에서 타인의 반응은 유아가 자신을 어떻게 인식하고 평가하는지에 영향을 주며, 궁극적으로 자아 개념과 사회적 정체성을 형성하는 데 중요한 기반이 된다. 사회성과 관련된 유아기 언어 발달의 특징은 다음과 같다.

첫째, 사회적 의사소통 능력의 발달이다. 유아는 언어를 통해 요청하기, 질문하기, 설명하기, 반응하기 등의 사회적 기능을 점차 습득한다. 이 과정에서 적절한 말차례, 상대방의 반응 이해, 예의 바른 표현 사용 등 기본적인 사회적 규범을 배우게 된다. 이러한 능력은 또래와의 놀이나 집단 활동에서 더욱 활발히 발달하며, 관계 형성 및 유지의 핵심 도구로 작용한다.

둘째, 감정 표현 및 이해를 위해 언어를 활용한다. 유아는 자신의 감정을 말로 표현함으로써 좌절, 분노, 기쁨, 실망 등을 사회적으로 적절히 표출할 수 있게 된다. 또한 타인의 감정을 해석하고 공감하는 과정에서 언어는 감정 어휘(emotion vocabulary)를 매개로 중요한 역할을 한다. 이 능력은 정서 조절과 갈등 해결, 공감 능력 발달에 기여한다.

셋째, 놀이를 통한 사회적 언어 사용이 확장된다. 역할놀이, 가상놀이 등에서 유아는 상황에 맞는 말투, 어휘, 역할에 맞는 말투 등을 사용하며 사회적 언어 사용 범위를 확장시킨다. "나는 선생님이야, 너는 학생이야. 이제 이야기 나누기 시작해요!" 이러한 놀이 속 언어는 사회적 역할과 규칙, 협력의 기초를 내면화하는 데 기여한다.

넷째, 자기중심 언어에서 상호작용 중심 언어로 전환된다. 초기에는 자기중심적 언어(egocentric speech)를 주로 사용하지만, 또래와의 상호작용이 증가함에 따라 점차 청자 지향적 언어로 발달한다. 이는 타인의 관점 고려, 경청, 대화 유지 등의 능력을 포함하며, 사회적 유능성의 발달과 연결된다.

다섯째, 언어 능력에 따른 사회적 평판이 형성된다. 언어 능력이 뛰어난 유아는 또래에게 호감을 얻고, 집단 내에서 주도적 역할을 맡는 경우가 많다. 반대인 유아는 또래 관계에서 고립되거나 갈등이 있을 수 있으며, 이는 사회적 소외와 낮은 자아개념으로 이어질 위험이 있다.

이처럼 언어 능력은 유아가 자신의 생각과 감정을 표현하고, 타인의 의도와 감정을 이해하며, 사회적 관계 속에서 의미 있는 상호작용을 수행할 수 있게 해 주는 핵심적 기능이다. 유아는 언어를 통해 타인과 연결되며, 사회적 규범과 역할을 익히고, 정서적 안정을 도모한다. 유아기에는 언어 능력이 급격히 발달하며, 어휘 수의 증가뿐 아니라 문장 구성, 담화 조절, 상황에 맞는 언어 사용 등의 복합적인 언어 기술이 형성된다. 특히 이러한 발달은 놀이와 상호작용, 일상적 대화를 통해 이루어지며, 유아가 사회적 세계에 능동적으로 참여할 수 있는 기반을 마련해 줄 수 있다.

3) 언어 능력 향상을 위한 교육적 지원

유아의 언어 능력을 향상하기 위한 교육적 접근은 단순히 말하기와 듣기 기술의 가르침에 머무르지 않는다. 언어는 유아의 사회적 정체성과 대인관계 형성, 정서 표현을 매개하는 도구이므로 정서적 안정과 풍부한 상호작용이 이루어지는 환경 속에서 발달해야 한다. 교사는 유아가 자신의 감정을 말로 표현하도록 격려하고, 또래 및 성인과의 대화 경험을 확장해 주며, 사회적 맥락 속에서 적절하게 언어를 사용할 수 있도록 돕는 언어 촉진자 역할을 수행해야 한다. 또한 개별 유아의 발달 수준에 맞춘 언어 자극 제공과 응답적 상호작용은 유아의 언어 능력과 더불어 사회성 향상을 이끄는 실질적 전략이 된다. 언어 능력 향상을 위한 교육적 지원 10가지와 교사가 활용할 수 있는 발문 예시를 함께 제시하면 다음과 같다.

① 풍부한 언어 모델 제공

교사는 정확하고 다양한 어휘, 문장 구조를 사용해 유아에게 언어적 본보기를 제공해야 한다. 일상 상황 속에서 말로 생각을 표현하며, 언어 사용의 규칙을 자연스럽게 내면화할 수 있도록 한다.

- "선생님이 지금 하는 말을 너도 따라 해 볼 수 있을까?"
- "이 물건을 다른 말로 표현하면 뭐라고 할 수 있을까?"

② 확장 발화 사용

유아의 짧거나 불완전한 발화를 받아들이고, 이를 확장하여 보다 완전한 문장으로 되돌려준다.

- "강아지 좋아!" → "강아지를 좋아하는구나. 왜 좋아해?"

- "비 와요." → "맞아, 밖에 비가 오고 있어. 그래서 우산이 필요하겠지?"

③ 개방형 질문 활용

단답형이 아닌, 생각을 말할 수 있도록 개방형 질문을 사용한다. 이는 언어적 사고력과 말하기 능력을 동시에 향상할 수 있다.

- "그다음엔 무슨 일이 일어났을까?
- "만약 네가 그 친구였다면 어떻게 했을까?"

④ 대화 순서 익히기 지도

말을 주고받는 순서(turn-taking)를 익히도록 지도함으로써 대화 예절과 언어적 자율성을 함께 기를 수 있다.

- "지금은 친구가 말할 차례야. 우리 기다려 볼까?"
- "○○가 이야기하고 있으니까 끝나고 너의 생각을 말해 줄 수 있을까?"

⑤ 다양한 언어적 환경 제공

주제별 활동, 역할놀이, 동화 읽기 등 다양한 상황 속에서 언어를 사용할 수 있는 환경을 조성한다.

- "가게 놀이에서 너는 어떤 역할을 하고 싶어?"
- "이 장면을 친구에게 설명해 줄 수 있겠니?"

⑥ 의미 있는 언어적 상호작용 촉진

단순한 질문-응답을 넘어서서 유아의 언어 표현을 이끌어내는 의미 있는 대화를 유도한다.

- "네가 겪은 일 중 가장 재미있었던 일은 뭐야?"
- "오늘 있었던 일 중 누군가에게 이야기해 주고 싶은 게 있어?"

⑦ 감정 어휘 사용 기회 제공

감정 어휘를 사용할 수 있도록 유도함으로써 언어적 자기표현과 정서 조절을 함께 기를 수 있다.

- "기뻤을 때 어떤 느낌이 들었니?"

- "그럴 땐 어떤 말을 하면 좋을까?"

⑧ 친구와의 협동 대화 기회 제공

유아가 또래와 자연스럽게 언어를 주고받으며 사회적 대화를 경험할 수 있도록 놀이와 활동을 조직한다.

- "서로 역할을 정하고 어떻게 이야기해야 할까?"
- "네 생각을 친구에게 먼저 말해 주자."

⑨ 이야기 만들기 및 재구성 활동 활용

경험한 일, 동화 내용을 유아가 자신의 언어로 재구성하도록 유도하여 언어적 조직 능력을 기른다.

- "만약 이야기를 새롭게 바꾼다면 어떤 내용이 될까?"
- "그다음 장면은 어떤 일이 일어날 것 같아?"

⑩ 언어적 문제 해결 기회 제공

유아가 말로 문제를 해결할 수 있도록 상황을 제시하고 그 안에서 언어를 사용하도록 지도한다.

- "친구가 마음이 상했을 때는 뭐라고 말해 주면 좋을까?"
- "어떻게 말하면 네 생각을 더 잘 전달할 수 있을까?"

Activity

언어 표현 능력이 낮은 유아가 사회적 상호작용에서 겪을 수 있는 문제는 무엇이며, 이를 지원하기 위한 전략은 무엇일지 설계해 보세요.

너무나 뻔한 말, 아이는 부모를 닮는다

아이는 부모를 닮는다. 외모는 물론 생각과 행동까지 닮는다. 뻔한 말(truism)이다. 그럼에도 부모는 곧잘 이러한 사실을 망각한다.

아이의 행동은 누구의 영향일까? 흔히 발달은 유전과 환경에 의해 좌우된다고 하니 일부는 부모 책임이고 일부는 환경의 책임이라 생각하기 쉽다. 이에 부모는 아이의 바람직하지 못한 행동은 유전보다 환경의 탓으로 돌리고 책임을 회피하고 싶어진다. 그러나 특히 5세경까지의 아이에게 부모는 100% 유전이자 환경이다. 그러므로 아이의 행동은 100% 부모의 책임이라 할 수 있다.

아이는 가능성인 잠재능력은 대단하지만 아직 무능력하다. 아이에게 부모는 애착의 대상이다. 일상에서 부모가 보여주는 모든 말과 행동은 성격의 영양소가 되어 아이의 행동이 되며, 반복되어 습관으로 나타난다. 습관은 굳어져 변하기 어려운 성격으로 형성된다.

'습관화'가 되면 의식적이지 않아도 수행할 수 있다는 점이다. 습관화된다는 것은 두뇌의 에너지를 최소화하는 상태이다. 다시 말하면 생각(사고)하지 않아도 그 행동을 한다는 것이다. 마치 초보 운전자보다 운전이 익숙한 사람은 운전 기술에 에너지를 적게 사용해도 주변을 살피면서 더 안전한 운전을 할 수 있는 것과 같다.

이러한 습관의 중요성에도 불구하고 부모들은 자신의 바람직하지 않은 무의식적 행동을 자녀에게 반복적으로 보여주게 될 수도 있다. 부모는 성인이다. 자신의 잘못된 습관을 변화시킬 수 있는 강한 의지를 가지고 있다.

때로 아이를 바라보면서 '어떻게 저런 아이가 태어났지?', '도대체 누굴 닮았지?' 하는 생각이 한 번이라도 들었다면 부모 자신의 행동부터 반성해 보아야 한다. 유전적으로나 환경적으로나 부모를 닮지 않은 아이는 없기 때문이다.

- 하수연(2024. 3. 3). 화성신문(2024. 3. 3.). https://www.ihsnews.com/50275에서 일부 발췌

제6장 사회적 요인

학습 목표

1. 부모의 양육 태도 및 가족관계가 유아의 사회적 행동 형성에 미치는 영향을 설명할 수 있다.
2. 또래와의 상호작용을 통해 유아가 습득하는 사회적 기술과 그 의미를 분석할 수 있다.
3. 교사와의 상호작용이 유아의 사회적 자아 형성과 행동에 어떤 영향을 미치는지 설명할 수 있다.

생각해 보기

1. 부모의 양육 방식이 유아의 대인관계 형성에 어떤 영향을 줄 수 있을까요? 본인의 경험이나 사례를 떠올려 보세요.
2. 또래와의 놀이 속에서 유아는 무엇을 배우며, 이러한 경험이 사회성에 어떤 영향을 미친다고 생각하나요?

유아는 타인의 지시에 따라 행동하는 법을 배우는 동시에 자기결정 능력을 확장해 가며, 사회적 상호작용 속에서 점진적으로 자율성과 책임감을 기르게 된다(Erikson, 1963). 유아의 사회성은 타인과의 상호작용을 통해 발달하며, 가장 가까운 사람들과의 반복적이고 의미 있는 상호작용을 통해 점진적으로 형성·발달해 나간다. 유아가 속한 가족, 또래 집단, 그리고 유아교육기관의 교사는 사회성 발달에 있어 가장 직접적이고도 강력한 사회적 영향력을 행사하는 존재들이다.

특히 부모의 양육 태도 및 가족관계, 또래와의 상호작용, 교사와의 관계는 유아가 사회적 규범과 역할을 습득하고 자기조절 및 공감 능력을 발달시키는 핵심 통로이다. 부모의 일관된 양육 태도는 안정된 애착을 형성하게 하고, 또래와의 놀이 경험은 상호 존중과 협력의 기술을 익히는 장이 되며, 교사와의 따뜻한 관계는 유아의 사회적 자신감을 북돋워 준다.

본 장에서는 유아의 사회성 발달에 핵심적인 영향을 미치는 부모, 또래, 교사와의 관계를 중심으로 사회적 요인의 개념과 특성을 살펴보고, 유아교육 현장에서 유아의 건강한 사회성 발달을 지원하기 위한 실천적 시사점을 모색하고자 한다.

1 부모의 양육 태도 및 가족관계

사회화(socialization)는 개인이 자신이 속한 사회의 가치, 규범, 행동양식을 습득하며 사회의 일원으로 성장해 가는 평생의 과정이다(Berger, 2015). 특히 유아기에는 인지적·정서적 발달이 급속히 진행되므로, 사회화의 기초가 형성되는 중요한 시기로 간주된다(Berk, 2013). 이 시기의 사회화는 주로 가족, 또래, 교사 등 가까운 사회적 환경을 통해 이루어지며, 일상 속에서의 반복적 경험을 통해 유아는 사회적 규칙을 배우고 내면화하게 된다.

유아는 사회의 일원이 되기 전, 가장 먼저 가족이라는 작은 공동체 속에서 타인과 관계 맺는 방법을 배우기 시작한다. 부모와의 정서적 교류, 가족 구성원 간의 상호작용, 일상 속에서 주고받는 말과 행동은 유아가 자신과 타인을 어떻게 이해하고 받아들일지 결정하는 첫 번째 사회화의 장이 된다.

1) 부모의 양육 태도와 사회성 발달 관계

양육 태도(parenting style)란 부모가 자녀를 양육하는 과정에서 일관되게 나타내는 감정적 분위기와 행동 양식을 의미한다. 이는 자녀에 대한 기대, 통제 방식, 애정 표현, 훈육 전략 등에 나타나며, 자녀의 성격, 자아존중감, 사회성, 정서 발달에 깊은 영향을 미친다.

바움린드(Baumrind, 1967)는 양육 태도를 "부모가 자녀에게 나타내는 행동 패턴의 일관된 집합으로, 자녀의 사회적, 정서적, 도덕적 발달을 형성하는 데 영향을 미치는 부모의 반응성과 통제의 정도를 기준으로 분류할 수 있다"고 정의하였다. 가족은 유아가 처음 접하는 사회적 환경으로, 애착 관계와 양육 태도는 유아의 정서 안정과 사회성 발달에 결정적인 영향을 미친다(Bowlby, 1982).

특히 부모의 양육 태도는 유아의 정서적 안정, 신뢰감, 자기조절력의 기초를 형성하며, 이는 또래 관계나 교사와의 상호작용으로 확장되는 사회적 경험의 질에 직접적인 영향을 미친다. 권위 있는 양육은 유아가 타인을 존중하고 자신 있게 의견을 표현할 수 있는 기반이 되며, 반대로 일관성 없는 양육이나 정서적 방임은 유아가 사회적 상황에서 위축되거나 과도하게 반응하도록 만들 수 있다. 가족 내의 관계 또한 중요하다. 부모-자녀 간의 상호작용, 형제자매와의 경험, 정서적 분위기 등은 유아가 사회적 규범과 역할, 감정 표현의 방식을 학습하는 실제적 장면이 된다. 이처럼 유아의 사회화는 가족이라는 울타리 안에서 시작되어, 점차 더 넓은 사회로 확장되어 나간다.

유아는 처음으로 사회적 관계를 형성하는 대상이자 애착의 중심이 되는 부모와의 상호작용을 통해 자신과 타인에 대한 기본적인 신념, 정서 조절 방식, 행동의 규범 등을 습득하게 된다. 이때 부모의 양육 태도는 유아의 사회화 과정에 핵심적인 틀을 제공한다.

바움린드는 부모의 애정과 통제의 차원에서 권위 있는 양육 태도, 독재적인 양육 태도, 허용적인 양육 태도, 무관심한 양육 태도의 4가지 유형으로 구분하였다.

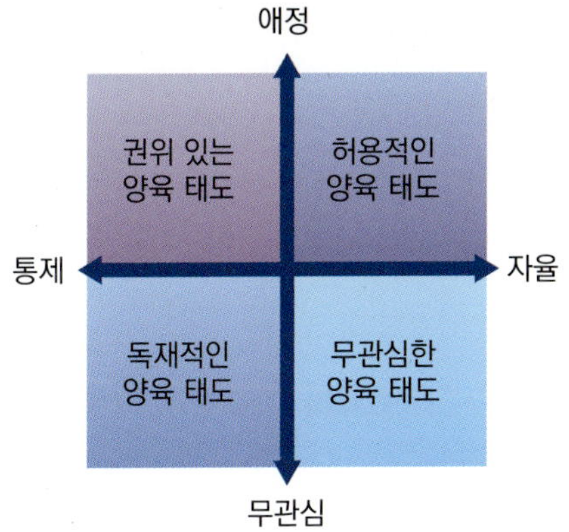

그림 6-1 바움린드(Baumrind)가 분류한 부모의 양육 태도

권위 있는 양육 태도는 자녀에게 애정이 크고 온정적일 뿐 아니라 적절한 통제적인 태도를 취한다. 4가지의 유형 중 가장 바람직한 양육 태도로 유아의 양육에 있어 규칙이 있으며 일관성 있는 태도를 보인다. 이 유형의 부모는 잘못된 행동은 엄격히 통제하지만, 유아의 입장을 이해하고 존중하며 애정적이고 반응적인 태도를 취하기 때문에 합리적인 의사결정이 이루어지도록 노력한다. 독립적이며 사회적으로 유능하고 자기조절을 적절히 할 수 있는 성인으로 성장할 수 있도록 해 준다.

독재적인 양육 태도는 자녀에 대한 애정이 낮아 무관심하며 자녀의 의견을 수용하지 않고 통제적인 태도를 취한다. 이 유형의 부모는 명령적이고 지시적인 경향이 있으며, 자녀가 복종하지 않으면 체벌이나 강압적인 태도를 보이기 쉽다. 무조건적인 복종을 강요받으며 자란 유아들은 복종적이다 보니 타인에 대한 의존이 크고 타인과의 적절한 관계를 맺는 데에 어려움을 느낀다. 또한 대인관계 능력이 부족하게 되어 사회성 발달이 낮다.

허용적인 양육 태도는 대체적으로 애정적이며 수용적이지만 부모가 지나치게 유아의 자율성을 존중해 주어 유아에 대한 적절한 통제가 거의 없다. 따라서 유아들은 사회적으로 지켜야 하는 규범과 예절에 대한 책임에 대한 개념이 형성되지 않아 규칙을 준수한다거나 책임과 역할을 수행하는 것에 어려움을 느낀다. 참을성이 없고 학교와 같은 공동체 생활에 적응하는 데 어려워하기도 한다.

무관심한 양육 태도는 자녀에 대한 애정이 없고 무관심하며 자녀의 요구에 대한 수용도가 낮다. 자녀에 대한 통제가 거의 없으며 자녀의 행동에 대한 칭찬이나 벌과 같은 반응도 없다. 이러한 부모의 양육 태도는 유아의 모든 발달 영역에 부정적인 영향을 주며, 학업 능력이 떨어지고 부정적인 자아개념을 형성하게 한다. 이 유형에 의해 양육된 유아들은 공격적, 적대적, 반항적이 된다. 또한 타인과 세상에 대한 불신이 높으며 유아기 이후 일탈 행동과 반사회적 행동을 하기도 한다(하수연 외, 2019).

바움린드의 양육 태도와 유아의 사회화와의 관련은 다음과 같이 제시할 수 있다.

표 6-1 부모의 양육 태도와 사회성 관련

양육 태도	특징	사회성과의 관련성
권위 있는 양육 태도	•높은 통제 + 높은 반응성 •따뜻하고 애정이 많으면서도 일관된 규칙과 기대를 제시 •자녀의 의견을 경청하고, 합리적인 설명을 동반한 훈육 제공	•유아는 안정된 애착을 형성하고, 자기조절력과 공감 능력이 높음 •또래와 협동, 갈등 해결에 능숙하고, 교사와의 긍정적 관계도 잘 유지함 •전반적으로 사회적 유능성과 자율성, 정서적 안정감이 높음
독재적인 양육 태도	•높은 통제 + 낮은 반응성 •엄격한 규칙 강조, 복종 요구, 자녀의 감정이나 욕구 표현에 무관심 •체벌이나 비난을 동반하는 훈육 방식	•유아는 위축되거나 반대로 반항적이며 공격적 행동을 보이기 쉬움 •타인과의 상호작용에서 수동적이거나 불신적 태도를 보일 수 있음 •사회적 유능성 부족, 불안, 낮은 자아존중감 등의 위험 존재
허용적인 양육 태도	•낮은 통제 + 높은 반응성 •자녀의 요구에 관대하고 거의 제한을 두지 않음 •규칙을 설정하지 않거나 일관성 없는 양육	•유아는 충동적이고 자기중심적인 행동을 보이기 쉬움 •또래와의 관계에서 규칙 준수나 자기조절이 어려워 갈등 빈도가 높아짐 •규범 이해 부족, 인내력 부족, 부적응 행동 가능성 존재
무관심한 양육 태도	•낮은 통제 + 낮은 반응성 •자녀에게 무관심하거나 정서적·신체적으로 방임함 •지지와 감독 모두 결여	•유아는 애착 형성에 어려움을 겪고, 정서적으로 불안정할 수 있음 •사회적 상호작용에 소극적이며, 자아존중감 저하 •고립, 반사회적 행동 가능성 존재

2) 가족관계와 유아의 사회적 행동 형성

“인간은 사회적 동물이다(Man is a social animal).”라는 아리스토텔레스(Aristotle)의 말처럼 인간은 출생과 더불어 자신을 둘러싼 인간관계 속에서 살아가게 된다. 인간은 인적·물적 환경과의 상호작용을 통해 주위 세계에 적응하며 사회에서 요구하는 건전한 사회 구성원으로 성장해야 한다. 나아가 자신의 잠재력을 최대한 발전시켜 나가야 한다. 그러나 현대사회의 빠른 변화와 복잡한 생활 장면, 저출산, 외동아, 핵가족화, 여성 취업률의 증가, 양육자 부재 현상, 한부모가족, 조손가족 등 가족 구조의 변화라는 가정교육 기능의 약화는 유아의 사회화에도 걸림돌이 되고 있다. 이에 생의 초기인 유아기부터 자신과 타인을 존중하며, 사회적 요구에 기초한 기본 개념과 가치관, 사회적 지식과 기술을 형성할 수 있도록 도와 건전한 사회의 일원으로 성장·발달할 수 있도록 지원할 필요가 있다(하수연 외, 2018).

가족관계는 유아가 세상과 관계를 맺는 첫 출발점이며, 애착의 형성과 사회적 기술, 정서 조절, 자기 이해의 발달에 결정적 영향을 미친다. 즉, 유아의 사회적 행동은 가족 내 상호작용을 통해 점진적으로 형성되고 조절된다(Dunn, 1988). 가족관계에서 유아의 사회적 행동 형성에 영향을 미치는 요인은 다음과 같다.

첫째, 부모-자녀 관계이다. 부모는 유아의 사회화 과정에서 가장 중요한 정서적 지지자이자 모델이다. 부모가 따뜻하고 민감하며 일관된 양육 태도를 보일 때, 유아는 자신이 사랑받고 존중받는 존재임을 느끼며 기초적인 신뢰감과 안정감을 형성하게 된다(Erikson, 1963). 이러한 정서적 안정은 타인과의 긍정적 관계 형성으로 이어지며, 공감 능력, 협동, 자기 통제력 등 다양한 사회적 기술의 습득을 촉진한다. 반면, 냉담하거나 통제적인 양육 태도는 유아에게 불안정한 애착과 부정적인 자기 개념을 형성하게 하고, 타인과의 관계에서 위축, 공격성, 반항 등의 문제행동을 유발할 수 있다(Baumrind, 1971). 또한 부모의 정서 상태(예: 우울, 스트레스) 역시 유아의 사회적 적응과 직결된다.

둘째, 가족 내 상호작용이다. 형제자매와의 상호작용은 유아가 갈등 해결, 협력, 양보 등의 기술을 반복적으로 경험하며 연습할 수 있는 자연스러운 사회적 장이다(Dunn & Kendrick, 1982). 형제간의 일상적인 놀이, 다툼, 협동 과정은 또래 관계의 예행연습으로 기능하며, 유아는 이 안에서 자신의 감정을 조절하고 상대방의 입장을 이해하는 법을 배운다. 또한 부부 관계의 질, 가족 구성원 간의 소통 방식, 공동 활동의 빈도와 질 등도 유아의 사회적 행동 형성에 영향을 미친다. 예를 들어, 부모 간의 갈등이 잦거나 해결되지 않고 지속될 경우, 유아는 정서적 불안을 경험하며 사회적 관계에서도 불신과 회피적 태도를 보일 수 있다(Cummings & Davies, 1994).

셋째, 가족 구조의 변화이다. 오늘날 가족 구조는 핵가족화, 맞벌이 부부의 증가, 조손가족, 한부모가족 등으로 다양화되고 있다. 이러한 변화는 가정 내 상호작용의 양과 질에 영향을 미치며, 유아의 사회성 발달에 새로운 과제를 던진다. 예컨대, 부모의 부재 시간 증가로 인해 정서적 돌봄 부족, 양육 일관성의 결여 등이 발생할 수 있으며, 이는 유아가 또래 및 성인과의 관계를 형성하는 데 있어 부정적 영향을 줄 수 있다. 하지만 반대로 다양한 가족 구조 안에서도 안정적이고 지지적인 정서 환경이 제공된다면, 유아는 충분히 건강한 사회적 행동과 정체성을 발달시킬 수 있다. 중요한 것은 가족의 형태가 아니라, 가족 내에서 유아가 경험하는 관계의 질이다.

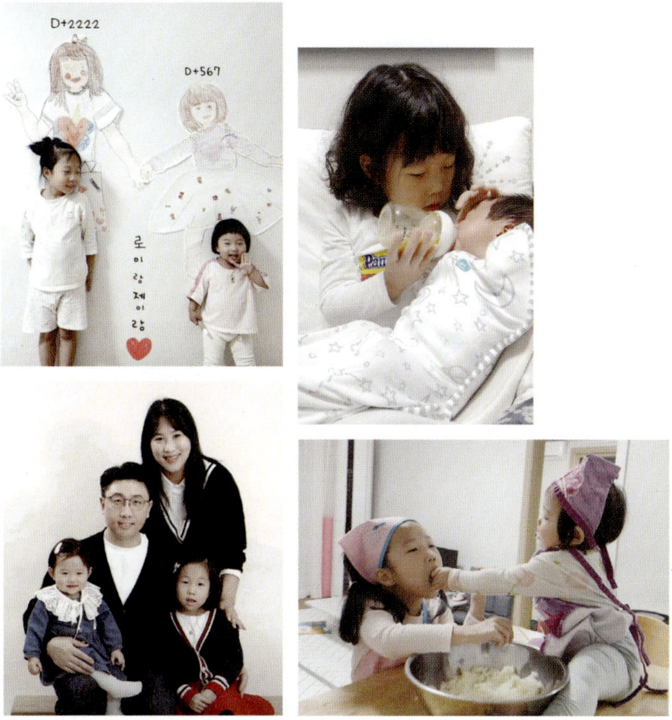

가족관계

한편, 형제자매 관계와 출생 순서도 사회적 행동과 성격 형성에 커다란 영향을 미친다. 형제자매는 유아에게 협동, 갈등 조절, 양보, 경쟁 등 다양한 사회적 경험을 제공하는 최초의 또래 집단이며, 출생 순서는 각 유아가 가족 내에서 경험하는 역할과 기대에 차이를 만들어낸다(Sulloway, 1996). 형제자매 관계와 출생 순서가 유아 사회성에 미치는 영향은 대체로 다음과 같다.

① 첫째아(firstborn)

첫째아는 부모의 독점적 관심을 먼저 경험하며, 부모의 기대와 규범에 따라 비교적 책임감 있고 리더십을 발휘하는 경향이 있다. 이들은 대체로 성취지향적이며, 타인의 인정을 중요하게 여기며, 성인과의 관계에서 사회성이 발달되는 특성이 있다. 그러나 동생의 출현 이후에는 경쟁이나 질투심으로 인한 사회적 위축을 경험할 수도 있다(Rohrer et al., 2015).

② 둘째아 및 중간자(middle-born)

중간 자녀는 형과 동생 사이에서 중재자 역할을 하며, 타협과 협상을 통해 사회성을 발달시킬 기회를 가진다. 형제자매 간의 갈등을 조정하고 다양한 시각을 받아들이는 경험을 통해 융통성과 공감 능력, 사회적 유연성이 비교적 높게 나타난다.

③ 막내아(last-born)

막내는 가족 내에서 상대적으로 자유롭고 유쾌한 분위기에서 성장하는 경향이 있다. 부모와 형제들의 보호를 받으며, 친사회적 행동과 의존성이 공존할 수 있다. 막내는 사교성과 표현력이 뛰어난 경우가 많지만, 때로는 책임 회피적 행동이나 감정 조절의 어려움을 보일 수 있다.

④ 외동아(only child)

외동아는 형제자매 간의 상호작용을 경험하지 않기 때문에, 초기 사회성 발달에서는 또래와의 갈등 조절이나 협력에서 다소 사회적 연습 기회가 부족할 수 있다. 그러나 충분한 부모의 지지와 다양한 사회적 환경 경험(예: 유치원, 놀이모임 등)이 제공된다면, 외동아 역시 높은 사회적 유능성과 자율성을 형성할 수 있다(Falbo & Polit, 1986).

3) 유아 사회성 발달을 위한 교사의 가정 지원 전략

교사는 유아의 전인적 성장을 위해 가정과의 협력적 관계를 구축하고, 부모가 일상에서 자녀의 사회적 기술과 정서 역량을 자연스럽게 기를 수 있도록 지원할 필요가 있다. 가정과 연계한 사회성 교육 전략을 중심으로, 부모-유아 간 상호작용을 촉진할 수 있는 구체적인 대화 예시 10가지를 제시하면 다음과 같다.

① 감정 명명 활동 안내

유아가 자신의 감정을 인식하고 표현할 수 있도록 돕는 '감정 명명 활동'을 안내한다. 교사는 부모에게 감정 단어 그림 카드, 감정 일기장 등의 활용 방법을 알려주고, 일상에서 자녀가 자신의 감정을 말로 표현하도록 도울 수 있도록 한다.

- "엄마(아빠)는 지금 기분이 ○○야."
- "속상할 땐 어떻게 말하면 좋을까?"

② 공감 대화법 안내

유아의 감정에 민감하게 반응하고 공감할 수 있도록 '공감 대화법'을 부모에게 지도한다. 교사는 유아의 말과 표정에 반응하는 방법, 공감적 언어 사용의 중요성을 사례를 통해 부모에게 안내할 수 있다.

- "그럴 땐 엄마도 힘들었어."
- "그랬구나, 속상했겠다. 네 마음 이해돼."

③ 가정 내 역할놀이 권장

가정에서도 사회적 기술을 자연스럽게 익힐 수 있도록 '역할놀이 활동'을 권장한다. 부모는 인형이나 장난감을 활용해 상황극을 하면서 유아가 바람직한 표현과 행동을 익히게 할 수 있다.

- "우리 인형이 친구를 도와줬어~ 너는 뭐라고 말해 줄래?
- "네가 선생님이라면 뭐라고 할까?"

④ 갈등 해결 대화법 안내

갈등 상황에서 문제를 평화롭게 해결할 수 있도록 I-메시지 전달법 등으로 표현하고 조율할 수 있도록 안내한다.

- "친구가 장난감을 안 줬다면 뭐라고 말할 수 있을까?"
- "그럴 땐 '○○하게 해 줄래?'라고 말해 볼까?"

⑤ '칭찬 저금통' 활동 안내

유아가 긍정적 행동을 했을 때 이를 강화할 수 있도록 '칭찬 저금통'이나 '좋은 말 카드' 활동을 안내한다. 교사는 부모가 자녀의 친절, 배려, 인내 등 사회적 행동을 인식하고 구체적으로 칭찬할 수 있도록 독려한다.

- "동생 도와줘서 고마워~ 동전 하나 넣자!"
- "고마운 말을 했을 때 엄마가 참 기뻤어."

⑥ 사회적 이야기 공유 자료 제공

교사는 사회적 이야기나 그림책을 통해 유아가 사회적 규칙이나 공감 행동을 배우도록 돕는 자료를 소개한다. 부모가 함께 그림책을 읽으며 질문하고 대화하는 시간을 가지도록 안내한다.

- "이 책에 나오는 친구처럼 너도 기다려 봤어?
- "너는 이런 상황에서 어떻게 할까?"

⑦ 감정 온도계 만들기 안내

유아의 감정을 시각적으로 표현하며 조절력을 기르기 위한 '감정 온도계' 만들기를 제안한다. 교사는 감정의 세기를 시각화하여 아이가 자신을 인식하고 진정시키는 방법을 안내한다.

- "지금 기분이 몇 도쯤 될까?"
- "슬픈 기분은 어디일까?"

⑧ 사회적 규칙 놀이 안내

가정 내에서의 '사회적 규칙 놀이'를 통해 유아가 규칙과 질서, 협동의 중요성을 이해할 수 있도록 돕는다. 보드게임, 주사위 놀이, 가족 약속 정하기 등을 활용할 수 있다.

- "우리 오늘 가족 규칙 만들자!"
- "규칙을 지키면 어떤 기분이 들어?"

⑨ 가정 내 긍정적 모델링 강조

부모 스스로가 모범이 되는 '긍정적 모델링'의 중요성을 강조한다. 교사는 부모가 일상에서 감정을 조절하고 사회적으로 바람직한 표현을 실천하도록 유도한다.

- "엄마도 약속 지키려고 노력하고 있어."
- "아빠도 오늘 친구에게 고마운 말 했어."

⑩ 감정 (그림)일기 쓰기 연계

유아가 자신의 감정을 글이나 그림으로 표현해 보는 '감정 일기'를 제안한다. 이는 정서적 자기표현과 성찰을 기르는 데 효과적이다.

- "오늘 가장 기뻤던 순간은?"
- "내일은 어떤 하루가 되면 좋겠어?"

2 또래와의 상호작용

유아는 가족 안에서 최초의 사회적 관계를 경험하지만, 또래와의 상호작용을 통해 비로소 사회 구성원으로서의 자아를 확장해 나간다. 또래는 유아에게 교사나 부모와는 다른 '수평적 관계' 속에서의 상호작용을 제공하며, 협동과 경쟁, 갈등과 조정, 배려와 책임 같은 복합적인 사회적 기술을 실제로 적용해 볼 수 있는 장이 된다.

유아는 또래와의 놀이를 통해 자신의 생각을 표현하고, 타인의 감정을 인식하며, 사회적 규칙과 역할을 자연스럽게 익혀 간다. 특히 놀이 중심의 또래 관계는 유아가 자율적으로 관계를 선택하고 유지하는 능력을 기르는 데 중요한 기반이 되며, 이 과정에서 유아의 자기조절력, 공감 능력, 사회적 문제해결력이 함께 성장하게 된다. 반대로, 또래 상호작용에서 지속적으로 부정적인 경험을 하는 유아는 사회적 위축이나 공격성, 낮은 자아존중감으로 이어질 수 있다. 따라서 유아가 건강한 또래 관계를 형성하고 유지할 수 있도록 하는 교육적 환경과 교사의 개입은 유아 사회화의 핵심 과제이다.

1) 유아기 또래 관계의 의의와 특징

또래는 유아가 자기중심성에서 벗어나 타인의 관점을 인식하고 협동, 경쟁, 타협 등 복잡한 사회적 기술을 습득하게 해 주는 중요한 사회화의 장이다. 또래와의 갈등 해결, 협력 놀이, 규칙 게임 등은 사회적 규범 내면화에 직접적으로 기여한다(Dunn, 2004). 유아기 또래 관계는 단순한 놀이의 상대를 넘어서 사회성, 정서 조절, 자기 개념 등 전반적인 발달에 영향을 미치는 중요한 사회적 경험의 장이다. 유아는 또래와의 상호작용 속에서 양보, 협동, 갈등 해결, 공감 등 사회적 기술을 체득하게 되며, 이를 통해 타인을 이해하고 사회적 규범을 내면화하게 된다(Selman, 1980). 또래 관계는 부모나 교사와는 다른 수평적 관계로, 상호적인 요구 조절과 감정 교류의 기회를 제공한다는 점에서 독자적인 교육적 의의가 있다(Beran & Tutty, 2002). 즉, 유아는 또래와의 놀이를 통해 타협, 경쟁, 리더십, 역할 분담 등을 자연스럽게 경험하게 되며, 이는 향후 사회생활의 기반이 된다.

또래

유아기에는 사회적 관심과 상호작용 욕구가 급증하며, 또래 관계의 양과 질이 빠르게 변화한다. 유아기 또래 관계의 주요 특징은 다음과 같다.

첫째, 선호도 기반의 선택적 관계가 형성된다. 3세 이후부터 유아는 특정 친구를 더 자주 찾고, '좋아하는 친구' 개념을 인식하기 시작한다. 이러한 선택적 유대는 안정적인 애착과 사회적 소속감을 강화한다.

둘째, 역할놀이를 통해 사회 규칙을 습득한다. 유아는 또래와의 협동적 역할놀이를 통해 사회적 역할을 모방하고, 규칙, 질서, 역할 분담의 개념을 실생활처럼 경험하게 된다(Schaffer, 1996).

셋째, 갈등 경험과 해결 능력의 발달이 이루어진다. 또래와의 갈등 상황은 유아에게 감정 조절과 문제 해결 전략을 직접 실습하는 기회를 제공한다. 교사의 적절한 중재를 통해 이러한 갈등은 중요한 학습의 장이 될 수 있다.

넷째, 또래의 영향력이 확대된다. 유아기는 교사나 부모 중심에서 점차 또래의 평가와 반응에 민감해지는 시기로, 사회적 비교와 자기 인식의 기반이 확장된다(Grusec & Lytton, 1988).

2) 또래 상호작용이 유아 사회성에 미치는 영향

유아는 또래와의 상호작용을 통해 의사소통, 협동, 갈등 해결, 규칙 준수 등 사회적 행동의 기본 양식을 학습하게 된다(Howes, 1987). 특히 또래 간의 자발적 놀이 상황에서 유아는 타인의 관점과 욕구를 고려하고, 자신의 행동을 조절하며, 타협하고 협력하는 방식을 익히게 된다. 이러한 경험은 유아가 타인과 긍정적 관계를 유지하는 데 필요한 능력, 즉 사회적 유능성(social competence)을 기르는 데 중요한 역할을 한다(Rubin et al., 2006). 유아기 또래 상호작용은 사회성 발달을 촉진하는 핵심 경험 중 하나로, 사회적 기술, 감정 조절, 공감 능력, 자기 이해와 같은 사회성의 다양한 측면에 긍정적 영향을 미친다.

유아에게 있어 또래는 사회적인 모델로 기능하며 사회적 강화의 원천이 되기도 하지만, 반대로 또래와 효과적인 관계를 형성하는 데 실패하는 경우 다양한 사회적·정서적 부적응을 예측하는 위험 요인으로 작용하기도 한다(Parker & Asher, 1993: 정지나·김경희, 2015 재인용). 따라서 또래와의 질 높은 상호작용은 단순한 놀이를 넘어 유아 사회성의 기초를 형성하는 결정적 기회가 된다.

① 또래 수용(peer acceptance)의 영향

또래 집단에서 수용적 경험을 한 유아는 긍정적인 자기 인식을 강화하게 되며, 이는 정서적 안정과 사회적 자신감으로 이어진다. 수용받는 경험은 유아가 자신이 타인에게 의미 있는 존재라는 느낌을 갖게 하며, 사회적 소속감과 자아존중감의 기초가 된다(Coie et al., 1990). 또래와의 수용적이고 긍정적인 상호작용을 통해 유아는 자신이 소속되어 있다는 감각과 타인에게 의미 있는 존재라는 인식을 강화하게 되며, 이는 정서적 안정감으로 연결된다(Ladd, 1990).

② 또래 배척(peer rejection)의 영향

또래에게 반복적으로 거절되거나 배척된 경험은 유아의 정서와 행동 발달에 부정적 영향을 미칠 수 있다. 유아는 자신이 받아들여지지 않는다는 경험을 반복하며 자기효능감과 자아존중감을 약화하고, 점차 사회적 위축(social withdrawal), 회피 행동, 또는 공격성 증가와 같은 부적응 행동을 보일 수 있다(Rubin et al., 2006). 특히 또래로부터의 거절은 유아에게 '나는 환영받지 못하는 사람'이라는 부정적인 자기 인식을 형성하게 하며, 이는 이후의 또래 관계에도 지속적인 영향을 줄 수 있다.

3) 또래 상호작용을 촉진하기 위한 교육적 지원

유아는 또래와의 상호작용을 통해 사회적 기술을 연습하고, 타인의 감정을 이해하며, 협동과 갈등 해결을 배워 간다. 이러한 상호작용은 유아의 사회성 발달뿐만 아니라 정서적 안정, 자아존중감 형성, 사회적 규범 습득 등 전인적 성장에 필수적인 기반이 된다. 그러나 모든 유아가 자연스럽고 긍정적인 또래 관계를 맺는 것은 아니다. 일부 유아는 낯가림, 언어 지연, 정서 조절의 어려움 등으로 또래와의 관계 형성에 어려움을 겪기도 하며, 이로 인해 고립감이나 사회적 위축을 경험할 수 있다.

이에 따라 교사와 유아교육기관은 유아가 또래와의 관계에서 즐거움과 만족을 경험할 수 있도록 교육적으로 의도된 환경과 전략을 마련해야 한다. 교사의 민감한 개입과 정서적 지원, 놀이를 통한 협동 경험 제공, 또래 간 상호작용을 유도하는 교육 활동 설계 등은 유아의 사회적 유능성과 대인관계 능력 향상에 긍정적으로 작용한다. 또래 상호작용을 촉진하기 위한 교사의 교육적 지원 10가지와 교사가 활용할 수 있는 발문 예시를 함께 제시하면 다음과 같다.

① 관계 연결자

낯선 유아들 사이를 중재하며 자연스럽게 관계를 맺도록 돕는다. 소그룹 활동 시 또래 간 협동이 유도되는 구조를 설계한다.

- "○○랑 같이 이 블록 놀이 해 볼까?"
- "○○는 네가 만든 그림 어때 보인대?"

② 또래 놀이 촉진자

놀이에 소외된 유아를 관찰하고 자연스럽게 참여할 수 있도록 역할을 부여하거나 상황을 제시한다.

- "이 놀이에 ○○가 어떤 역할로 들어오면 좋을까?"
- "○○가 지금 우리랑 같이 하면 더 재미있을 것 같아. 뭐 하고 싶니?"

③ 갈등 조정자

또래 간 다툼이 발생했을 때 감정을 언어화하고, 공정한 규칙과 대화를 통해 해결하도록 유도한다.

- "○○는 왜 속상했을까?"
- "이럴 땐 어떻게 하면 둘 다 기분이 좋아질 수 있을까?"

④ 공감 촉진자

유아가 타인의 감정을 이해할 수 있도록 맥락을 설명하고, 감정 이입할 기회를 제공한다.

- "네가 그런 말을 들으면 기분이 어떨까?"
- "○○가 속상한 걸 알았을 때 너는 어떻게 도와줄 수 있을까?"

⑤ 협동 유도자

공동 목표가 있는 과제를 제공하여 유아들이 자연스럽게 협력하고 소통하도록 한다.

- "이 퍼즐을 같이 맞추려면 어떻게 역할을 나눌 수 있을까?"
- "혼자 하기 어려운 걸 함께 하면 어떤 기분이 들어?"

⑥ 언어 모델 제공자

갈등이나 감정 표현을 위한 적절한 언어를 반복적으로 제공하며, 유아가 상황에 맞게 사용하도록 격려한다.

- "이럴 땐 어떻게 말해 보면 좋을까? 'OO아, 나도 하고 싶어.' 처럼?"
- "도와달라고 말해 볼까?"

⑦ 긍정적 행동 강화자

또래와의 긍정적인 상호작용이 보일 때 즉각적으로 언어로 강화하고 모델링한다.

- "지금 OO가 친구에게 기다려 줬네! 멋졌어."
- "친구한테 '고마워'라고 한 거, 들었어? 나의 마음이 따뜻해졌어."

⑧ 역할 놀이 유도자

다양한 사회적 역할을 수행할 수 있는 역할놀이 상황을 제공하고, 상황에 따라 또래와 협상하도록 돕는다.

- "너는 어떤 역할을 맡고 싶어?"
- "어떤 이야기를 만들어 볼까, 함께 생각해 볼까?"

⑨ 상호작용 관찰자 및 중재자

유아들 간 상호작용의 질을 세심하게 관찰하고, 어려움이 있는 유아에게는 적절한 순간에 개입한다.

- "OO가 친구들한테 이야기하려고 했던 것 같아. 들어 볼까?"
- "지금 OO가 조용해졌네, 무슨 일이 있었을까?"

⑩ 감정 언어화 지원자

유아가 감정을 행동으로 표현하지 않고 말로 표현할 수 있도록 도와준다.

- "속상했구나. 그 마음을 어떻게 말해 보면 좋을까?"
- "친구에게 너의 기분을 어떻게 전할 수 있을까?"

3 교사와의 관계

유아는 유아교육기관에서 성인과 또래를 만난다. 특히 유아교육기관에서의 교사-유아 관계의 질은 초기 사회화에 있어 핵심적 역할을 한다. 교사와의 관계가 안정적이고 긍정적이면 유아는 사회적 상호작용에서 자신감을 얻고 공감이나 협력 같은 사회성을 발달시키지만, 불안정하고 갈등적 관계에서는 사회적 어려움과 부정적 행동이 촉발될 수 있다. 그러므로 유아의 사회적 발달을 이해할 때 교사-유아 관계의 질은 중요한 변인으로 간주된다. 나아가 유아기 초기에 형성된 교사와의 관계의 질은 초등학교 이후의 학업 성취와 사회적 적응에까지 장기적인 영향력을 미치는 중요한 변인이 된다(Hamre & Pianta, 2001).

이처럼 교사와의 안정적 관계를 통해 유아는 새로운 사회적 환경에서도 정서적 안정을 느끼고, 놀이와 상호작용에 적극적으로 참여할 수 있게 된다. 교사와의 긍정적 관계 형성은 유아기 사회화의 발달 및 교육적 토대가 되어, 이후 사회생활의 적응력에 영향을 미치게 된다.

1) 유아-교사 관계의 중요성

교사는 유아에게 어머니의 역할을 대행하는 제2의 양육자이자 유아가 주변 환경을 적극적으로 탐색할 수 있게 해 주는 안전기지의 역할을 한다(DeMuller et al., 2000: 정지나·김경희, 2015 재인용). 교사는 유아교육기관 내에서 사회화의 중요한 매개자가 된다. 교사는 단순한 지식 전달자일 뿐만 아니라 정서적 지지자이자 사회적 모델로서 유아의 사회적 행동을 촉진하거나 억제하는 역할을 한다(Hyson, 2004).

유아와 교사 간의 관계는 단순한 교수-학습의 틀을 넘어서, 유아의 정서적 안정과 사회적 성장, 전반적인 발달에 지대한 영향을 미치는 심리사회적 기초이다. 특히 유아는 가족 이외의 중요한 성인으로서 교사와의 상호작용을 통해 애착 형성, 자기조절 능력, 사회적 유능성 등을 발달시켜 간다. 버치와 래드(Birch & Ladd, 1997)는 교사와의 긍정적 관계는 유아의 학교 적응과 사회적 기술 습득에 긍정적인 영향을 미치며, 부정적 관계는 위축, 불안, 공격성과 같은 문제행동의 위험 요인이 될 수 있다고 했다. 볼비(Bowlby, 1982)의 애착 이론에 따르면, 안정된 애착 대상은 유아가 외부 세계를 탐색하고 타인과 관계 맺는 데 필요한 정서적 안전기지(safe base)를 제공하며, 이는 교사와의 관계에도 적용된다. 즉, 교사는 유아가 세상에 대한 신뢰감, 자신의 감정과 행동에 대한 조절력, 또래와의 긍정적 상호작용을 학습할 수 있도록 하는 정서적 중재자이자, 사회화의 안내자 역할을 한다.

유아-교사 관계는 단순한 교육적 관계를 넘어서, 유아가 타인과의 관계를 형성하고 신뢰를 배우는 사회화의 첫 장으로 작용한다(Pianta, 1999). 이 관계를 안정적으로 형성하고 발전시키기 위해서는 다음과 같은 교사의 노력이 필요하다.

① 교사의 수용적이고 민감한 태도

교사는 유아를 있는 그대로 받아들이고, 정서적으로 민감하게 반응하는 태도를 가져야 한다. 에인즈워스 등(Ainsworth et al., 1978)에 따르면, 정서적으로 민감하고 일관된 반응을 보이는 양육자는 안정 애착을 형성하게 하며, 이는 교사-유아 관계에도 그대로 적용된다. 교사가 유아의 정서와 행동 신호를 민감하게 인식하고 공감적으로 반응할 때, 유아는 교사를 신뢰할 수 있는 안전기지로 인식하게 되며, 심리적 안정감 속에서 자율성과 탐색 행동을 넓혀 간다.

예 유아가 실망하여 울 때, 교사가 "속상했구나. 어떤 일이 있었는지 말해 줄래?"라고 반응하는 것은 정서적 수용을 보여주는 대표적인 예이다.

② 일관된 규칙과 예측 가능한 반응

함르와 피안타(Hamre & Pianta, 2001)는 교사가 예측 가능하고 일관된 반응을 제공할 때 유아는 교사의 기대를 이해하고 이에 따라 행동하며 정서적 안정감을 갖는다고 강조하였다. 예측 가능한 교사의 반응은 유아로 하여금 통제 가능성과 안전감을 느끼게 하며, 이는 교사에 대한 신뢰 형성으로 이어진다.

예 매일 아침 등원 시, 일정한 인사와 일정한 일과 시작 절차를 유지하는 것은 유아에게 예측 가능성과 안정감을 제공한다.

③ 상호작용의 질과 감정적 조율

버치와 래드(Birch & Ladd, 1997)는 유아가 교사와 긍정적인 정서적 상호작용을 자주 경험할수록 학교생활에 더 잘 적응하고 사회적 유능성이 향상된다고 보고하였다. 교사는 유아의 말과 감정에 주의 깊게 귀 기울이고, 그에 맞는 언어적·비언어적 반응을 제공함으로써 정서적 조율(emotional attunement)을 이루어야 한다.

예 유아가 자랑스럽게 그림을 보여줄 때, "이건 정말 멋진 용이네! 어디가 제일 마음에 들었어?"라고 반응하는 것은 유아의 자율성과 감정을 존중하는 상호작용이다.

이와 같이 유아-교사 관계는 단기간에 형성되는 것이 아니라 교사의 민감한 태도, 예측 가능한 행동, 그리고 정서적으로 풍부한 상호작용이 누적되면서 점차 강화된다. 이러한 관계는 유아의 자아존중감, 자기조절력, 또래 관계 능력 등 사회성의 전반에 영향을 미치며, 교사는 이러한 관계 형성을 위한 핵심 매개자이다. 따라서 유아-교사 관계는 단순히 관리할 대상이 아니라, 유아의 전인적 성장을 이끄는 출발점이자 핵심 기반으로서 깊이 있게 이해하고 접근해야 한다.

2) 교사와의 상호작용이 유아 사회성에 미치는 영향

유아는 발달 초기부터 자신을 둘러싼 중요한 타인과의 관계를 통해 사회적 기술을 습득하고, 자아 개념을 형성하며, 정서적 안정감을 경험한다. 특히 교사는 유아가 하루 중 가장 많은 시간을 함께 보내는 성인 중 한 명으로, 유아의 사회성 발달에 중요한 사회적 촉진자(social facilitator) 역할을 수행한다. 교사와의 상호작용은 단순한 지시나 관리 차원을 넘어, 유아의 또래관계 형성, 감정 조절, 사회적 규칙 학습 등 사회적 행동 전반에 직접적인 영향을 미친다(Howes & Ritchie, 2002). 교사와의 상호작용이 유아 사회성에 미치는 영향은 다음과 같다.

첫째, 교사는 유아에게 정서적 안정감과 사회적 자신감의 기반을 제공한다. 유아는 교사로부터 따뜻하고 일관된 정서적 반응을 받을 때 심리적 안정감을 느끼며, 이러한 안정감은 타인과의 관계에서도 긍정적 행동으로 이어진다. 예를 들어, 교사가 유아의 감정을 민감하게 읽고 공감적으로 반응하면, 유아는 자신의 감정이 존중받는다는 경험을 통해 사회적 상황에서 보다 자발적이고 자신감 있게 상호작용할 수 있다(Hamre & Pianta, 2001).

둘째, 교사는 유아에게 사회적 기술을 학습하는 모델링 역할을 한다. 교사는 유아에게 바람직한 사회적 행동을 관찰하고 모방할 수 있는 중요한 모델이 된다. 교사가 갈등 상황에서 차분하게 대화로 문제를 해결하거나, 타인을 배려하는 언행을 보일 때, 유아는 이러한 행동을 내면화하게 된다. 이는 비고츠키의 사회문화적 발달 이론에서 강조하는 근접발달영역(ZPD) 안에서 성인과의 상호작용을 통한 학습의 대표적인 예라 할 수 있다(Vygotsky, 1978).

셋째, 교사는 유아에게 또래 관계의 질과 양에 간접적으로 영향을 줄 수 있다. 교사와 안정적 관계를 형성한 유아일수록 또래와의 갈등 상황에서 더 적절하게 감정을 조절하고 협력적인 태도를 보이는 경향이 있다(Birch & Ladd, 1997). 이는 교사와의 관계가 유아의 사회적 자기효능감(social self-efficacy)을 높이고, 사회적 기대를 이해하도록 도와준다는 점에서 의미가 크다.

넷째, 교사는 유아에게 사회규범 학습의 촉진자 역할을 한다. 교사는 유아가 사회적 규칙, 역할, 기대에 대해 이해하고 습득할 수 있도록 일상 속에서 반복적으로 지도한다. 예를 들어, 순서를 기다리는 것, 타인의 말을 경청하는 것, 자신의 감정을 적절히 표현하는 방법 등은 모두 교사의 상호작용 속에서 구체화된다. 이 과정은 유아가 사회 속에서 기능할 수 있는 능력을 길러주는 중요한 교육적 기회다(Denham et al., 2003).

이와 같이 교사와의 상호작용은 유아의 사회성 발달에 핵심적인 기반이자 촉진 요인으로 작용한다. 정서적 교감, 모델링, 사회규범 지도 등 교사의 다양한 상호작용 방식은 유아의 사회적 행동, 또래 관계, 자기조절력 향상에 직접적으로 기여한다. 따라서 유아교육 현장에서 교사는 단순한 지식 전달자가 아닌 '사회적 관계를 통한 학습'의 중심이 되는 정서적 안내자이며, 유아의 전인적 발달을 지원하는 핵심 인물로서의 책임을 인식해야 한다.

3) 유아-교사 관계를 통한 사회성 지원 전략

유아-교사 관계는 유아의 정서적 안정과 사회성 발달에 지대한 영향을 미친다. 교사는 단순한 지식 전달자가 아니라, 유아가 타인과 관계 맺는 방식을 배우는 사회화의 모델이자 정서적 지지자이다. 유아의 사회성은 교사와의 일상적인 상호작용 속에서 점차 형성된다.

교사의 민감한 반응, 따뜻한 언어, 상황에 맞는 지원은 유아가 안정감을 갖고 타인과의 관계를 확장해 나가는 데 결정적 역할을 한다. 특히 정서적 연결을 기반으로 한 관계 속에서 유아는 사회적 기술뿐 아니라 자신이 존중받는 존재임을 경험하게 되며, 이는 행복하고 건강한 사회적 삶의 밑거름이 된다. 유아기에는 타인의 반응을 통해 자아를 형성하고, 사회적 규범과 행동을 습득하므로, 교사의 민감하고 지속적인 상호작용은 사회적 기술의 습득과 긍정적 자아 형성에 핵심이라 할 수 있다. 유아-교사 관계를 통한 사회성 지원 전략 10가지와 교사가 활용할 수 있는 발문 예시를 함께 제시하면 다음과 같다.

① 감정 확인과 공감 제공

유아가 느끼는 감정을 말로 확인하고 공감함으로써 정서적 안전감을 형성한다.

- "그랬구나. 친구가 그 말을 해서 기분이 나빴겠어."
- "속상했구나. 선생님이 네 마음을 이해해."

② 긍정적 기대 전달하기

유아의 행동에 대해 긍정적인 기대를 표현하며, 사회적 행동의 모델을 세워 준다.

- "OO는 친구에게 양보도 잘하는 아이잖아. 오늘도 그렇게 해 볼까?"
- "선생님은 네가 친구랑 잘 지낼 수 있다고 믿어."

③ 사회적 행동에 대한 직접적인 모델링

갈등 상황이나 협력 장면에서 교사가 직접 사회적 기술을 시범 보인다.

- "선생님처럼 이렇게 말해 볼까? '미안해, 다시 같이 놀자.'"
- "선생님은 친구가 슬플 때 이렇게 말해 줘. '괜찮아, 내가 옆에 있어 줄게.'"

④ 문제 상황에서 중재 및 대화 유도

또래 간 갈등이나 부정적 행동 상황에서 중립적으로 개입하여 대화를 이끈다.

- "두 사람이 다 하고 싶은 마음이 있었구나. 어떻게 해결할 수 있을까?"
- "함께 할 수 있는 방법을 같이 생각해 보자."

⑤ 칭찬과 피드백을 통한 사회적 강화 제공

친구를 배려하거나 긍정적 사회 행동을 했을 때 즉각적으로 언어적 피드백을 준다.

- "방금 친구 도와줬구나! 정말 멋졌어."
- "같이 놀자고 말해 줘서 친구가 기뻤을 거야."

⑥ 의사소통 기술 촉진

자신의 감정이나 요구를 언어로 표현할 수 있도록 돕는다.

- "속상한 기분을 친구에게 어떻게 말하면 좋을까?"
- "지금은 어떤 말이 필요할까? 같이 말해 볼까?"

⑦ 자기조절 촉진 및 기다림 연습

순서를 기다리거나 분노를 조절하는 기회를 제공하고 격려한다.

- "지금 조금만 기다리면 ○○ 차례가 와. 같이 숫자 세어 볼까?"
- "기다려줘서 고마워. 참는 것도 멋진 일이야."

⑧ 관계 회복을 위한 다리 놓기

관계가 단절된 친구들 간에 중재 역할을 하며 화해의 기회를 마련해 준다.

- "다시 사이좋게 지내고 싶다면 어떻게 말할 수 있을까?"
- "친구가 사과하고 싶대. 네 마음은 어때?"

⑨ 집단 놀이 및 협동 활동 중 관계 촉진하기

소집단 놀이 상황에서 자연스럽게 유아 간 협동과 의사소통을 유도한다.

- "이 블록은 둘이 함께 쌓아 보면 어때?"
- "친구가 이쪽 도와줄 수 있어. 같이 해 보자."

⑩ 다양한 정서 어휘 제공과 감정 명명 돕기

유아가 감정을 섬세하게 표현할 수 있도록 다양한 어휘를 제공한다.

- "그건 기뻤던 거야, 아니면 뿌듯했을까?"
- "지금 감정이 어떤 색깔일까? 네 마음을 색으로 말해 볼까?"

Activity

유아와 교사 간의 안정적인 관계가 사회성 발달에 긍정적 영향을 준다면, 교사는 어떤 말투, 반응, 행동 등을 일상에서 실천해야 할까요? 예비 교사로서 자신을 성찰하고 개선안을 제시해 보세요.

부모가 부르는 호칭은 자녀의 미래를 결정한다

"○○아", "얘야", "이 녀석아", "너!", "왕자님", "공주님", "멋쟁이", "못난 놈" 등등 자녀는 부모로부터 이름뿐 아니라, 상황에 따라 다양한 호칭으로 불린다. 부모가 의도하여 호칭을 부를 경우도 있지만, 무심결에 부르는 경우가 많다. 자녀는 자신을 부르는 호칭을 들으면서 자신의 이미지를 하나씩 새기게 된다.

일상에서 부모는 자녀의 호칭에 크게 관심을 기울이지 않는 실수를 한다. 이름은 평생을 함께하는 개인의 존재가치이다. 아무리 시끄럽고 혼잡한 장소에서도 자신의 이름이 들리면 고개를 돌려 살핀다. 그만큼 이름은 자신의 존재를 상징하는 중요한 호칭이다.

이름의 의미를 긍정적이고 발전지향적으로 해석하여 인식하는 것은 자기충족적 예언(self-fulfilling prophecy)이 되어, 자신의 발전에 큰 영향을 미친다. 고대 그리스의 알렉산더 대왕(Alexander the Great), '알렉산더'는 그리스어로 '인류를 보호하는 자'라는 의미라고 한다. 그래서 자신이 정복한 지역들에 헬레니즘 문화를 전파하며 세계를 보호하였는지 모른다. 고전 경제학의 기초를 정립한 『국부론』의 저자 애덤 스미스(Adam Smith), '애덤(Adam)'은 '인류의 첫 번째 사람'이라는 의미라고 한다. 그래서 경제학의 창시자로 평가받고 있는지 모른다.

부모는 자녀에게 이름 외에 다른 호칭을 자주 사용한다. 부모가 순간적으로 생각 없이 또는 감정 없이 호칭을 불렀더라도 일단 호칭을 부르면 그 호칭이 가진 의미대로 자녀를 바라보게 된다. 더 중요한 것은 자녀는 호칭이 불리는 그 순간, 그 호칭이 가진 의미로 존재하게 되어 버린다.

긍정적 호칭은 피그말리온 효과(pygmalion effect)를 발휘하여 자녀에게 자신을 긍정적으로 바라보게 하고, 자존감과 자기효능감을 증대시킨다. 이에 반해 부정적 호칭은 골렘 효과(golem effect)로 나타난다. 자신을 부정적으로 인식하게 하고 자존감과 자기효능감에 상처를 입힌다. 자녀에게 긍정적 호칭을 사용하는 지혜로운 부모가 되어 보자.

- 하수연(2025. 1. 13.). 화성신문. https://www.ihsnews.com/53720에서 일부 발췌

제7장 환경적 요인

학습 목표

1. 유아의 사회적 행동에 영향을 주는 생활공간의 물리적 구조와 놀이 환경의 특성을 설명할 수 있다.
2. 디지털 미디어 환경이 유아의 사회성 발달에 미치는 긍정적·부정적 측면을 비교하여 설명할 수 있다.
3. 지역사회 및 문화적 환경이 유아의 사회적 규범 인식과 행동 양식에 어떤 영향을 주는지 분석할 수 있다.

생각해 보기

1. 유아의 사회적 행동은 놀이 공간의 구성이나 분위기에 따라 어떻게 달라질 수 있을까요?
2. 아프리카 속담에 "한 아이를 키우기 위해서는 온 마을이 필요하다."는 말이 있습니다. 이 말이 유아의 사회성 발달과 어떤 관련이 있다고 생각하나요?

유아는 자신을 둘러싼 환경과 끊임없는 상호작용 속에서 사회적 존재로 성장해 간다. 이때 '환경'은 단순한 배경 공간이 아니라, 유아의 사회적 행동을 촉진하거나 제약하는 적극적인 요인으로 작용한다. 특히 생활공간의 물리적 환경, 디지털 미디어 사용 양상, 지역사회와 문화적 가치 체계는 유아의 사회성 발달을 지지하거나 방해할 수 있는 중요한 외부 조건들이 될 수 있다.

넓고 개방적 놀이 공간은 유아들 간의 자발적 상호작용을 유도하는 반면, 과밀하거나 폐쇄적인 환경은 사회적 갈등이나 위축된 행동을 초래할 수 있다. 디지털 미디어는 유아에게 새로운 자극을 제공하지만, 과도한 노출은 타인과의 직접적 상호작용 기회를 줄이고 사회적 기술 발달을 지연시킬 우려도 있다. 또한, 유아가 속한 지역사회의 가치관과 문화는 유아들이 어떤 사회적 행동을 내면화할지를 결정짓는 기준이 되기도 한다.

본 장에서는 유아의 사회성 발달에 영향을 미치는 환경적 요인의 주요 범주로 물리적 환경, 디지털 미디어 환경, 지역사회 및 문화적 가치를 중심으로 그 특성과 작용 양상을 살펴보고자 한다. 또한 이를 통해 유아의 사회적 성장을 지원하는 환경적 조건이 무엇인지 이해하고, 교육 현장에서 적용 가능한 환경 설계 및 교육적 시사점을 모색하고자 한다.

1 물리적 환경

유아는 주변 환경과 끊임없는 상호작용을 통해 온몸으로 탐색하며 배우는 존재이다. 특히 유아기의 사회화는 단지 사람과 사람 간의 관계에서만 이루어지는 것이 아니다. 유아가 생활하고 활동하는 물리적 공간의 구조와 질적 특성에서도 영향을 받는다. 물리적 환경은 유아의 행동을 유도하고 가능성을 확장하는 동시에, 사회적 관계를 맺고 유지하는 방식에 간접적이지만 지속적인 작용을 하게 된다.

놀이 공간의 배치, 가구의 높이, 조도, 동선의 개방성, 소음의 정도 등은 유아의 정서적 안정감과 사회적 접근성에 깊이 관여한다. 개방적이고 유연하게 구성된 공간은 유아 간 협력과 자발적인 상호작용을 촉진하는 반면, 과도하게 제한된 공간은 갈등이나 위축 행동의 원인이 될 수 있다. 또한 정돈된 환경은 사회적 규칙과 질서를 자연스럽게 학습하게 하고, 놀이 자료의 다양성은 유아의 상호작용을 풍부하게 하는 매개가 되기도 한다.

1) 물리적 환경의 개념과 특성

물리적 환경(physical environment)이란, 유아가 생활하고 상호작용하는 구조적·물질적 조건을 의미한다. 이는 공간의 배치, 시설 및 교구, 조명·소음과 같은 감각 요소, 안전성과 접근성 등 물리적 세부 요인을 모두 포함한다. 물리적 환경은 단순한 배경 공간이 아니라 유아의 학습과 사회적 상호작용을 유도하거나 제한하는 교육적 자원으로 기능한다.

유아교육에서의 물리적 환경이란, 유아가 생활하는 실내외 공간, 가구와 교구의 배치, 조명, 소리, 공간의 크기와 구조, 동선, 안전성과 접근성 등의 구성 요소를 포함한다(Honig, 1995). 이는 단순한 시설이나 설비가 아니라 유아의 자발성, 상호작용성, 독립성을 자극하는 교육적 환경으로서 작용한다. 브론펜브레너(Bronfenbrenner, 1979)의 생태학적 체계 이론에서도, 가장 직접적인 미시체계로서의 가정과 유아교육기관의 환경은 유아의 사회적 행동에 직접적인 영향을 준다고 본다. 유아교육기관이나 가정 내 활동 공간이 안전하게 잘 구획되어 다양한 활동을 할 수 있을 경우 유아는 자율적으로 선택·탐색할 수 있다.

가정은 유아의 첫 번째 사회화 공간으로, 가족과의 정서적 교류뿐 아니라 놀이와 일상의 경험을 통해 사회적 행동을 학습하는 장소이다. 이때, 유아가 마음껏 움직이고 놀이할 수 있는 안전하고 개방적인 공간은 자율성과 사회적 자극을 동시에 촉진한다. 반대로, 과도하게 제한적이거나 어지럽고 소음이 많은 환경은 유아의 감정 조절에 어려움을 주며, 가족 간의 상호작용을 단절시킬 수 있다. 연구에 따르면, 정돈된 생활공간과 일관된 일상 구조는 유아의 자기조절력과 협동 행동에 긍정적인 영향을 미친다(McLoyd, 1998).

한편, 유아교육기관은 유아가 또래 및 성인과 상호작용을 통해 사회적 기술을 구체적으로 연습하는 공간이다. 교실의 구조화 수준, 놀이 영역의 배치, 공간의 확장성 등은 유아의 놀이 참여도와 상호작용의 질에 직접적인 영향을 준다. 질적으로 우수한 교실 환경은 유아의 또래 상호작용에 직간접적으로 긍정적 영향을 미치는 것으로 나타났다. 교실이라는 물리적 공간은 유아들의 발달에 영향을 미치는데, 교실 내에 구비해 둔 다양한 영역의 자료뿐 아니라 교실의 구조, 조명, 도구 등이 잘 구비된 교실 환경은 직접적으로 또래 상호작용을 촉진하며 나아가 유아의 사회성 발달에 긍정적 영향을 줄 수 있다(유구종·심우경, 2014: 전숙영·권혜진, 2016 재인용). 또한 바깥 놀이 공간이나 자연 요소가 포함된 교실 환경은 유아의 스트레스를 낮추고 사회적 놀이 행동을 촉진하는 것으로 보고되었다(Fjørtoft, 2004). 즉, 자연친화적이고 감각적으로 안정적인 환경은 유아의 정서 안정에 기여하며, 더 긍정적인 대인관계를 형성하게 한다.

물리적 환경은 다음과 같은 특성을 가져야 한다.

첫째, 안전성이 있어야 한다. 유아가 일상적으로 생활하고 놀이하는 공간은 신체적 위험 요소로부터 안전해야 한다. 미끄럼 방지 바닥재, 모서리 보호대, 적절한 가구 높이, 개방감 있는 구조 등은 유아의 자율성을 보장하면서도 사고를 예방하는 필수적 조건이다. 안전한 환경은 유아에게 심리적 안정감을 주며, 활동에 더 적극적으로 참여하도록 돕는다.

둘째, 접근성이 있어야 한다. 열린 선반, 눈높이에 맞춘 책장, 유아 전용 세면대 등 유아가 스스로 교재·교구·자료를 쉽게 꺼내고 정리할 수 있도록 구조화되어야 한다. 이는 유아의 자기주도적 행동과 책임감을 길러 주며, 또래 간 상호작용의 기회를 확대해 준다.

셋째, 유연성이 있어야 한다. 이동식 가구, 파티션, 가변적 소집단 활동 영역 등 활동 목적이나 유아의 발달 수준에 따라 공간이 쉽게 변형되고 조정될 수 있어야 한다. 이는 다양한 놀이와 활동을 수용하며 유아의 창의성과 사회성을 촉진한다.

넷째, 심미성이 있어야 한다. 공간의 색감, 조명, 재질, 시각적 구성 등은 유아의 정서에 영향을 미친다. 따뜻하고 안정감 있는 색채, 자연 소재, 질서 있는 구조는 유아의 심리적 안정을 도와주며 정서적 안정감과 긍정적인 사회적 태도를 형성하는 데 기여한다.

다섯째, 공간이 구조화되어야 한다. 교실이나 생활공간은 활동의 종류에 따라 기능적 영역(예: 독서 영역, 역할놀이 영역, 조작놀이 영역 등)으로 구분되어야 한다. 이는 유아가 자신의 활동을 예측하고 규칙을 내면화하는 데 도움을 준다. 이는 또래와의 놀이 갈등을 줄이고, 협동 놀이의 빈도를 증가하는 데 도움을 줄 수 있다.

여섯째, 사회적 상호작용을 유도할 수 있어야 한다. 마주 볼 수 있도록 원형 테이블, 소규모 활동 공간 배치, 공동 작업이 가능한 미술 영역 등의 공간 배치나 가구 구성은 유아들 간 자연스러운 상호작용과 대화를 유도할 수 있다.

일곱째, 유아 중심이 되어야 한다. 모든 물리적 요소는 성인 중심이 아니라 유아의 시각과 동선, 흥미를 고려하여 구성되어야 한다. 공간이 유아의 발달 특성과 흥미, 개별차를 반영할 때 유아는 주도적으로 환경과 상호작용하며 사회적 자율성을 기를 수 있다.

이와 같이 물리적 환경은 유아의 일상과 놀이 속에서 사회성 발달을 자연스럽게 유도하는 '무언의 교사' 역할을 한다. 따라서 유아를 둘러싼 환경을 단순히 미적인 공간으로 보는 것을 넘어, 사회적 행동과 정서 발달을 촉진하는 교육적 구조물로 인식하고 설계·운영해야 한다.

2) 물리적 환경과 유아 사회성 발달의 관계

레지오 에밀리아(Reggio Emilia) 접근에서 물리적 환경은 단순한 공간 그 이상이며, 아이들의 학습과 발달을 유도하는 '제3의 교사(the third teacher)'로 간주된다. 제3의 교사로서의 환경은 첫 번째 교사는 부모, 두 번째는 교사, 그리고 세 번째는 환경이다. 환경은 유아의 호기심을 자극하고, 탐구와 표현이 이루어지도록 돕는 능동적 참여 공간이며, 또래와 상호작용하며 사회적 기술을 습득하게 되는 공간이다. 물리적 환경은 유아가 일상에서 경험하는 사회적 상호작용의 무대이자, 사회성 발달을 지지하거나 제약하는 주요 조건이기도 하다. 유아는 자신의 주변 환경 속에서 탐색하고 놀이하며, 타인과 관계를 맺는 과정을 통해 사회적 기술을 익히고, 정서적 안정감을 형성해 나간다. 특히 가정과 유아교육기관 등 유아가 머무는 주요 생활공간의 물리적 구조는 유아의 사회성 발달에 중대한 영향을 미친다.

유아기의 물리적 환경은 사회성과 관련하여 다음과 같은 특성을 지닌다.

① 상호작용 유도성

공동 놀이 공간, 협동 놀이 공간은 유아 간 자연스러운 상호작용을 유도한다. 테이블 배치, 좌석 간 거리, 놀이 도구의 배열 등이 유아에게 눈을 맞추고, 말을 건네며, 협동하는 경험을 촉진하게 된다. 이는 언어적 표현 능력, 타인에 대한 인식, 협동과 양보 등의 사회적 기술을 발전시키는 데 기여한다. 연구에 따르면, 환경적 배치가 사회적 접촉의 빈도와 질을 결정하는 데 영향을 준다(Moore, 1986).

② 심리적 안정감 제공

따뜻한 조명, 조용한 독서 공간, 개인이 쉴 수 있는 코너 등은 정서적 안정에 기여하고, 과도한 자극으로부터 유아를 보호해 준다(Moore, 1986). 조용한 독서 공간, 편안한 휴식 공간, 따뜻한 색채와 조도 등은 유아에게 심리적 안정감을 제공하며, 사회적 상호작용의 전제 조건이 되는 정서적 기반을 마련해 준다. 과도한 시각·청각 자극이 배제된 환경은 내향적 유아나 예민한 유아에게 자기조절 기회를 줄 수 있으며, 불안을 감소시킬 수 있다.

③ 놀이와 활동의 자율성 촉진

유아의 키와 눈높이에 맞는 가구와 교구 배치는 유아가 스스로 선택하고 구성할 수 있는 여지를 확대한다. 물리적 자율성이 보장된 환경은 유아의 주도성, 자기효능감, 타인과의 협력적 문제 해결 경험을 풍부하게 하며, 이는 또래와의 자발적인 상호작용으로 이어진다. 주도적 활동은 사회적 리더십과 책임감 형성에도 긍정적 영향을 준다.

④ 접근성과 안전성

유아가 자유롭게 이동하며 다양한 영역을 탐색할 수 있도록 배려된 동선 설계는 또래와의 접촉을 자연스럽게 유도하며, 사회적 모방, 관찰, 대화의 기회를 늘려 준다. 특히 위험 요소가 최소화된 안전한 공간은 유아가 자신감 있게 주변을 탐색하고 타인과 관계 맺기를 시도할 수 있도록 한다.

⑤ 소규모 놀이 환경의 다양성

다양한 주제 중심의 역할놀이, 감각 놀이, 창작 활동 공간 등은 유아들의 사회적 역할 탐색을 돕는다. 각 영역은 유아의 사회적 역할 학습, 감정 표현, 갈등 조절, 협동적 문제 해결을 경험할 수 있는 장이 되며, 그 속에서 유아는 다양한 사회적 기능을 시도하고 내면화하게 된다.

반면, 특정한 공간 조건은 사회적 상호작용을 제약하거나 왜곡시키는 원인이 되기도 한다. 특히 과밀하거나 폐쇄적인 공간 구조는 유아의 사회성 발달에 부정적 영향을 미칠 수 있다. 과밀하거나 폐쇄적인 환경의 부정적 영향은 다음과 같다.

첫째, 사회적 갈등이 증가할 수 있다. 유아들이 밀집된 공간에서 활동할 경우, 놀이 도구나 공간을 두고 경쟁과 다툼이 자주 발생할 수 있다. 신체적 거리 확보가 어려운 환경에서는 유아 간 사소한 접촉도 쉽게 갈등으로 이어지며, 분노나 공격성이 빈번하게 표출되기도 한다. 이는 또래 간 긍정적 관계 형성의 기회를 저해할 수 있다.

둘째, 사회적 소외 및 위축 행동이 나타날 수 있다. 폐쇄적이거나 시야가 제한된 공간 배치는 내향적인 유아나 낯가림이 심한 유아에게 사회적 고립감을 유발할 수 있다. 과도한 자극이나 예측 불가능한 환경에서는 유아가 관계 맺기를 회피하거나 소극적인 행동을 보이기 쉽다. 이러한 위축 행동은 또래 간의 놀이 참여를 제한하고, 사회적 기술 발달의 기회를 감소시킨다.

셋째, 정서적 스트레스를 증가시킬 수 있다. 지속적 과밀 환경은 유아에게 심리적 압박감을 주며, 이는 불안, 분노, 과잉행동과 같은 정서적 불균형으로 이어질 수 있다. 특히 예민한 유아의 경우, 소음과 밀접 접촉이 지속되면 정서 조절이 어려워지고 사회적 행동에도 부정적 영향을 미칠 수 있다.

이와 같이 유아의 물리적 환경은 단순히 물리적 배경이 아닌, 제3의 교사로서 유아의 사회적 경험의 질을 결정짓는 결정적 조건이다. 특히 유아기의 사회성은 놀이와 탐색, 또래 간의 자연스러운 상호작용 속에서 발달하기 때문에, 이를 위한 공간 구성은 곧 사회성 교육의 시작이라 할 수 있다. 개방적이며 유연한 환경은 유아에게 스스로 놀이를 선택하고 관계를 맺으며 사회적 기술을 익힐 수 있도록 돕는다. 따라서 유아교육 현장에서는 물리적 환경을 사회적 상호작용의 무대로 바라보는 전문적 환경 구성의 관점이 필요하며, 이를 토대로 유아의 전인적 성장과 행복을 지원해 나가야 할 것이다.

3) 사회성 발달을 위한 환경 구성의 방향

유아의 사회적 행동을 긍정적으로 유도하기 위해서는 단지 공간의 물리적 크기만이 아니라 공간 배치, 활동 흐름, 자극 수준, 개인 공간의 확보 여부 등 다양한 요소를 고려해야 한다. 적절한 거리와 개방성, 다양한 선택적 놀이 영역, 개인과 소집단이 모두 존중되는 환경 설계·구성은 유아의 사회성 발달을 위한 심리적 안전지대가 될 수 있다. 유아교육기관에서 유아의 사회성 발달을 촉진하는 물리적 환경 구성은 단순한 공간 배치를 넘어, 유아 간 자연스러운 상호작용과 정서적 안정, 자율적 놀이를 가능하게 하는 복합적 설계가 필요하다. 교사는 공간을 단순히 '관리'하는 것이 아니라, 사회적 상호작용을 유도하는 설계자 역할을 수행해야 한다. 이에 대한 10가지 방안과 예시를 함께 제시하면 다음과 같다.

① 소그룹 중심의 코너 배치

활동 영역을 소그룹 놀이가 가능한 방식으로 접근한다. 유아의 흥미와 요구에 따라 다양한 주제 코너(역할놀이, 조작놀이, 미술 등)를 유아 중심으로 지원한다. 자연스럽게 또래 간 협력과 의사소통이 촉진되어 사회적 기술을 습득할 수 있다.

예 역할놀이 공간에 식당, 병원, 가족 코너를 설치하여 역할 분담과 상호작용을 유도

② 개방적이고 유연한 이동 동선 확보

가구나 벽으로 공간을 과도하게 구획하지 않고, 유아들이 자유롭게 이동하며 친구를 만날 수 있도록 설계한다. 물리적 개방성은 상호작용 기회를 확장하고, 소외감을 줄이며 참여를 독려한다.

예 블록 코너와 과학 코너 사이의 이동 통로를 넓혀 공동 프로젝트 활동 유도

③ 상호작용 촉진 가구 활용

원형 테이블, 낮은 칸막이, 쉽게 움직일 수 있는 바퀴 달린 낮은 가리개 등 상호작용과 집중을 유도하는 가구를 활용한다. 이러한 가구는 시선 맞춤과 공동 작업, 집중이 용이하여 대화와 협력이 자연스럽게 일어난다.

예 4인용 원형 테이블에서 색칠 활동을 하며 또래와 함께 의견 나누기

④ 정서적 안정 코너 마련

조용히 쉴 수 있는 감정쉼터 공간이나 혼자서 책을 읽을 수 있는 코너를 설치한다. 과도한 자극에서 벗어나 감정을 조절하고 자기만의 시간을 가질 수 있어 사회적 갈등 상황 회복에 도움이 될 수 있다.

예 이불과 인형, 조용한 조명 등이 있는 "마음 휴식 공간" 운영

⑤ 사회적 모방과 관찰이 가능한 환경

또래의 놀이가 잘 보이도록 가시성을 확보한 환경을 설계한다. 유아는 또래의 행동을 관찰하고 모방하며 사회적 행동을 학습한다.

예 유리창이나 개방된 칸막이로 친구들의 놀이가 보이도록 설계

⑥ 공동 프로젝트 공간 구성

블록 조립, 공동 미술 제작 등 협력 활동이 가능한 공간을 마련한다. 협동, 문제 해결, 의

사결정 과정에서 유아의 사회적 책임감과 조절 능력이 발달한다.

예 대형 블록 조립 공간에서 팀을 나누어 건물 짓기 활동

⑦ 역할놀이 공간의 실생활 연계 강화

병원, 시장, 소방서 등 실생활을 주제로 한 역할놀이 영역을 구성한다. 현실 속 사회 역할을 모방하며 협동, 감정 표현, 갈등 해결을 학습할 수 있다.

예 '어린이 경찰서'에서 순서 지키기, 규칙 정하기 놀이

⑧ 의도적으로 모둠 협력 과제를 설계한 공간

소그룹이 함께 해결해야 하는 놀이 과제나 장치를 마련한다. 협동을 통해 유아 간 의사소통, 양보, 타협 등의 사회적 기술을 경험하게 한다.

예 둘 이상의 유아가 함께 맞춰야 하는 자석 퍼즐 또는 도미노 미션 구역

⑨ 실외 놀이 공간에서의 협동 유도

실외 놀이 공간에서도 함께 협력해야 가능한 도전적 구조물이나 공동 활동 장비(예: 줄넘기, 패러슈트)를 설치한다. 신체활동을 통해 정서적 유대와 팀워크 경험이 형성된다.

예 협동 줄넘기 구역, 협동 바퀴 굴리기 활동

⑩ 교사가 관찰 및 개입하기 쉬운 환경

개방형 구조로 교사가 유아의 사회적 상호작용을 쉽게 관찰하고 중재할 수 있도록 한다. 교사의 정서적 피드백과 지도는 사회성 발달의 촉진 요인이 된다.

예 교사가 눈으로 모든 영역을 볼 수 있도록 교구장 배치를 조정하거나 미러 활용

2 디지털 미디어 환경

디지털 기술의 급속한 발달과 함께 유아의 일상 속에도 스마트폰, 태블릿, TV, 유튜브 등의 미디어 사용이 자연스럽게 자리하고 있다. 이런 현상은 유아의 사회화 과정에도 새로운 양상으로 영향을 미친다. 유아는 부모, 형제자매, 또래나 교사와의 직접적인 상호작용뿐 아니라 미디어를 통해 간접적으로 사회적 정보를 습득하고, 타인과 상호작용하는 방식도 이의 영향을 받고 있다.

특히 유아기는 모방과 관찰 학습이 활발하게 이루어지는 시기이므로, 디지털 콘텐츠의 속성, 전달 방식, 노출 시간 등은 유아의 사회적 행동, 감정 표현 방식, 문제 해결 전략 등에 실질적인 영향을 주게 된다. 감정 표현이 과장되거나 갈등 해결 방식이 비현실적인 콘텐츠에 반복적으로 노출될 경우 유아의 사회적 판단과 행동이 왜곡될 가능성도 존재한다.

그러나 디지털 미디어의 사용은 외면할 수 없는 시대적 현상이다. 적절히 활용할 경우 사회적 상황을 간접 경험하게 하거나 정서 조절 및 언어 표현 능력 향상에 도움을 줄 수 있다. 따라서 유아의 발달 특성과 사회화의 본질을 고려하여, 유아의 사회화 과정에서 디지털 미디어 환경이 갖는 위험성과 가능성을 균형 있게 조망하고, 방향성과 질적 관리를 정교하게 설계할 필요가 있다.

디지털 미디어 환경

1) 디지털 미디어 환경의 개념과 변화 양상

디지털 미디어 환경은 디지털 기술 기반의 정보 자원과 상호작용 도구들이 연결된 물리적·가상적 공간 전체를 포괄하는 환경적 조건을 의미한다. 이 환경은 유아가 정보에 접근하고, 해석하며, 생성하고, 타인과 공유하는 일련의 행위들이 일어나는 맥락으로, 단순한 기술의 집합이 아닌 사회문화적 상호작용의 장으로 이해되어야 한다(Plowman & Stephen, 2005). 이러한 환경은 과거의 단방향적 미디어 소비를 넘어서, 유아가 능동적으로 디지털 콘텐츠를 탐색하고 선택하며, 때로는 직접 생성하거나 사회적으로 공유하는 경험을 가능하게 한다. 즉, 디지털 미디어 환경은 유아가 놀이하고 배우는 매개물일 뿐만 아니라 또래 및 가족, 교사와의 사회적 상호작용이 이루어지는 생태학적 공간으로 기능한다(Bird & Edwards, 2015).

오늘날 유아가 경험하는 디지털 미디어 환경은 스마트폰, 태블릿, 컴퓨터, 스마트TV, AR/VR 기기, 인터넷, 디지털 학습 플랫폼, 소셜미디어, 유튜브와 같은 스트리밍 콘텐츠, 인공지능 기반 매체(예: AI 스피커, 가상 비서) 등으로 구성되어 있으며, 이들 기술은 유아의 인지·언어·사회 정서 발달에 영향을 미치는 다양한 자극과 상호작용 기제를 내포한다(Holloway et al., 2013).

디지털 미디어 환경의 요소들은 다음과 같다.

- 기기 기반 요소: 스마트폰, 태블릿, 컴퓨터, 스마트TV, AI 스피커 등
- 콘텐츠 요소: 앱, 동영상, 게임, 인터랙티브 학습자료, 증강현실(AR) 콘텐츠 등
- 사회적 요소: 부모·교사·또래와의 공동 미디어 사용 경험, 디지털 매체에 대한 규칙과 태도
- 맥락 요소: 미디어 사용 장소(가정, 유아기관 등), 사용 시간, 미디어 활용 목적 등

이러한 요소들은 단일하게 작용하지 않으며, 유아의 성향, 발달 수준, 문화적 맥락에 따라 상호작용 방식이 달라진다. 따라서 디지털 환경은 일률적이지 않고, 개인화된 사회적 환경으로 이해되어야 한다(Rideout, 2017).

디지털 미디어를 사용하는 영아

디지털 미디어 환경은 지난 20여 년 동안 급격한 변화를 겪으며, 유아의 일상생활과 사회적 행동에 깊숙이 자리 잡았다. 이 변화는 다음과 같은 주요 양상으로 나타나고 있다.

첫째, 수동적 소비에서 능동적 상호작용으로 전환되고 있다. 과거에는 유아들이 TV와 같은 일방향 매체를 통해 정보를 단순히 '수용'하는 데 그쳤다면, 현재는 터치 기반 인터랙션, 대화형 AI, 반응형 앱 콘텐츠 등을 활용하여 자신이 직접 조작하고 피드백을 받는 형태로 변화하고 있다. 이러한 전환은 유아가 문제해결력, 자기 표현력, 의사결정력 등을 실시간으로 경험할 수 있는 사회적 기회를 제공한다(Rideout, 2017).

둘째, 가정 중심의 미디어 경험에서 유아교육기관으로 확장되고 있다. 과거에는 미디어 사용이 주로 가정에서 부모의 감독하에 이루어졌지만, 최근에는 디지털 교구 및 학습 플랫폼이 유아교육기관에 도입되며, 교사와 또래를 통한 공동 사용 환경이 조성되고 있다. 이는 유아가 사회적 규범 속에서 미디어를 활용하는 태도를 학습하게 되는 계기를 제공한다(NAEYC & Fred Rogers Center, 2012).

셋째, 개인화된 디지털 경험이 증가하고 있다. 유튜브 키즈, AI 기반 맞춤형 콘텐츠 추천 시스템 등의 등장으로 유아는 점점 더 자신에게 최적화된 미디어 콘텐츠를 소비하게 되었다. 이는 한편으로는 몰입과 만족도를 높이는 장점이 있지만, 다른 한편으로는 또래 간 공통 경험의 감소, 사회적 공감 능력 저하, 대화 기회 부족 등 사회성 발달에 역기능적 영향을 줄 수 있음이 지적되고 있다(Chaudron et al., 2018).

디지털 미디어를 사용하는 유아

2) 디지털 미디어가 유아 사회성 발달에 미치는 영향

디지털 미디어는 오늘날 유아의 일상에서 빠질 수 없는 환경적 요소로 자리 잡았다고 해도 과언이 아니다. 유아는 스마트폰, 태블릿, 스마트TV, 인공지능 기반 장치 등을 활용하여 정보를 탐색하고, 콘텐츠를 시청하며, 때로는 또래나 가족과 상호작용을 경험한다. 이러한 디지털 환경에서의 상호작용 경험은 유아의 사회성 발달에 긍정적 혹은 부정적 영향을 미칠 수 있다.

(1) 긍정적 영향

디지털 미디어는 유아의 사회적 역할 이해, 언어 표현 능력, 관계 확장 경험에 긍정적으로 작용할 수 있다. 단, 이러한 효과는 적절한 콘텐츠 선정, 시간 조절, 성인의 매개적 지원이 병행될 때 더욱 극대화될 수 있다.

① 사회적 역할 탐색과 확장

유아는 성장 과정에서 다양한 사회적 역할을 관찰하고 모방하면서 사회적 행동의 규범과 기대를 학습한다. 디지털 콘텐츠(예: 애니메이션, 유아용 게임, 동영상 플랫폼)는 친구와 협력하는 모습, 갈등을 해결하는 과정, 감정을 공유하는 장면 등을 생생하게 제시하며 유아의 사회적 상상력과 공감 능력을 자극한다.

'함께 나누자', '친구를 도와주자'와 같은 메시지를 담은 애니메이션은 도덕적 판단과 정서적 반응을 일깨우는 계기가 된다. 이를 통해 유아는 직접 경험하지 않아도 사회적 상황을 간접 학습하며, 자신이 속한 사회에서 기대되는 행동 양식을 내면화할 수 있다(Stephen & Edwards, 2017).

② 언어 및 표현 능력의 강화

언어는 유아의 사회적 행동을 매개하는 핵심 수단이며, 효과적인 의사소통은 또래 관계 형성, 갈등 해결, 자기주장에 필수적이다. 디지털 미디어, 특히 음성 인식 기반의 AI 기기나 인터랙티브 스토리텔링 앱은 유아에게 언어 자극을 반복적으로 제공하면서 문장 구조, 어휘 사용, 감정 표현 방법을 습득하도록 돕는다. 유아는 이러한 매체와의 상호작용을 통해 자신의 감정을 말로 표현하거나 타인에게 자신의 의사를 전달하는 능력을 키우게 되며, 이는 또래와의 놀이 및 공동 활동 속에서 긍정적인 사회적 행동을 유도하는 기반이 된다(Wartella et al., 2013).

③ 사회적 연결감의 확장

디지털 미디어는 유아에게 물리적 공간의 제약을 넘는 상호작용 기회를 제공한다. 예컨대, 영상통화를 통해 멀리 떨어진 조부모와 정서적 유대감을 형성하거나, 온라인 협동 게임을 통해 새로운 친구를 만나기도 한다. 이러한 경험은 유아에게 '나와 다른 환경에 있는 사람과도 관계를 맺을 수 있다'는 사회적 확장성에 대한 인식을 심어 주며, 사회적 소속감과 상호 존중의 감정을 형성하는 데 긍정적인 영향을 미친다. 특히, COVID-19 팬데믹 시기의 비대면 사회화 경험은 디지털 미디어의 사회적 기능을 더욱 부각시킨 사례로 평가된다(Marsh, 2010).

(2) 부정적 영향

디지털 미디어는 유아의 사회성 발달에 긍정적 기회를 제공할 수 있지만, 그 사용이 과도하거나 적절한 지도가 동반되지 않을 경우 공감력 저하, 자기조절력 약화, 사회적 고립감 등의 부정적 영향을 미칠 수 있다. 따라서 교사와 부모는 유아의 미디어 노출을 적절히 조율하고, 풍부한 대면 상호작용 기회를 제공하는 균형 있는 접근이 필요하다.

① 대면 상호작용의 기회 감소

디지털 미디어 사용 시간이 과도해지면, 유아는 주변 사람들과의 직접적인 사회적 상호작용 기회가 줄어들게 된다. 유아는 표정, 억양, 신체 언어 등 비언어적 사회 신호를 해석하고 반응하는 경험을 통해 사회적 기술을 발달시키는데, 이러한 실제 상호작용이 부족하면 사회적 단서 해석 능력이나 정서적 공감, 갈등 조절 능력이 제한될 수 있다. 특히 초기 사회성 발달이 중요한 유아기에 스크린과의 일방향적 상호작용이 대면 교류를 대체할 경우, 유아는 사회적 감수성이 떨어지고 혼자 활동하려는 경향이 강화될 수 있다(Radesky et al., 2015).

② 공감 능력 저하 및 충동적 행동 증가

디지털 미디어의 특히 빠른 전개와 즉각적인 보상(예: 게임의 점수 상승, 애니메이션의 빠른 장면 전환)을 반복적으로 접하면, 유아는 지연된 만족을 기다리는 자기조절력이 저하되고 충동적 반응을 보이기 쉬워진다. 또한 타인의 감정을 관찰하고 이해할 기회가 줄어들면서 공감 능력이 약화될 수 있다. 이러한 변화는 또래 관계에서 협력이나 양보보다는 자기주장 위주의 반응을 유도하고, 갈등 상황에서 공감 결핍, 감정 폭발로 이어질 수 있다(Kirkorian et al., 2008).

③ 사회적 고립과 의존성 문제

디지털 콘텐츠에 몰입한 유아는 실제 놀이, 상호작용, 협동 활동에서 자연스럽게 익히는 사회적 기술 습득의 기회를 상실하게 된다. 그 결과, 또래와의 협동이나 갈등 해결 능력이 부족해지고, 대화나 역할놀이와 같은 사회적 상호작용을 불편해하는 사회적 고립 감정이 형성될 수 있다. 또한 반복적이고 자극적인 미디어에 정서적으로 의존하는 태도가 나타날 수 있으며, 이는 자기중심적 행동이나 정서적 불균형으로 이어질 위험을 내포한다(Linn, 2009). 특히 사회적 피드백을 경험하지 못한 채 일방향적 자극에만 익숙해질 경우, 유아는 사회 규범의 이해와 타인 배려가 결여된 사회적 행동을 보일 수 있다.

3) 유아의 사회성을 고려한 바람직한 디지털 미디어 활용 방안

오늘날 유아들은 스마트 기기나 디지털 매체와 함께 자라는 알파세대(Generation Alpha, 2010~2024년에 태어난 세대)로, 태어날 때부터 AI 기반 기술과 연결된 생활 환경을 경험하고 있다. 그리고 베타세대(Generation Beta, 2025년~2039년에 태어날 세대)는 디지털을 넘어 AI·VR·메타버스 환경에 몰입된 세계가 기본 배경이 될 것으로 예측된다. 즉, 이들은 단순한 디지털 네이티브를 넘어 'AI 및 몰입형 경험 네이티브'라 부를 만한 새로운 세대이다. 이런 현상 속에서 디지털 미디어의 부정적 영향만을 우려하여 통제하거나 제한의 대상으로 접근하는 것은 한계가 있다. 오히려 디지털 미디어는 유아의 발달을 지원할 수 있는 교육적 자원으로서의 가능성을 지닌 매체로 인식되어야 하며, 이를 발달적으로 적절하게 활용하는 방향으로의 전환이 요구된다. 특히 유아의 인지적·정서적 특성에 부합하는 양질의 콘텐츠를 선별하고, 이용 시간과 사용 맥락을 교육적으로 조율하는 것이 중요하다. 이러한 접근은 유아의 사회적 기술과 정서 표현, 공감 능력 등의 사회성 발달을 도모하는 데 효과적인 기반이 될 수 있다. 따라서 유아기의 미디어 활용은 사회성 함양을 위한 매개 도구로 교육적으로 설계되어야 하며, 가정과 교육 현장이 공동의 책임과 역할을 인식하고 그 방향을 함께 모색해야 한다.

① 공동 시청을 통한 상호작용 촉진

유아가 혼자 미디어를 시청하지 않도록 하고, 부모나 교사가 함께 시청하며 내용을 공유하고 감정 반응을 나누는 방식은 사회적 연결감과 언어 표현 능력, 감정 인식을 발달시킨다.

- "저 친구는 왜 속상했을까? 우리가 도와줄 수 있다면 뭐라고 말할 수 있을까?"
- "이 장면에서 주인공이 기뻐 보였는데, 너는 어땠어?"

② 시청 후 이야기 나누기(미디어 회상 대화)

콘텐츠를 본 후 등장인물의 행동이나 감정, 갈등 상황 등에 관해 대화함으로써 유아의 공감 능력과 사회적 판단력을 키울 수 있다.

- "오늘 본 이야기에서 친구들이 어떻게 화해했는지 기억나?"
- "만약 네가 그 친구였다면 어떻게 행동했을까?"

③ 놀이와 연계한 활동 구성

미디어에서 본 내용을 역할놀이, 만들기, 그리기 등 다양한 놀이 활동으로 확장하면 유아의 사회적 역할 이해와 상호작용 능력을 자연스럽게 길러 준다.

- "우리 아까 본 이야기처럼 병원 놀이 해 볼까? 누가 간호사 역할을 해 볼까?"
- "주인공이 만든 집을 블록으로 같이 만들어 볼까?"

④ 이용 시간과 맥락 조절

미디어 사용은 일정한 시간과 장소에서, 명확한 목적을 가지고 이루어질 때 사회성 저해 없이 발달을 지원할 수 있다. 일관성 있는 규칙이 중요하다.

- "지금은 미디어 볼 시간이지? 끝나면 같이 블록 놀이 하자."
- "영상 끝나면 약속대로 정리하고 같이 간식 먹을까?"

⑤ 디지털 콘텐츠를 언어 발달 자원으로 활용

대화형 앱, 음성 인식 스피커, 동화 읽기 프로그램 등은 유아의 표현언어와 수용언어를 자극하여 또래와의 의사소통 능력 향상에 도움을 준다.

- "이 이야기를 네 목소리로 AI에게 다시 들려줄 수 있어?"
- "지금 이야기의 끝을 네가 상상해서 말해 볼래?"

⑥ 사회성 중심 콘텐츠 선택

협동, 배려, 갈등 해결, 친구 관계 등의 사회적 주제를 담은 콘텐츠는 유아에게 사회규범과 감정 조절의 모델링을 제공한다.

- "친구에게 양보한 저 장면이 멋졌지? 우리도 그렇게 해 볼까?"
- "이야기 속 친구처럼 네가 도와준 경험이 있어?"

⑦ 원격 커뮤니케이션 기회 제공

가족(예: 조부모), 친구와 영상통화 등을 통해 사회적 연결감과 언어적 상호작용 기회를 늘릴 수 있다.

- "할머니한테 오늘 유치원에서 있었던 일 이야기해 볼까?"

- "네가 만든 그림을 친구한테 영상으로 보여줄래?"

⑧ 미디어 내용을 정서 교육과 연계

감정 표현과 인식이 담긴 콘텐츠를 활용해 정서 사회화를 돕고, 유아가 자신의 감정을 이해하고 표현할 수 있게 한다.

- "주인공이 화났을 때 어떻게 했지? 너도 그런 적 있어?"
- "기쁘거나 속상할 때 우리는 어떻게 하면 좋을까?"

⑨ 교사·부모의 모델링 제공

어른이 미디어를 활용하는 태도와 방식이 유아의 모방 대상이 되므로, 미디어 사용 시 책임감 있는 태도, 시간 조절, 대화 중심 활용 등을 보여주는 것이 중요하다.

- "엄마도 영상을 본 뒤 메모하거나 생각을 정리해 봐."
- "이 영상 보고 내가 느낀 걸 이야기할게. 너도 말해 줄래?"

⑩ 미디어 리터러시 감수성 키우기

유아에게 단순 시청이 아닌, 콘텐츠에 대해 생각하고 판단하게 함으로써 비판적 사고와 사회적 의미 연결 능력을 길러줄 수 있다.

- "이야기 속에서 틀린 점이나 이상한 점이 있었을까?"
- "그런 일이 실제로 일어난다면 너는 어떻게 느낄까?"

3 지역사회 및 문화적 환경

유아의 사회화는 다양한 요인들의 상호작용 속에서 이루어진다. 가장 중요한 사회화 요인은 가족, 또래, 교사, 그리고 사회문화적 환경이다(Santrock, 2021). 사회문화적 환경은 유아의 사회화 양상에 큰 영향을 미친다. 예컨대, 공동체주의적 문화에서는 협동과 배려가 강조되는 반면, 개인주의 문화에서는 자율성과 성취가 더욱 중시된다. 또한 디지털 매체의 노출, 지역사회 자원, 정책적 지원 등도 유아의 사회화 경험을 풍부하게 하거나 제한할 수 있다(Rogoff, 2003).

유아는 특정한 문화 속에서 태어나고, 그 사회가 공유하는 가치와 규범, 행동 방식을 자연스럽게 학습하며 사회 구성원으로 성장한다. 지역사회는 유아가 가족 외부에서 접하는 첫 번째 사회적 장이다. 놀이 공간, 공공시설, 또래 집단의 구성, 지역 내 사회적 관계망이 유아의 사회적 경험의 질과 양을 결정짓는다. 지역사회가 개방적이고 안전하며 참여가 활발한 환경일수록 유아는 다양한 사람들과 상호작용할 기회를 얻게 되며, 이는 사회적 기술, 공감 능력, 책임감의 형성으로 이어진다.

더불어, 유아는 특정 문화 속에서 사용되는 언어, 예절, 규범, 정서 표현 방식 등을 모방하고 내면화하면서 자신이 속한 사회의 일원으로서 정체성을 형성한다. 이때 문화적 다양성이 풍부하고 포용적인 환경은 유아가 다양한 타인에 대한 수용성과 사회적 유연성을 기르는 기회를 제공하는 반면, 폐쇄적이거나 획일화된 문화적 맥락은 사회적 편견이나 위축된 행동을 초래할 수도 있다.

1) 지역사회 및 문화적 환경의 개념과 예

지역사회는 유아가 생활하는 지리적·제도적·사회적 맥락 전체를 의미하며, 어린이집·유치원·도서관·공원 등 가정 밖 공공장소에서 이루어지는 직접적인 상호작용과 경험의 장이다(Pianta, 1999). 이러한 지역사회는 단순한 생활공간이 아니라, 유아가 또래, 성인, 지역 내 다양한 기관 및 제도와의 접촉을 통해 사회적 규범, 역할 기대, 공동체의 가치 등을 실제로 경험하고 내면화하는 사회화의 장으로 기능한다. 특히 지역사회는 다양한 사회적 맥락 속에서 유아의 사회적 행동을 실천하고 피드백 받는 기회를 제공함으로써, 유아가 자신이 속한 공동체에서의 일원으로서 정체성을 형성하고 책임감 있는 사회적 태도를 기를 수 있도록 돕는다. 예컨대 지역 행사 참여, 도서관 프로그램, 놀이터에서의 또래 상호작용 등은 모두 유아의 사회적 기술과 공공생활 규범 습득을 촉진한다.

지역사회 환경

문화적 환경은 특정 사회 내에서 구성원들이 공유하는 가치, 신념, 언어, 규범, 전통, 상징 체계, 예술, 종교, 생활양식 등 총체적이고 지속적인 의미 체계를 지칭한다(Rogoff, 2003; Vygotsky, 1978). 문화는 단순히 주변의 정서적 분위기나 관습이 아니라, 유아가 자신과 타인을 이해하고 사회를 해석하는 방식의 인지적 틀과 해석 구조를 제공하는 핵심 요소이다. 유아는 지역의 문화를 통해 사고를 정교화하고, 지역 문화가 담긴 전통과 축제를 통해 집단 소속감을 체득한다. 이러한 문화적 실천들은 유아의 자아정체감 형성과 더불어 타 문화에 대한 개방성, 다양성 존중, 공감 능력 등을 기를 수 있는 기반이 된다. 따라서 유아의 사회성 발달을 위해서는 문화적 다양성을 포용하는 교육 환경과 문화 간 소통 역량을 키울 수 있는 체험 기회가 적극적으로 제공되어야 한다.

문화적 환경

표 7-1 지역사회 및 문화적 환경의 예

범주	내용	예
교육 및 돌봄 기관	유아의 초기 사회화가 이루어지는 가장 직접적이고 일상적인 상호작용 공간	유치원, 어린이집, 지역 아동센터, 방과후 돌봄 교실, 놀이학교, 발달센터 등
공공 문화시설 및 정보 공간	유아의 언어·사회적 경험을 확장하는 외부 자극 제공	도서관(유아 그림책 모임, 책 놀이 시간), 박물관, 과학관, 미술관, 지역문화회관, 공연장, 공공 독서 캠페인, 인형극 관람 등
야외 및 자연환경	사회적 놀이가 자연스럽게 일어나는 자유로운 상호작용 공간	놀이터, 공원, 숲 체험 공간, 생태학습장, 농장 체험 프로그램, 지역 하천, 산책로, 체육 놀이터, 야외 마을 축제, 벼룩시장 등
사회·공공 서비스 기관	유아가 다양한 사회적 역할과 직업군을 접하고 역할놀이로 확장 가능	주민센터, 우체국, 경찰서, 소방서, 병원, 복지관, 가족지원센터, 재래시장, 마트, 상점, 카페 등
전통 및 지역 문화 체험 공간	문화적 정체성과 소속감, 세대 간 교류가 이루어지는 장	전통 예절 체험관, 민속촌, 한복 체험, 제기차기, 윷놀이, 떡 만들기, 명절(설날, 추석) 행사, 세배하기, 전래 동요, 국악 감상 등
다문화 및 글로벌 환경	타 문화 존중과 포용성, 문화 간 차이 이해 기반 형성	다문화가정 친구들과의 교류, 세계문화주간 활동, 다언어 그림책 읽기, 세계 음식 만들기 체험, 국제 어린이날 행사 등

2) 지역사회 및 문화적 환경이 유아 사회성 발달에 미치는 영향

지역사회와 문화적 환경은 유아가 가족의 울타리를 넘어 보다 넓은 사회와 접촉하는 첫 번째 사회화의 맥락으로 작용한다. 유아는 지역사회 안에서 또래, 성인, 공공기관, 다양한 제도와의 상호작용을 경험하며 사회적 규범, 역할, 가치를 실제 생활 속에서 학습하게 된다. 지역사회 및 문화적 환경이 유아 사회성 발달에 미치는 영향은 다음과 같다.

첫째, 지역사회는 사회적 상호작용의 기회를 제공한다. 지역사회는 유아가 가정 밖에서 다양한 또래 및 성인과의 관계를 형성할 수 있는 최초의 사회적 장이다. 어린이집, 유치원, 도서관, 놀이터, 박물관, 마을 축제 등은 유아에게 자연스럽고 반복적인 사회적 상호작용의 기회를 제공하며, 이를 통해 유아는 역할 분담, 규칙 준수, 타인 배려 등 다양한 사회적 기술을 학습한다(Pianta, 1999). 특히 지역사회 기반의 체험활동은 유아의 실제 생활 속 사회적 행동을 익히는 데 효과적이다.

둘째, 지역사회는 사회규범과 가치를 내면화하는 실천적 맥락이다. 줄 서기, 공공장소에서 조용히 말하기, 교통규칙 지키기 등은 교실에서 배우는 이론이 아니라 지역사회라는 실제적 환경 속에서 체화되는 사회규범이다. 이러한 경험은 유아가 도덕성, 사회적 책임감, 공공생활의 기본 태도를 습득하게 하는 중요한 기반이 된다. 브론펜브레너(Bronfenbrenner, 1979)는 생태학적 접근에서 지역사회와 같은 외부 환경이 유아 발달에 구조적 영향을 미친다고 보았다.

셋째, 문화적 환경은 유아의 자아 정체성과 집단 소속감을 강화한다. 전통 놀이, 명절, 상징, 의례 등은 유아가 자신이 속한 사회의 문화적 정체성을 이해하게 하며, 이는 자긍심과 집단 소속감의 토대가 된다(Rogoff, 2003). 예를 들어, 한복을 입고 세배하기, 전통 동요 부르기, 설화 듣기 등의 활동은 유아에게 자신이 어떤 문화적 맥락 속에 존재하는지를 경험적으로 배우게 한다. 이러한 경험은 유아가 문화적 맥락 속에서 자신을 인식하는 문화적 자아정체감(cultural self-identity)을 형성하는 데 중요한 역할을 한다.

넷째, 다양한 문화 접촉은 포용성과 공감 능력을 증진해 준다. 다문화가정, 이주배경 아동, 다양한 언어와 생활양식을 접할 수 있는 지역사회의 맥락은 유아로 하여금 차이를 인식하고 존중하는 태도를 기를 수 있게 한다. 이는 포용성과 공감, 문화 간 이해 능력이라는 사회적 역량의 기초를 다지는 데 기여한다. 비고츠키(Vygotsky, 1978)는 문화적 도구와 상호작용이 아동 발달의 핵심이라고 보며, 문화적 다양성 역시 사회적 학습을 확장하는 자원이 된다고 주장하였다.

다섯째, 지역사회는 교육과 실제 삶을 연결하는 매개체 역할을 한다. 유아가 교실에서 배운 지식과 기술을 지역사회라는 실제 맥락에서 직접 적용하고 실천해 보는 경험은 학습의 전이를 도모하고, 경험 기반의 사회성 학습을 가능하게 한다. 예를 들어, 현장체험학습, 지역 전문가 초청 수업, 부모와 함께하는 지역 봉사활동 등은 교실 교육을 현실과 연결하여 유아의 사회적 참여와 실천을 강화하는 데 효과적이다(NAEYC, 2009).

여섯째, 지역사회와 문화의 특성은 유아의 사회적 행동 양식을 규정한다. 지역사회의 인간관계 밀도, 이웃 간의 교류, 공동체 행사 등은 유아가 얼마나 다양한 인간관계를 경험하며 성장하는지에 영향을 준다. 개방적이고 협력적인 지역사회는 유아에게 안전감과 참여 기회를 제공하지만, 사회적 고립이나 배타적 문화는 유아의 사회적 위축, 불안, 편견 학습 등 부정적 정서와 사회성 제약을 야기할 수 있다(Katz & McClellan, 1997).

일곱째, 매체를 통한 간접 경험도 문화적 환경의 일부로 기능한다. 오늘날 유아는 지역사회의 실제적 경험뿐만 아니라 미디어를 통해 간접적으로 사회적 가치와 규범을 접하게 된다. 지역사회 기반 방송, 영상 콘텐츠, 소셜미디어 등을 통해 유아는 다양한 사회적 행동, 문화적 다양성, 사회적 갈등 해결 방식을 관찰하고 해석하며 사회성을 발달시킬 수 있다(Stephen & Edwards, 2017).

3) 사회성 발달을 위한 지역사회 및 문화적 환경의 활용 방안

유아교육은 더 이상 교육기관 내부에 국한되지 않고, 지역사회 및 문화적 맥락과의 유기적 연결 속에서 이루어져야 한다. 이러한 환경을 교육적으로 활용할 때 유아는 사회적 규범과 가치의 실제적 의미를 경험하고, 자신이 속한 사회와 문화에 대한 소속감과 존중감을 기를 수 있다. 유아교육기관은 지역사회와 문화 자원에 대한 교육적 매개자로서 기능하며, 교사는 문화적으로 민감한 태도와 포용적 언어를 통해 유아의 다양한 삶의 경험을 존중해야 한다. 또한 가정과 지역사회, 기관이 긴밀한 연계 체계를 형성함으로써 유아는 더 넓고 풍부한 사회적 환경 속에서 조화롭게 성장할 수 있다.

① 우리 동네 탐방 활동

목표: 유아가 지역사회 구성원 및 공간을 인식하고 소속감을 갖도록 한다.

유의점: 사전 안전교육과 함께 유아 수준에 맞는 장소 선정 필요

- "이곳은 어떤 일을 하는 곳일까?"
- "우리가 사는 동네에 또 어떤 장소가 있을까?"

② 지역사회 직업인 초청 수업

목표: 다양한 직업의 사회적 역할을 이해하고 존중하는 태도를 형성한다.

유의점: 초청 인물과 사전 협의하여 유아 눈높이에 맞는 대화 및 시연 준비

- "이분은 우리를 위해 어떤 일을 하실까?"
- "네가 커서 하고 싶은 일도 이와 비슷할까?"

③ 지역 축제 또는 전통 행사 참여

목표: 전통문화 및 공동체 활동을 경험하며 사회적 규범과 예절을 익힌다.

유의점: 참여 전 사전 배경지식 제공, 활동 중 안전 및 예절 지도

- "축제에서 사람들이 서로 어떻게 인사할까?"
- "이런 행사를 함께 하면서 어떤 기분이 들었니?"

④ 다문화 이야기책 함께 읽기

목표: 다양한 문화와 관점에 대한 이해 및 포용적 태도를 형성한다.

유의점: 편견이나 고정관념을 강화하지 않는 자료 선정

- "이 나라의 전통 옷은 어떤 특징이 있을까?"
- "우리와 다른 점은 무엇이고, 비슷한 점은 무엇일까?"

⑤ 우리 가족 문화 소개 활동

목표: 자아정체감과 문화적 소속감을 발달시키고, 다양한 가족 문화를 존중한다.

유의점: 가족 문화의 다양성을 긍정적으로 조명, 비교 우열 피하기

- "특별한 날에 어떤 음식을 먹니?"
- "우리 반 친구들은 어떤 문화를 알고 있을까?"

⑥ 공공기관(도서관·소방서 등) 방문

목표: 공공장소 이용 규칙 및 공동체 의식을 이해한다.

유의점: 사전 규칙 안내와 실내 예절 지도

- "여기에서는 어떤 약속을 지켜야 할까?"
- "우리가 이 장소를 이용할 수 있는 이유는 뭘까?"

⑦ 전통 놀이 체험 활동

목표: 공동체 속에서의 규칙, 협동, 배려 등을 놀이를 통해 익힌다.

유의점: 놀이의 목적은 승부보다 과정에서의 사회적 기술 연습

- "놀이 중 친구와 다툼이 생기면 어떻게 할까?"
- "이 놀이는 어떤 규칙이 있었지?"

⑧ 다문화 음식 만들기 또는 시식 활동

목표: 음식 문화를 통해 타 문화를 이해하고 존중하는 태도를 함양한다.

유의점: 알레르기 정보 확인 및 위생 관리 철저

- "이 나라 사람들은 어떤 재료로 음식을 만들었을까?"
- "이 음식은 너에게 어떤 느낌을 줬니?"

⑨ 지역사회 공동 프로젝트 참여

목표: 지역사회 구성원으로서의 주체적 참여와 소속감을 경험한다.

유의점: 유아 수준에서 할 수 있는 기여활동 중심 구성(예: 마을 벽화 꾸미기)

- "우리가 우리 동네를 위해 할 수 있는 일은 무엇이 있을까?"
- "이 활동을 하면서 어떤 기분이 들었어?"

⑩ 지역 인사와의 인사 나누기 활동

목표: 일상 속 예절과 사회적 상호작용을 경험한다.

유의점: 인사와 감사 표현을 자연스럽게 연결

- "동네에서 만나는 분들께 어떻게 인사하면 좋을까?"
- "인사할 때 표정은 어떻게 하면 더 반가울까?"

Activity

유아의 사회성을 해치지 않으면서도 교육적으로 미디어를 활용하려면 교사와 부모는 어떤 기준과 지침을 마련해 실행해야 할까요? 구체적 항목을 구성해 보세요.

가정은 자녀가 보물을 찾는 모험의 장소

인디아나 존스, 툼레이더 등 보물을 찾는 모험 영화가 많다. 보물이기에 위험을 무릅쓰고라도 찾으려 한다. 그러나 보물이란 금은보화와 같은 재물에 한정되지 않는다. 살아가면서 필요하고 가치 있는 것들을 모두 보물이라 할 수 있다. 그러나 단지 보물 그 자체만 중요한 것은 아니다. 보물을 찾는 과정에서 이루어지는 모험은 몸과 마음을 단련시켜 준다. 여기서 부모 스스로 자신에게 질문을 던져 보길 바란다. '나의 자녀는 보물을 찾기 위한 모험을 어디서 어떻게 하고 있을까?'

가정은 모든 인간이 최초로 보물을 찾기 위해 모험하는 장소이다. 자녀는 집안 구조, 가구, 다양한 물건 등 유형적인 것은 물론, 부모의 성격과 역량, 가정 분위기, 부부관계, 부모자녀 관계 등 무형적인 것에서도 보물을 찾는 모험을 한다. 그러므로 부모는 다양한 보물을 창출하고, 자녀가 모험할 수 있는 풍토를 조성하여야 한다. 이를 위해 근본적인 세 방향을 생각해 보자.

첫째, 안전하고 평화로운 가정을 조성하여야 한다. 강압적 가정 분위기, 잦은 부부 갈등, 정돈되지 않은 물건들, 깨끗하지 않은 실내 등은 모험을 억제하거나 심리적·신체적 건강을 해친다. 그렇다고 무균실처럼 위험 요소를 사전에 전부 배제하라는 것은 아니다. 자녀의 능력은 모험을 통하여 형성되기 때문이다.

둘째, 자녀의 자발적인 모험을 방해해서는 안 된다. 경험도 자발적 선택이 필요하다. 자발적 선택에 의해 아이들은 능력의 학습과 동시에 자기주도 학습력을 기르게 된다. 자녀의 생각과 관계없이 직접적, 강제적으로 자극을 주면 정서적으로 불안하거나 자기주도 학습력에 손상을 줄 우려가 크다.

셋째, 자녀의 모험 행동이 적절하면 반복할 기회를 주어야 한다. 바람직한 행동은 반복적으로 수행하여 습관화하도록 해 주어야 한다. 프로이트에 의하면 유아기는 인성의 기초가 형성되는 시기이고, 아들러에 의하면 생활양식이 습득되는 시기이다.

자녀는 가정에서 보물을 찾는 모험을 연습하고 있다. 이러한 모험이 잘 이루어지면 성장해서도 문제해결의 보물을 찾는 모험은 자연스럽게 나타날 것이다. 보물로 충만한 가정, 자녀가 자유로이 모험을 할 수 있는 풍토를 조성하는 것은 부모의 권리이자 책임이다.

– 하수연(2021. 2. 22.). 화성신문. https://www.ihsnews.com/38269에서 일부 발췌

제3부

유아의 사회성 발달을 위한 지도 영역

제8장 성역할

학습 목표

1. 성에 대한 개념을 생물학적 성과 사회문화적 성으로 구분하여 정의하고 이해한다.
2. 성을 이해하는 유아의 연령별 발달단계에 따른 이해와 특성을 알 수 있다
3. 성 발달에 영향을 미치는 주요 요인에 대해 알아본다.
4. 올바른 성 정체성의 발달을 돕기 위한 교사의 교육적 실천 방안에 대해 살펴본다.

생각해 보기

1. 나의 가족 구성원 고유의 성역할을 살펴보고, 가족 내 성역할에 대한 고정관념에 대해 생각해 보세요.
2. 유아 활동에서 남아는 남아와만, 여아는 여아와만 함께하는 놀이를 함으로써 초래되는 발달 결과는 무엇일지 생각해 보세요.

인간은 누구나 태어나면서 남자와 여자로 구분된다. 유아들의 놀이를 관찰하다 보면, 이미 우리 사회의 고정된 성역할을 어느 정도 획득하고 있다는 것을 종종 볼 수 있다. 행동에서의 성차는 인간의 일생 동안 지속되는 특징이다. 물론 사람들마다 전형적인 성역할 행동과 태도가 다르지만 특정 사회의 개인은 어느 정도까지는 성에 따른 유사한 행동을 보여준다. 즉, 유아기는 성역할에 대한 개념이 형성되는 시기로 자신의 성별을 이해하는 것은 물론이고 타인의 성별에 대한 이해와 습득이 중요하다. 이번 장에서는 성역할의 개념에 대한 이해와 더불어 이론적 관점을 살펴보며, 유아의 성역할에 영향을 주는 요인들과 교육기관에서의 유아의 성역할을 돕는 교사의 지원에 대해 살펴보고자 한다.

1 성역할의 개념

성역할에 대한 개념은 남자와 여자로 보는 생물학적 성차를 바탕으로 남녀의 역할을 나누는 성역할(sex role)과 개인의 정상적인 근원에 의해 남성다움과 여성다움이 있느냐를 구분 짓는 성역할(gender role)로 볼 수 있다(이미정, 2006). 성역할은 생물학적인 요인보다 사회문화적인 영향에 의해 결정된다. 한 사회 내에서 남성과 여성에 대해 특별하게 생각하며, 고유한 행동 기준에 대한 고정관념을 가지고 있어, 이에 부합하지 않는 행동들은 부정적인 시선으로 보게 된다.

성역할에 대한 고정관념은 사회화 과정에서 학습과 경험을 통해 습득하며, 유아가 자신의 성을 구별하는 시기에 발달하게 된다. 성역할에 대한 고정관념은 타인을 판단할 수 있고 자신의 자아개념과 성 정체성을 평가하는 기준이 될 수 있다. 예를 들면, 남자는 절대로 울면 안 된다거나 공격성이 크고 자신감이 높아 어떠한 일이든지 포기하지 않는 특성이 있고, 여자는 잘 울고 감정적이며, 소극적인 성향이 크며, 남을 배려하는 특성이 남자보다 강하다고 생각한다. 이러한 고정관념은 유아가 성장하며 더욱 두드러지는데, 이 시기에 습득한 성 유형화된 신념이 확장되어 일생 동안 영향을 미칠 수 있다.

한편, 남성과 여성으로 구분되는 성 유형화를 지나치게 강조함으로써 오히려 성역할에 대한 고정관념을 형성할 수 있다. 성 유형화란 유아가 자신이 속한 사회 속에서 규정짓는 성에 부합하는 행동이나 가치관, 태도를 학습하며 성역할 특성을 발달시키는 과정을 말한다. 최근에는 여성적 또는 남성적인 성역할뿐만 아니라 양쪽의 특성을 가진 양성성(androgyny)에 대한 관심도 고조되고 있다(이영미 외, 2021, 재인용). 연구에 의하면, 양성적 정체감을 가진 유아는 자아존중감이 높고 상황에 따라 유연한 대처능력이 우수하여 유아교육기관에 잘 적응한다고 하였다(정미라, 2009). 따라서 성역할에 대한 적절한 학습과 이해를 통해 유아가 올바른 성역할에 대한 개념을 익힐 수 있도록 다양한 경험과 기회를 제공하도록 해야 한다.

표 8-1 고정관념에 따른 여성과 남성의 성격 특성

여성적 특성		남성적 특성	
수동적이다	승인이 필요하다	적극적이다	리더십이 있다
잘 운다	헌신적이다	모험심이 있다	공격적이다
감정적이다	배려심이 깊다	야심이 있다	경쟁적이다
온화하다	쉽게 상처를 받는다	지배적이다	쉽게 포기하지 않는다
재치있다	타인의 감정을 안다	솔직하다	자신감이 있다
깔끔하다	아이들을 좋아한다	거칠다	독립적이다

출처: BerK, I. E. (2013). Development Through the Lifespan(6th or 7th ed.).

성 정체성은 개인이 자신을 여성 또는 남자로 지각하는 방식을 나타낸다. 유아가 성에 대한 정체성을 습득하기 위해서는 세 가지 단계를 거치며 발달한다. 콜버그(Kohlberg, 1966)는 유아기 동안 세 단계를 거쳐 성 항상성 개념 발달이 이루어진다고 하였다.

첫째, 성 동일시이다. 2세경이 되면 성에 대해 정확하게 분류하기 시작하며, 자신 이외에 다른 사람도 구별할 수 있게 된다. 예를 들면, 옷의 차림새나 색상을 보거나 머리 길이를 통해 성을 구분하는 중요한 단서를 발견한다. 하지만, 남아가 자라서 엄마가 될 수도 있고, 여아도 남자가 될 수 있다는 것으로 성별이 바뀔 수 있다고 생각한다.

둘째, 성 안정성이다. 일생 동안 같은 성을 갖게 된다는 것을 이해하는 것으로 이는 4세가 되면 획득한다. 즉, 시간이 지나면 남아는 성인 남자가 되고, 여아는 성인 여성이 된다는 것을 이해하게 된다.

셋째, 성 항상성이다. 5~6세가 되면 완전히 자신의 성은 변화되지 않는다는 것을 이해한다(임효선, 2013). 옷이나 머리 모양이 바뀐다고 해서 성별이 변하지 않는다는 것을 이해한다. 즉, 성 항상성이 형성되는 단계이다. 이처럼 아동기에 접어들면 성 항상성 개념이 형성되면서 성에 대한 고정관념도 점차 줄어들게 되는데, 성별에 따른 정보를 엄격하게 구분 짓고 분류하던 경향은 줄어들며 성역할에 대한 유연함이 증가하게 된다. 또한 사회관계가 확장되면서 사회에서 적합하다고 판단되는 성역할을 관찰하며 내면화하여 행동과 가치, 태도를 경험하게 된다.

표 8-2 성 이해 발달단계

발달단계	성 동일시(0~2세)	성 안정성(3~4세)	성 항상성(5~6세)
발달 특성	성을 남녀로 구분할 수 있다.	일생 동안 성은 변할 수 없음을 알 수 있다.	성의 불변성을 인식할 수 있다.

2 성역할의 개념에 따른 이론

1) 정신분석 이론

프로이트는 유아의 성역할 습득을 동일시의 과정으로 보고 심리성적 발달단계 중 세 번째 단계인 남근기를 통해 성기의 차이를 이해하면서 성역할이 발달한다고 보았다. 남아는 아버지를 대상으로, 여아는 어머니를 대상으로 하여 행동, 태도, 신념 및 사고방식에 따라서 자신의 자아를 형성하려고 노력한다. 즉, 만 4세~6세경의 남아는 어머니에 대한 애착을 오이디푸스 콤플렉스(Oedipus complex)를 극복하며 거세불안(castration anxiety)을 감소하기 위해 방어적으로 아버지와 동일시하게 된다. 여아는 남근선망과 아버지에 대한 애정으로 이어지는 엘렉트라 콤플렉스(Electra complex)를 극복하는 과정에서 어머니와 동일시를 하게 된다(민혜영 외, 2023). 따라서 남아와 여아는 이성 부모에 대해 성적 욕망을 느끼며 동성 부모와 경쟁하면서 동일시하게 되는 과정을 통해 성역할을 습득하게 된다.

2) 사회학습 이론

사회화(socialization)는 사회적 역할을 통한 학습으로 개인이 속해 있는 집단의 지위나 그와 관련된 역할들을 학습하고 내면화함으로써 사회 구성원으로 통합하는 과정을 말한다. 사회화의 개념을 교육과 같은 개념으로 연관 지어 살펴볼 수 있는데, 이는 사람이 출생 직후에는 비사회적인 인격이기 때문에 사회적 존재로 성장하도록 육성하는 것이 바로 교육의 기능을 수행한다는 개념일 것이다. 즉, 이러한 측면에서의 유아교육기관의 교육 행위 자체를 사회화라 할 수 있을 것이다(김경옥, 2004).

사회학습 이론에서는 성역할 발달이 사회적 경험과 환경을 통해 획득되며, 아동의 성차에 절대적인 영향을 미친다고 하였다. 따라서 성역할 발달을 관찰과 모방, 강화를 통한 학습으로 설명한다. 사회화 과정에서 유아는 부모나 형제, 또래와의 관계 등 타인과의 행동을 모방하고 관찰하며 사회에서 적합하다고 인정하는 성역할 행동을 학습한다. 예를 들면, 영아는 매일 자주 접하는 어머니의 표정과 행동을 반복적으로 모방하고 어머니는 영아의 모방 반응을 강화함으로써 정서가 학습된다고 볼 수 있다. 또한 공격적인 성향을 보이는 것은 남성호르몬이나 연령에 따른 것으로 단정 짓기보다는 공격성 행동의 모델링을 통해 이루어지는 사회적 측면에 영향이 높다고 할 수 있다. 즉, 성역할의 발달은 강화와 모델링을 통한 직접적인 학습과 반복적인 훈련을 통한 영유아 발달 초기에 형성된다고 볼 수 있다(최혜진 외, 2022).

3) 인지발달 이론

인지발달 이론에서는 성역할 개념에 대해 인지발달을 강조한다. 인지발달 관점에 따르면, 유아의 성역할 습득은 유아가 자신의 세계를 인지적으로 조직한 결과로 본다. 이는 성역할 사회화는 생물학적인 본성이나 문화적 규준에서 학습경험과는 직접적인 영향이 없다는 관점이다. 즉, 정서와 인지는 상호 의존적인 것으로 서로 관련이 있다는 것에 의미를 둔다.

유아의 성역할 발달을 인지적으로 접근한 콜버그는 인지발달과 마찬가지로 성역할 습득은 유기체 내의 변화와 함께 환경과의 상호작용에 의해 결정된다고 본다. 이는 유아 자신이 남자 또는 여자라는 성별의 개념을 인지한 후에 성역할이 발달한다는 것이다. 즉, 인지적 경험을 통해 성별에 대한 자아개념을 점차적으로 알아감으로써 적합한 성역할을 규정짓고 학습할 수 있다. 정신분석 이론이나 사회학습 이론은 모두 같은 성의 부모와 동일시하는 것이 성에 대해 적합한 태도와 행동을 기르는 일차적 조건이라고 보았다면, 인지발달 이론은 같은 성의 부모와의 동일시가 성 유형화의 결과라고 보았다. 따라서 인지발달 이론에서의 성역할 발달에 대한 개념은 유아가 자신에 대한 남성과 여성으로서의 자각이 먼저 이루어졌을 때 그 결과에 대해 성취된다고 할 수 있다.

3 성역할 발달에 영향을 주는 요인

유아의 성은 어느 장소에서 유아의 반응 방법을 예측하는 최상의 단일 요인으로, 일생에서 연령과 성은 어떤 다른 개인적 특성보다 사람의 일반적인 행동에 대해 보다 많이 설명한다. 성은 사회적 표시이며 중요한 개인차 변인으로, 놀이를 포함하여 일생 동안의 행동과 사고에 매우 중요한 역할을 한다. 따라서 성역할 발달에 영향을 주는 요인을 살펴보면 다음과 같다.

첫째, 생물학적인 요인을 들 수 있다. 인간이 태내에서 수정된 순간부터 여아가 남아보다 더 많은 생존율을 보이며, 신체적 결합이나 정신적 결함도 남아보다 적다는 결과를 가지고 있다. 이는 유전학적 측면에서 남자가 여자보다 약한 성을 가지고 있다고 볼 수 있다.

둘째, 가정 내에서의 부모와의 상호작용을 들 수 있다. 부모는 자녀의 출생 초기부터 지속적인 성역할에 대한 막중한 영향을 미친다. 즉, 자녀는 부모로부터 성역할에 대한 모델링을 통해 성역할을 배우며 학습한다. 또한, 부모는 자녀의 성별에 따라 각각의 다른 반응과 태도를 보여주며 직접적인 성역할에 개입하게 된다. 이를테면, 자녀가 자신의 성역할에 부합하고자 적절한 행동을 하였을 때는 만족스러운 반응을 보이며, 그렇지 않을 때는 부정적인 반응을 나타내어 이와 같은 반응을 통해 성역할을 발전시킨다(민혜영 외, 2023).

셋째, 출생순위, 형제의 수, 형제와의 관계 그리고 또래 간의 반응에 따라 유아의 성역할 발달에 영향을 미칠 수 있다. 같은 성만 있는 가정에서의 형제들은 성역할 개념이 빠르게 발달하는 것을 볼 수 있는데, 함께 놀이하는 과정을 통해 성에 대한 적절한 역할을 수행하게 된다. 그리고 유아는 또래와의 놀이를 통해 성역할에 대한 개념을 발달시키는데, 또래와의 관계 속에서 서로 성에 대해 적합한 행동이 이루어졌을 때 보상을 주고 부적합하다고 판단되는 행동을 하였을 때는 비판적인 태도를 보인다.

넷째, 사회·문화적 요인을 통해 성역할에 영향을 줄 수 있다. 성역할 고정관념이 형성되고 발달하는 시기는 2세에서 7세까지의 유아기로 이때 형성된 성역할 고정관념과 편견은 유아가 자라나 성인이 되어서도 계속해서 영향을 미치며 쉽게 변하지 않는다(김희진·최인경, 2018). 특히, 전통적인 성역할 고정관념에 대한 노출은 유아 발달에 부정적인 영향을 미치며, 수용되는 행동의 범위를 좁히고, 불평등을 당연시하도록 한다. 따라서 오래되고 전통적인 성역할 개념에서 탈피할 수 있는 근대적인 성역할에 대한 개념 정리와 인식을 바꾸어 나가는 노력이 필요하다.

다섯째, 유아교육기관에서의 또래와의 상호작용과 경험을 통해 성역할 개념을 학습하게 된다. 유아기는 집중적으로 또래와의 관계 형성이 시작되는 시기이므로 또래와 함께 어울리며 다른 사람의 생각을 인정하고, 협력하는 등 활발한 상호작용을 하게 된다.

4 성역할 개념을 돕는 교사의 지원 방안

학자들은 어린 시기부터 유아들이 성역할 고정관념을 획득하게 된다고 연구를 통해 밝혔다. 유년기에 형성된 성역할에 관한 고정관념은 일생 동안 많은 영향을 미치게 된다. 유아기에 한번 형성된 성역할 고정관념은 쉽게 변하지 않으며 연령이 증가함에 따라 더욱 고정되어 가는 특징이 있으므로 이를 완화하기 위해서 유아기 시절부터 적절한 교육이 시행되어야 한다. 따라서 교사는 다음과 같은 성역할 개념을 도울 수 있는 교육적 지원을 해야 한다.

첫째, 학급에서 이루어지는 모든 일에 대해 편견 없이 동등한 기회를 제공한다.

둘째, 놀이 영역의 구성을 성별로 나뉘지 않도록 다양하게 배치한다.

셋째, 그룹별 활동 시에는 남아, 여아를 구분 짓지 않고 골고루 섞여 의견 나누기를 하는 기회를 제공한다.

넷째, 여러 가지 기회와 방법을 통한 성역할 개념을 발달시키도록 노력을 기울인다. 다양한 성역할 모델링을 제시한다거나 여러 직업군에 대한 이야기 나누기, 양성평등에 대한 그림책이나 그림 등 문학작품 이해하기, 역할극이나 동극 참여하기 등과 같은 활동으로 성역할에 대한 고정관념을 갖지 않도록 유의한다.

다섯째, 성역할에 대한 다양성을 반영한 환경을 구성한다.

여섯째, 영유아가 자신의 신체를 인지하고 긍정적인 사고를 하도록 안내하고 살핀다.

일곱째, 교사의 언어 사용에 주의한다. '왕자님 같다', '공주 같다'라는 성역할에 대한 고정관념을 주입하고 있는 것인지 유의한다.

여덟째, 교재교구 활용이 왜곡되어 잘못된 성역할 개념을 부추기는 역할을 하는 것은 아닌지 항상 주의 깊게 생각한다.

유아교육기관은 유아들이 또래 사이에서 다양한 상황을 경험할 수 있는 최초의 사회생활의 장이다. 따라서 유아교육기관에서의 교사는 유아들이 타인의 감정을 잘 수용하고 이해하도록 도울 수 있어야 한다. 유아가 일상 속에서 경험하고 학습할 수 있는 다양한 놀이와 역할을 체험하도록 하며, 이러한 학습과 경험을 통해 유아는 다른 사람의 입장을 이해하며 그 사람의 역할이나 행동을 수행하여 역할을 공감할 수 있게 된다. 유아가 올바른 성역할 개념과 양성평등의식을 가지고 있을 경우 융통적이며 열린 사고를 할 수 있다. 또한 자신의 의지와 적성, 흥미에 따른 다양한 활동에 참여할 수 있게 된다. 즉, 또래 유능성과 연결되며 또래와의 관계에서도 긍정적인 영향을 미친다(김세은, 2019).

전통적이며 고정관념적인 틀에서 벗어나 성역할 사회화 과정에서의 가사노동은 여자만이 해야 하며, 경제적으로 생산적인 일은 남자만이 해야 한다는 과거의 성역할은 지양되어야 하며 융통성 있는 교육적 지원이 필요하겠다.

유아 성역할 & 성인지 감수성에 도움을 주는 그림책

《**소중해 소중해 나도 너도**》 엔미 사키고 글, 가와하라 미즈마루 그림, 권남희 옮김, 주니어RHK.

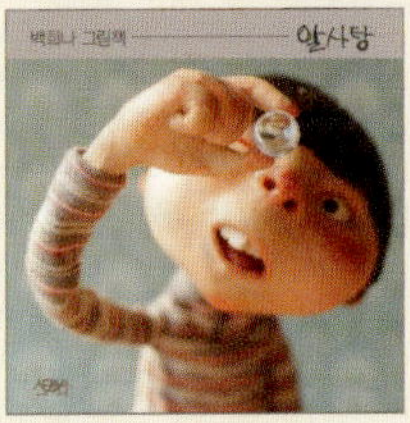

《**알사탕**》 백희나 글·그림, 스토리보울.

《**동의: 너와 나 사이 무엇보다 중요한 것!**》 레이첼 브라이언 글·그림, 노지양 옮김, 아울북.

《**종이 봉지 공주**》 로버트 문치 글, 마이클 마첸코 그림, 김태희 옮김, 비룡소.

《**빨간 모자**》 에렌 프리시 글, 로베르토 인노첸티 그림, 서애경 옮김, 사계절.

《**리오는 보라색 치마를 입어요!**》 이르마 보르게스 글, 프란체스코 파냐니 그림, 홍연미 옮김, 우리교육.

Activity

1. 과거와 현대사회의 성역할의 변화에 대해 토론해 보세요.
2. 영유아교육기관에서 긍정적인 성역할을 돕는 놀이 사례를 찾아보세요.

성역할을 돕는 유아 사회 놀이 ①

활동명	**엄마, 아빠가 되어 요리해요**
활동 목표	• 가족 구성원인 엄마, 아빠의 역할에 대해 안다. • 집안일에 대한 가족의 공동 역할에 대해 이해하고 즐겁게 놀이한다.

놀이 탐색 및 시작

여아 한 명이 소꿉놀이 영역을 탐색하다가 앞치마를 들고 와서 묶어 달라고 한다.

교사는 유아에게 앞치마를 묶어 주며 "우주가 요리를 하고 싶은 거구나?"라고 유아의 놀이에 교사가 관심을 표현해 준다.

우주는 "네! 엄마가 되어서 요리를 할 거예요!"라고 이야기를 한다.

옆에서 지켜보던 남아 한 명이 여아에게 다가가며 "나도 요리할 거야!"라고 놀이에 참여하려는 의사를 표현한다.

우주는 "그래, 같이 하자!"라고 대답해 준다.

우주와 태연이는 소꿉놀이 그릇에 음식들을 차리며 상호작용하며 놀이를 시작한다.

놀이 진행

여아 우주와 남아 태연이는 함께 앞치마와 머릿수건을 하고 생일 파티 음식을 만든다.

우주는 요리하는 흉내를 내며 "태연아, 내가 요리할 테니까 네가 그릇에 담아 줘!"라고 말한다. 태연이는 우주의 말에 반응하며 그릇에 담아 주며 "내가, 고기를 구워 줄게!"라고 말하며 자신도 요리하는 흉내를 낸다. 우주는 "그래, 아빠도 요리할 수 있어. 고기는 아빠가 구워 주는 거야."라고 반응해 주며 함께 놀이를 진행해 나간다.

교사의 놀이 관찰 및 지원

- 유아들이 각자 선택한 놀이에 몰입하여 진행하도록 방해하지 않고 지켜본다.
- 놀이 중 유아의 요구(예: 블록 지원, 앞치마 묶어 주기 등)에 적절한 도움을 주며 개별적인 반응과 질문에 대해 반영해 주며 격려한다.

성역할을 돕는 유아 사회 놀이 ②

활동명	아기 돌보기는 즐거워요
활동 목표	• 가족의 소중함을 알고 아빠, 엄마의 성역할에 대해 이해한다. • 생명의 탄생과 소중함에 대해 안다.

놀이 탐색 및 시작

교구장에 있던 아기 인형을 탐색하던 여아가 아기를 안고 목욕 놀이를 시작한다.

"애기야, 깨끗하게 목욕시켜 줄게!"라고 인형을 토닥이며 놀이를 시작한다.

"소유가 아기를 돌보는구나?"라고 교사가 유아의 놀이에 관심을 표현해 준다.

"네, 내가 엄마예요. 그래서 아기 목욕시켜 주는 거예요. 이따가 우유도 줄 거예요."라고 말하며 놀이를 진행한다.

교사가 "아! 소유가 엄마구나?"라고 반응해 준다.

놀이 진행

소유가 아기 돌보기 놀이를 계속 진행하며 즐거워한다.

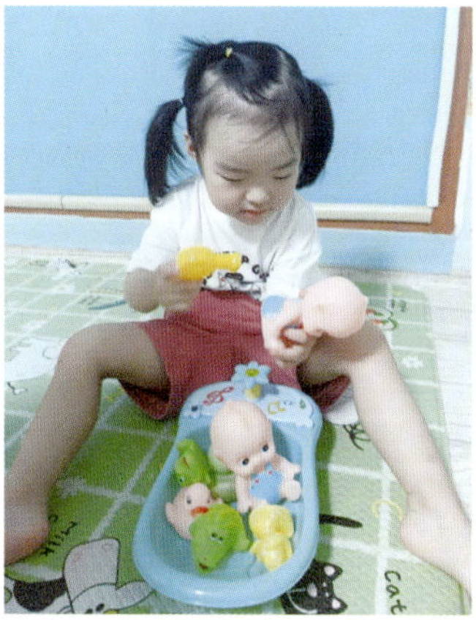

“우리 소유도 엄마가 목욕도 해 주고 토닥토닥 잠도 재워 주지?”라고 교사가 이야기해 주니 소유가 웃으며 “맞아요.”라고 반응한다. 교사는 소유의 놀이를 지켜보다가 “소유야. 아빠는 어디 갔어?”라고 물어본다.

“아빠는 회사 갔지요.”라고 소유가 대답해 준다.

“아! 아빠는 회사에 가셨구나? 아빠도 소유 돌볼 수 있어?”라고 교사가 물어보자 “네, 아빠도 소유 우유도 주고 목욕도 해 줘요!”라고 대답하며 놀이를 진행한다.

교사의 놀이 관찰 및 지원

- 아기 돌보기 놀이를 통해서 자연스럽게 아빠, 엄마의 성역할에 대해 이해하도록 한다.
- 성역할에 대해 고정관념이 생기지 않도록 상호작용해 주며 반응해 준다.

겉모습이 중요하지 않다는 것은 거짓이다

겉모습 또한 가꾸어라.
보통 사람들은 진짜 본인의 모습을 보지 않고
보이는 대로 판단한다.
소수의 사람만이 내면을 볼 뿐이지
많은 사람은 겉모습을 따른다.
겉보기에 나쁘다면 옳은 일이라도 충분하지 않다.

– 발타자르 그라시안(2023). 《아주 세속적인 지혜》 본문 중에서

제9장 유아 자기조절력과 리더십

학습 목표

1. 자기조절력과 리더십의 각각의 개념에 대해 이해한다.
2. 자기조절력과 유아 리더십의 관계에 대해 살펴보고 영향을 주는 여러 요인들에 대해 살펴본다.
3. 유아의 자기조절력을 향상하기 위한 구체적인 놀이 활동 유형에 대해 알아본다.
4. 유아의 리더십을 신장하기 위한 적용 방안에 대해 안다.

생각해 보기

1. '금쪽같은 내 새끼' 50회 '6살 모유 먹는 금쪽이'를 시청하고 자기조절력과의 관련성에 대해 생각해 보세요.
2. 여러분이 일상생활에서 경험한 자기조절력과 관련된 긍정적인 사례와 부정적인 사례를 생각해 보고, 이유를 이야기해 보세요.

유아가 24개월 무렵이 되면 양육자의 보살핌에서 벗어나 혼자 할 수 있는 일들이 점차 많아지게 된다. 컵에 물을 마시는 것과 같은 아주 사소한 일을 스스로 해내며 즐거움과 성취감을 느낀다. 특히, 이 시기의 유아는 자율성이 현저하게 발달하게 되는데, 건강한 또래 관계를 형성하고 사회 구성원으로 함께 어울려 생활하며 자기조절력을 형성해 나간다.

자기조절력이 높은 유아일수록 스스로 통제와 절제를 통해 나쁜 유혹으로부터 자신을 지켜내며 올바른 방법을 찾아내는 등 또래와 긍정적인 관계를 맺게 된다. 황윤세(2010)는 유아의 리더십과 자기조절력 간의 관계에서 자기조절력이 잘 형성된 유아일수록 도전과 자신감 등이 높아 또래와 긍정적으로 상호작용하며 친사회적 행동을 많이 하는 등 리더십이 높다고 하였다. 이는 자기조절력과 리더십과의 관련성이 있다는 것이며, 유아가 유능한 사회인으로 성장하기 위해서는 자기조절력과 리더십의 중요성을 나타낸다.

1 자기조절력 및 리더십의 개념

1) 자기조절력

유아는 성장하면서 많은 사람들과의 상호작용을 통해 다양한 사회적 관계를 맺으며 성장하고 발전한다. 주로 양육자와의 사회화 과정에서 이루어지는 자기조절은 이 시기에 발달된다. 따라서 사회적 관계 속에서 바람직한 대인관계를 형성하기 위해 자신과 타인에 대한 정서와 수용, 이해와 행동을 조절할 수 있는 자기조절력이 필요하다. 자기조절력에 대해 학자들은 다양한 정의를 내리고 있다. 바우어와 바우마이스터(Bauer & Baumeister, 2013)는 자기조절력에 대해 유아가 장기간 목표를 이루기 위하여 사회적으로 정해진 규칙을 따르며 자신의 흥미를 참을 수 있는 능력이라고 하였으며, 맥컬로우와 카터(McCullough & Carter, 2013)는 유아의 자기조절력은 목표 달성을 위해 유아가 가지고 있는 지식의 정보를 활용하는 능력이라고 정의하였다.

자기조절(self-control)은 억제 조절(inhibitory control)의 한 측면에서 유혹이나 충동으로부터 감정, 사고, 행동을 조절하는 능력으로 만족을 훗날로 미루고 원치 않는 행동이나 충동에 대한 저항력을 수립하는 것이다. 즉, 자기조절 능력은 자신이 세운 기준에 부합하기 위한 생각과 감정, 행동을 조절하는 것으로, 생의 초기인 유아기의 사회화 과정에서 발달시켜야 하는 중요한 능력으로 사회적 성공을 예측하는 중요한 요소이기도 하다(Block & Block, 1980).

자신의 욕구와 충동을 조절할 수 있는 자기조절 능력은 12~18개월경에 발달하게 된다. 첫 돌이 지나면서 영아는 양육자의 기대를 이해하며 간단한 요구나 지시에 따르는 순응행동을 보인다. 특히, 양육자의 안내 같은 외적 통제에 따라 행동을 조절하던 영아는 2~3세 무렵이 되면 점차 사회적 기준을 내면화하며 자신의 행동과 충동을 스스로 조절하게 된다.

예를 들면, 깨지기 쉬운 물건을 잡으려던 영아가 양육자인 부모가 만지면 안 된다고 했던 기억을 되새기며 “안 돼, 만지면 안 돼.” 등 혼잣말을 통해 자신의 행동을 통제할 수 있다(이영미 외, 2021). 이처럼 자기조절력은 특히 유아기에 기초가 형성되고 발달적 변화가 이루어진다(이정란·양옥승, 2003). 유아기에 형성된 자기조절력은 성인기 이후의 사회·정서 발달에 영향을 미치며 학업 성취와 대인관계 형성은 물론 리더십과도 관련성이 있다(Bronson & Bronson, 2000; Kopp, 1982). 그러므로 유아의 자기조절력은 원활한 또래 관계 형성에 필수 요인이며, 건강한 사회적 관계를 형성하는 데 있어 그 중요성이 높다고 할 수 있다(노진형, 2014; Hubbard, 2001). 따라서 자기조절력은 의미 있는 발달적 변화가 이루어지는 유아기 전반의 발달단계에 있어 중요한 과제이며 필수적인 발달과업이라고 할 수 있다.

2) 유아리더십

인간의 삶은 대부분 타인과의 사회적 관계 속에서 이루어진다. 타인과 관계를 맺으며 상호작용함에 따라 개인과 조직문화에서 다양한 영향을 받으며 어떠한 대인관계를 형성하느냐에 따라 개인의 삶의 질 또한 달라지게 된다. 이는 인간이 태어날 때부터 생을 마감하는 날까지 사회적 관계 속에서 살아가기 때문이다. 사회적 집단은 개인의 성장은 물론 다양한 정보와 기술, 자원들을 통해 함께 이루어 나아가야 할 목표와 비전을 요구하고 있다. 따라서 현대 사회에서 보다 더 나은 사회적 관계를 형성할 수 있도록 바람직한 방향과 목표를 설정하고 안내하는 리더의 역할이 부각되고 있는 가운데 유아기부터 성인에 이르기까지 그 중요성이 강조된다(서은정, 2023).

사회의 급속한 변화로 인해 유아들이 이른 시기부터 유치원과 어린이집 등에서 보내는 시간이 증가하게 되었다. 또래와 교사와 함께 지내는 시간이 많아짐에 따라 사회관계를 잘 형성하도록 돕는 교육이 더욱 강조되는 가운데 리더의 역할 또한 중요하게 되었다. 유아기는 또래와 함께 지내며 친사회적 행동을 통하여 원만한 사회적 관계를 형성하면서 건강한 자아개념이 형성되며, 이것은 미래의 주역으로 성장할 수 있는 밑거름이 된다고 할 수 있다. 따라서 유아가 다양한 사회적 변화에 대응하며 건강한 사회적 상호작용과 역할을 주도할 수 있는 리더로서 성장할 수 있는 리더십이 매우 중요하다.

유아리더십이란, 또래와의 놀이 상황에서 놀이를 촉진하기 위한 배려와 평가를 통해 놀이에 자발적으로 참여하며 몰입할 수 있도록 돕는 능력이다. 즉, 유아에게 잠재된 개인적 자질과 능력으로 자기 의지를 통해 자신의 목표를 성취해 나아가고 또래관계는 물론 다른 사람과의 상호작용에서 유아가 소속된 집단 내에 끼치는 다양한 영향력이라고 할 수 있다(이연실, 2010).

2 자기조절력과 유아리더십의 관계

유아기부터 자신의 생각과 감정을 잘 조절하며 스스로 생각하고 판단하여 행동으로 실천해 가는 유아일수록 자기가 맡은 일을 성취해 나가며 자신감을 얻고, 일이 잘되지 않을 경우에도 책임지려는 태도를 갖게 되면서 또래를 포함한 타인에게 책임감과 신뢰감을 줄 수 있는 리더로 성장해 나간다(박미숙·안효진, 2015).

유아기는 발달 특성과 본능적 기질로 인해 충동적인 경향이 강하고 각 상황에 따른 적절한 행동과 정서를 스스로 조절하기가 쉽지 않다. 이런 환경 속에서 유아가 타인과 바람직하게 상호작용하며 사회적 관계를 형성하기 위해서는 스스로 사고하고, 타인의 감정과 행동을 이해하며 상황에 맞게 자신을 조절할 수 있어야 한다(최정윤, 2012). 특히 이 시기에는 인성의 밑바탕이 되는 리더십의 발달 또한 유아에게 있어 중요한 발달과업이다. 과거 가정에서 주로 형성된 사회화 과정은 오늘날 영유아교육기관으로 점차 확대되면서 또래와의 관계 형성을 통해 더욱 다양한 상황에서의 경험을 배우게 되며, 그 과정의 다양한 경험 자체가 리더십 발달에 영향을 줄 수 있다(임연자, 2011).

자기조절력과 유아리더십과의 관련 연구들에서 자기조절력이 높은 유아일수록 리더십이 높고, 집단 내 사회적인 규칙을 잘 지키고 상황에 맞게 적절한 행동을 하는 등 자신의 정서를 적절히 조절하여 또래 관계에서 긍정적인 리더십을 발휘하는 것으로 나타났다(김은영, 2015; 김진영, 2017). 이는 긍정적인 자기조절 전략을 많이 사용하는 능력이 높아 친사회적 관계를 맺게 되며 이러한 경험은 리더십 기술의 발달로 이어진다고 할 수 있다. 반면, 자기조절력이 낮은 유아는 자신의 생각과 행동, 정서를 적절하게 조절하는 데 어려움을 느끼기 때문에 주도성과 사교성이 부족해질 수 있다. 이러한 이유로 또래와의 관계에서 소극적인 태도로 자발적 몰입과 적극적인 성향이 낮게 되는 등 리더십에 부정적으로 영향을 미쳐 또래와의 갈등 상황이 자주 발생할 수 있다. 따라서 유아가 자기조절력을 잘 발휘하게 되면 유아기의 사회 적응에 도움을 줄 뿐만 아니라 긍정적인 자아개념을 촉진하고 정서적 도전과 자신감을 얻어 리더로서의 역할 수행 또한 잘하게 된다고 할 수 있다(Kopp, 1982; Saarni, 1984).

3 자기조절력과 유아리더십에 영향을 주는 요인

자기조절 능력은 유아기를 거슬러 이후 청년기, 성인기의 삶 속에서 직면하는 다양한 사건들에 대한 행동적·정서적 반응을 보이는 기반이 되기 때문에(Gralinski & Kopp, 1993), 사회화 과정에서 발달시켜야 할 중요한 과제로 사회관계에서 필요한 기술능력과 자기주도적 기술을 함양시켜 나가는 리더십에 영향을 미칠 수 있다(Bronson, 2000; Kopp, 1982). 따라서 발달적 시기에 가장 영향력을 행사하는 가정 내 부모와 유아교사 요인으로 나누어 살펴볼 필요성이 있다.

첫째, 한 인간이 사회에 적응하기 위해서 배워야 할 가치와 신념들은 대부분 가정에서 습득된다. 유아는 자신이 속한 가정에서 처음 대인관계를 배우고 자아상을 획득하게 되며 이를 기초로 또래 친구, 교사 들과 관계를 맺는다. 따라서 가족은 한 인간이 사회에 적응하는 최초의 집단이자 사회와가 형성되는 가장 중요한 영향을 미치는 공동체라고 할 수 있다. 부모는 유아가 최초로 사회적 관계를 형성하는 사람이다. 특히 주 양육자인 어머니와의 관계를 살펴볼 필요성이 크다. 유아기는 보살핌이 많이 필요한 시기로 어머니와 많은 시간을 보내게 된다. 유아는 어머니의 정서 표현을 모방하고, 정서 표현에 대한 규칙을 구성하여 이러한 경험을 통해 자신의 정서를 조절하며 타인의 정서를 이해하는 방법을 배운다. 어머니가 긍정적 정서 표현을 할 때 유아 스스로 정서와 행동을 조절할 수 있는 자기조절 능력의 향상을 가져와 또래와의 관계에서도 긍정적 정서 표현을 많이 하고, 리더십을 발휘하여 다른 유아들과 성공적인 상호작용을 통해 자신의 의견도 효과적으로 주장하여 높은 또래 유능성을 보인다.

또한 어머니의 과보호 양육 태도로 인하여 부정적인 영향을 미치기도 하는데, 과보호를 경험한 유아는 자신이 스스로 할 수 있는 일들에 대해 지극히 제한적이며 의존적 성향을 지닌다. 최근 들어 저출생과 핵가족화되어 가는 사회적 풍조는 어머니의 과보호를 부추겨 자녀가 외동일 경우에는 '골드 키즈(Gold Kids)'라고 불릴 만큼 가족 내에서 우선순위를 차지하게 되면서 자녀에 대한 기대감이 높아져 과보호 자녀 양육이 강화되고 있다(김종미, 2023). 이는 유아의 자기조절력에 부정적인 영향을 미친다. 즉, 어머니가 표현하는 정서 방식과 과도한 보호적 양육 태도 등에 따라 형성된 자기조절력은 유아가 처한 상황 내에서 영향력 있게 작용하게 되어 리더십에도 영향을 준다. 따라서 유아의 자기조절력과 리더십은 유아의 가정환경이 중요하며 부모, 즉 어머니와 밀접한 관련이 있음을 알 수 있다.

둘째, 최근 유아들이 교육기관에서 머무는 시간이 많아짐에 따라 부모의 역할 다음으로 유아에게 영향을 미치는 주요한 요인으로 유아교사의 역할 또한 그 중요성이 강조되고 있다. 유아교사는 최적기에 있는 아이들을 오랜 시간 가까이에서 보고 지도하기 때문에 그 역할에 대한 책임이 막중하다고 할 수 있다. 유아교사는 유아들과 하루 일과를 보내며 아이들의 말에 귀를 기울이며 아이들이 보내는 신호와 행동에 민감해야 한다.

이선애와 현은자(2010)의 연구에서는 유아의 자기조절력과 관련하여 교사-유아 관계에서 자기결정력과 행동억제력 등과 관련이 있다고 밝힌 바 있는데, 이는 교사-유아 간의 친밀한 관계가 높을수록 유아가 외적 요구나 사회적 기준에 적절한 행동을 할 수 있는 행동억제력이 높고 선택의 순간에 사회적으로 허용되는 범위 내에서 적절한 선택을 할 수 있다는 것이다. 즉, 교사와 친밀한 관계를 형성한 유아는 긍정적 사회적 상호작용으로 인해 의미 있는 발달적 변화가 이루어져 자기 자신을 잘 이해하고, 수용할 수 있으므로 또래와 타인과의 관계에서 행동을 잘 억제하고 충동적인 마음을 인내할 수 있다(이용희, 2017).

유아들은 교실 내 환경 안에서 하고 싶은 일도 많고 또래와 놀이하고 싶은 것들도 많다. 하지만 그 안에서의 규칙과 규율을 지키며 생활하도록 요구받으면서 자신의 감정을 조절하는 데 어려움을 느끼고 쉽게 분노하기도 한다. 또래 친구는 유아기를 포함하여 청소년기에 이르기까지 어느 시기에나 영향을 주고받는다는 점에서 매우 중요하다. 유아의 또래 기능을 살펴보면 다음과 같다. 첫째, 영향을 주고받는 관계로서 청소년기의 도당(clique)에서 나타나는 사회적 압력을 이 시기에 암묵적으로 경험한다. 즉, 친구들이 하는 행동, 옷차림, 말투 등을 모방하며 '우리 감정(we-feeling)'을 형성한다. 둘째, 또래 친구는 소속감을 형성하여 정서적 안정감을 준다. 즉, 소속감을 통해 자신의 존재감을 확인하고 가치를 인정받는다고 느낀다. 이는 결과적으로 자아존중감과 자기조절력과 연결되며 자신에 대한 평가로 스스로 얼마나 가치 있는가를 평가하게 되는 것이다(황선희, 2015).

4 자기조절력 및 유아리더십을 돕는 교사의 지원 방안

콥(Koop, 1982)은 3세 이전에는 자기조절이 자신의 만족을 지연하는 것을 통하여 그 능력을 나타내기 시작하여 5세가 되면 대부분의 유아가 스스로 자기조절력을 습득하게 된다고 하였다. 자기조절력의 결핍은 부적응과 문제행동으로 이어진다. 자기조절력이 낮은 유아는 타인과의 관계에 있어서 충동성과 공격적 성향이 강해지면서 정서적·사회적 적응에 대한 어려움을 겪게 되며, 결국 집중력 저하나 과잉행동 등의 문제행동을 보인다(박선희, 2012). 즉, 유아기에 자기조절력을 획득하지 못하면 리더십에도 부정적인 영향을 주기 때문에 리더십을 발휘하는 데 궁극적으로 어려움이 생긴다. 따라서 교사는 유아의 자기조절력과 유아리더십을 조화롭게 신장시키기 위한 노력과 지원 방안이 필요하다. 이를 일곱 가지로 정리하면 다음과 같다.

첫째, 유아가 자신의 기본적인 정서를 잘 조절하여 리더십을 잘 발휘할 수 있도록 평화로운 학급 분위기를 조성하도록 돕는다. 지나치게 허용적이거나 강압적인 분위기는 유아에게 자칫 산만하고 집중력이 저하되게 하므로 유아가 규칙에 적응하는 데 어려움을 느끼며 의존적인 태도를 가질 수 있다.

둘째, 유아 개인의 차이를 인정하며 존중한다. 모든 유아는 각자의 개별적 특성이 있고 기질적으로 다르며 연령과 성별에 따라서도 차이를 보이기 때문에 이와 관련하여 유아를 차별하지 않고 존중하여야 한다.

셋째, 유아가 활동에 대해 순차적으로 학습하며 이해하도록 돕는다. 유아는 한 단계에서 다음 단계로 나아가기 위해서는 앞 단계에서 배운 것에 기초해야 하고, 그러한 경험을 통해 나아감에 따라 자신을 조절하는 능력과 자신감이 높아져 리더십이 향상될 수 있다.

넷째, 유아가 자신의 욕구를 전달하고자 하는 말과 행동에 대해 적극적으로 반응해 주어야 한다. 유아는 자신의 의견에 반응하며 격려해 주는 교사의 태도로부터 정서적으로 안정감을 가지며, 이로 인해 신뢰감과 협력의 관계를 형성되어 자신의 정서를 잘 조절할 수 있는 힘과 또래와의 관계를 선도할 수 있는 적극적인 태도가 마련된다.

다섯째, 유아가 실수로부터 배우는 기회를 준다. 유아는 교사가 자신을 언제나 수용해 주고 인정해 주기를 원한다. 따라서 교사는 유아가 실수를 하더라도 적극적으로 지지해 주고 격려해 줌으로써 일관된 태도를 유지해야 한다. 이를 통해 유아는 어려운 문제에 직면했을 때 자신을 잘 조절할 수 있고 두려움이 적게 느끼며, 이는 또래와의 관계에서도 긍정적인 영향을 미친다.

여섯째, 또래와의 관계에서 배려하는 관계를 구축할 수 있는 협동활동을 한다. 이야기 나누기, 동극활동, 미술활동과 같은 활동을 통해 유아들이 서로 협력하며 자신과 친구가 서로 생각이 다를 수 있다는 점을 알고 존중하며 도움이 필요한 친구에게 도움을 줄 수 있도록 한다.

일곱째, 유아가 자신의 감정과 행동을 건강하게 표현하도록 돕는다. 교사는 아이들에게 그들의 감정과 행동에 대해 해당하는 적절한 말과 표현을 하도록 방법을 안내한다.

유아들이 또래 관계 상황에서 자신이 알고 있는 것과 할 수 있는 것을 구별하여 표현하고 자신에 대한 평가나 계획에 대해 언어로 표현할 수 있는 능력을 발휘한다는 것은 자기조절을 하는 능력이 높다는 것이다. 이는 또래를 주도적으로 이끌고 사교적으로 집단과 교류하는 데 리더로서의 역할을 잘 수행한다고 볼 수 있다. 따라서 유아들은 규칙을 지키기 위해 자신의 부정적 정서를 억제하고 자신의 행동에 대해 스스로 평가한 후 적절히 언어로 표현하는 행동을 통해 친구들의 감정을 민감하게 이해할 수 있는 자기조력과 리더십이 높은 아이가 된다(이연실, 2011).

Activity

1. 또래 집단에 어울리지 못하는 유아의 놀이 사례를 찾아보고, 문제점에 대해 토론해 보세요.
2. 미디어에 빠진 유아의 사례를 찾아보고, 자기조절력과의 관련성에 대해 토론해 보세요.

자기조절력과 리더십을 돕는 유아 사회 놀이 ①

활동명	치카치카 악어 양치 놀이
활동 목표	• 대소근육을 조절하여 악어 양치 놀이를 한다. • 자신의 감정과 다른 사람의 감정에 대해 이해한다. • 또래와 배려하며 함께 놀이하는 경험을 갖는다.

놀이 탐색 및 시작

유아가 악어 모형을 탐색하며 놀이를 시작한다.

"이것 봐! 악어 이빨이 너무 많아."라고 이야기를 하며 악어의 이빨을 만져 본다.

유아는 옆에 있던 칫솔을 가져와 "내가 악어 양치를 해줄 거야!"라고 말하며 양치 놀이를 시작한다.

교사가 유아의 놀이를 지켜보며 "우리 지안이가 악어 이를 닦아 주네?"라고 유아의 언어와 행동에 반응해 준다.

옆에서 지켜보던 우주가 "나도 할래!"라고 하며 지안이 옆으로 간다.

놀이 진행

지안이는 "안 돼! 내가 먼저 했어."라고 이야기하며 우주가 옆에 오는 것을 싫어한다.

교사는 "악어 이빨이 너무 많구나. 지안이 혼자 하면 힘들 것 같은데 우주가 함께 하면 어떨까? 우주가 도와주고 싶나 봐."라고 이야기해 준다. 지안이가 우주를 한 번 바라보더니 "그럼 살살 닦아야 돼! 라고 말하고 우주와 함께 양치 놀이를 한다.

교사는 함께 놀이하는 유아의 행동에 긍정적인 미소로 반응해 주며 즐겁게 놀이하도록 한다.

옆에 있던 다른 유아도 참여하고 서로 배려하며 놀이한다.

교사의 놀이 관찰 및 지원

- 유아들이 악어 양치 놀이에 몰입하여 진행하도록 방해하지 않고 지켜본다.
- 놀이 중 유아의 요구에 적절한 도움을 주며 개별적인 반응과 질문에 대해 반영해 주며 서로의 감정과 배려를 통해 즐겁게 놀이하도록 돕는다.

자기조절력과 리더십을 돕는 유아 사회 놀이 ②

활동명	네잎클로버를 찾아봐요
활동 목표	• 나와 친구의 감정을 알고 다름을 이해한다. • 또래와 함께 놀이하는 경험을 통해 주도성과 협동심과 배려를 배운다.

놀이 탐색 및 시작

유아들이 바깥 놀이 산책을 하던 중 정우가 "이것 봐! 내가 네 개 달린 풀을 찾았어!"라고 외치며 클로버를 들어 보인다.

옆에 있던 다른 유아들도 관심을 가지며 정우 옆으로 모이기 시작한다.

교사가 "와! 정우가 네잎클로버를 찾았구나. 네잎클로버는 행운을 준단다!"라고 이야기해 주며 정우의 행동에 반응해 준다.

다른 유아들도 "나도 찾아볼 거야!"라고 말하며 네잎클로버 찾기 놀이에 집중하기 시작한다.

놀이 진행

유아들은 네잎클로버를 찾느라 분주하게 움직인다. 정우는 "내가 찾아줄게! 눈을 크게 뜨고 풀 사이를 잘 찾아보면 네잎클로버가 보일 거야! 너희들도 눈을 크게 뜨고 잘 찾아

봐!"라고 말하며 친구들과 함께 클로버 찾기 놀이에 집중한다.

교사가 "와! 너희들 모두가 함께 네잎클로버를 찾는구나!"라고 유아들의 놀이 행동에 반응해 준다.

교사의 놀이 관찰 및 지원

- 유아들이 클로버 찾기 활동에 몰입하여 놀이하도록 방해하지 않고 지켜본다.
- 놀이 중 유아의 요구나 도움 요청에 적절한 개입과 도움을 주며 유아들의 상호작용과 반응을 격려하며 관찰한다.

내면의 품격은 감춰지지 않는다

말과 행동이 훌륭하면 명예와 존경이 따라온다.
사람의 품격은 말과 겉모습, 심지어는 걸음걸이에도 나타난다.
다른 사람의 말을 얻는 사람이 진짜 승리자다.
진정한 탁월함은 어리석은 생각이나 거만한 말에서 나오지 않고
품격과 재능이 어우러져 만들어낸 권위에서 나온다.

- 발타자르 그라시안(2023). 《아주 세속적인 지혜》 본문 중에서

제10장 친사회적 행동

학습 목표

1. 친사회적 행동에 대한 개념과 필요성에 대해 살펴본다.
2. 친사회적 행동과 공격성에 영향을 주는 요인들을 알아본다.
3. 유아교육기관에서의 공격성을 감소하기 위한 솔루션을 적용해 볼 수 있다.
4. 친사회적 행동을 증진시키기 위한 구체적인 방안들을 모색해 본다.

생각해 보기

우리가 사는 동네에 불이 나서 한 이웃이 모든 재산을 잃었다고 가정해 봅시다. 물론 이웃이긴 하나 평소 일면식이 없던 이웃이었습니다. 전 재산을 잃었기 때문에 도움이 필요하다는 것을 알게 되었고, 이웃은 보험도 없고 가진 돈이 거의 없었습니다. 동네 대표는 그가 옷이나 기타 생필품을 살 수 있도록 기금을 모으자는 제안을 해 왔습니다.
여러분은 이웃을 도울 것인지, 아니면 모르는 척할 것인지 생각해 보세요..

유아는 하루 일과 대부분을 교육기관에서 또래 및 교사와 함께 사회적 상호작용을 하게 되면서 자연스럽게 사회성을 발달시켜 나간다. 안정적인 또래 관계를 통해서 타인의 입장을 공감하고 배려하며 자기중심적인 성향에서 점차 성장하며 사회적 기술을 습득해 나가게 되는데, 친사회적 행동이 그중 하나이다(최예원, 2020). 2019 개정 누리과정의 사회관계 영역은 '자신을 존중하고 더불어 생활하는 태도를 가진다.'라는 목표로 유아 자신에 대한 이해를 통해 타인과 잘 지내며, 우리 사회의 다양함에 관심 갖는 것을 세부 목표로 삼았다. 사회관계 영역은 유아에게 가장 가까운 가족 및 친구를 중심으로 타인과의 관계에서 경험하는 사회적 태도나 가치를 '더불어 생활하기'로 통합하여 제시하였다(교육부·보건복지부, 2019a). 따라서 친사회적 행동은 유아가 다양한 특성을 가진 다른 사람과의 상호작용을 통해 사회화에 필요한 사회적 기술을 습득하고 타인의 입장을 고려하는 능력을 습득하기 위해서 매우 중요하다고 볼 수 있다(방세현, 2023).

1 친사회적 행동의 개념

3~6세경의 유아는 인지와 친사회성 발달에 중요한 시기이다. 이 시기에는 다른 사람에게 자기 소유물을 나누어 준다거나 어려움에 처한 사람을 돕거나, 본인이 돋보이기보다는 남을 칭찬하고, 다른 사람의 복지증진에 관심을 갖는데, 이러한 행위를 친사회적 행동이라고 할 수 있다(Hay, 1994). 친사회적 행동(prosocial behavior)이란 보편적으로 타인에 대한 배려와 도움을 주려는 의도적인 행동으로 정의되며, 사회적인 외적 보상이나 대가를 기대하지 않고 다른 사람이나 집단을 도와주거나 이롭게 하는 행동을 의미한다(Mussen & Eisenberg, 1977). 유아의 친사회적 행동 역시 자발적으로 또래와의 긍정적인 관계 형성을 위해 배려하고 양보하는 이타적 행동으로 볼 수 있다(2024, 이혜수). 캐츠와 맥클랠런(Katz & McClellan, 1997)은 유아기에 접어들면서 타인과의 관계를 통해 자기중심적 사고와 행동에서 벗어나 또래와의 상호작용이 가능해지는데, 6세경까지 유아의 친사회성이 발달되지 못한다면 전 생애 동안 사회 적응에 어려움을 가지게 되므로 유아기의 친사회적 행동 발달을 강조하였다.

2 친사회적 행동과 공격성과의 관계

친사회적 행동은 유아기에 또래와의 집단활동에서 더욱 발현되는데, 친구들과 상호작용하고 접촉함으로써 점차 자기와 타인의 관계에 대해 학습하게 되고 더 나아가 인간 생활의 기본 형태를 배우게 된다. 또래들과 서로 대화를 나누고 문제를 해결하는 과정에서 유아들은 서로의 생각이 다르다는 사실을 깨닫게 되고, 그 결과 자기중심적인 사고를 줄여 나갈 수 있고 점차 자신과 타인의 관계에 대해 학습해 나간다.

친사회적 성향이 높은 유아는 또래를 이해하는 공감 능력이 우수하므로 친구 개개인의 정서와 행동을 이해하는 조망 수용 능력과 같은 인지적 수준 또한 높다. 즉, 또래의 어려움을 잘 수용할 수 있고, 이타적인 마음을 갖는 등 진심으로 다른 사람을 배려하며 호의에 대해 적극적이며 안정적인 태도를 보여준다. 이러한 친사회적 행동과는 달리 공격성은 반사회적인 행동으로 자신은 물론 또래에게 여러 가지 부정적인 영향을 많이 미치기 때문에 또래로부터 배척당하기 쉽다.

공격성은 타인이나 동물에게 정서적·신체적 상해를 입히거나 재산상의 손괴를 입히는 반사회적인 행동으로(Dodge et al., 2006), 유아기와 아동기에는 때리기, 창피주기, 험담하기, 욕하기, 파괴하기 등으로 나타난다(Kostelnik et al., 2017). 대체로 1세에서 2세 사이에 도구적인 공격적 행동을 보이기 시작하여 초등학교 1학년에서 5학년 사이에 공격성이 명백하게 증가한다. 공격성은 지속적이어서 2세경에 공격적인 영아는 5세 이후에도 공격적인 성향이 이어져 6~10세 사이의 신체적·언어적 공격행동의 양은 청년기 공격성 정도를 예측해 주는 지표가 된다. 자기보다 약한 또래를 괴롭히는 것은 일반적인 반사회적 행동의 일부라 할 수 있으며, 유아기의 반사회적 행동은 유아기에만 국한되기보다는 성인이 된 후에도 각종 범죄, 알코올 남용 등의 문제행동과 관련된다는 점을 고려해 볼 때, 유아가 자기보다 약한 또래에게 공격적 행동에 개입하는 것은 장기적 적응에 부정적 영향을 초래할 수 있으므로 친사회적 행동과 관련성이 높다고 할 수 있다(임해순 외, 2008).

3 친사회적 행동과 공격성에 영향을 주는 요인

1) 기질

유아의 특성 중 기질은 생후 초기에 나타나는 유전적 성격 특성의 하나로 영아기부터 그 특성이 나타나서 성장 후의 성격에 기본이 된다. 수줍음이나 위축된 정서와 같은 정서적 측면에서는 기질이 유아기, 아동기, 성인기까지 지속성이 있다고 보고된다. 기질은 유아의 개인적 특성을 반영한다. 유아기에 나타나는 기질은 이후 전 생애과정의 공격성과 사회적 위축을 포함하여 다양한 사회적 행동 및 성격적 특성의 개인 간의 차이를 설명하는 것으로 확인되어 왔다(Rothbart & Bates, 2006).

유아의 기질은 환경과 타인에 대한 반응으로서 생물학적 기초인 각성과 지각에 따라 다르게 표현되고 친사회적 행동 형성에 관련성이 있다(박선영, 2012). 또한 유아의 기질은 공동체 의식과도 관련성이 높아 유아가 공동체 생활에 필요한 친밀감을 형성하는 것은 친사회적 행동을 유발하고 지속시키는 데 중요하다(고정리, 2014). 즉, 유아의 기질이 유아의 문제행동과 친사회적 행동에 영향을 미치는데, 순한 기질의 유아는 적응성이 높고 낯선 상황에서도 회피하지 않고 잘 적응하기 때문에 적극적으로 주변을 탐색하고 주변 사람들과의 상호작용 또한 활발하여 또래들 간의 친사회적 행동이 높게 향상될 수 있다. 반면, 까다로운 기질의 유아는 적응성이 낮고 불안감이나 위축된 행동 성향이 높아 공격적인 행동을 통하여 또래에게 부정적인 영향을 줄 수 있다.

2) 부모 및 교육기관 환경

부모는 유아의 삶에서 중요한 환경적 요인으로 공격성과 관련지어 연구되어 왔다. 유아의 공격성은 특히 주 양육자인 어머니의 양육 태도와 밀접한 관련이 있다고 볼 수 있다. 바움린드와 블랙(Baumrind & Black, 1967)은 유아의 공격성에 영향을 주는 요인으로 부모의 일관성 없는 양육 태도를 지적하고 있는데, 가족 환경이나 타인과의 관계에서 나타나는 결과가 유아에게 누적되어 영향을 미치고, 이와 더불어 부모의 바람직하지 못한 양육 태도와 상호작용하는 과정에서 문제해결 방법으로서 공격성을 습득하게 되고 습관화하게 된다고 보았다. 즉, 유아의 공격성은 유아를 둘러싼 가장 중요한 맥락인 가정환경에 영향을 받으며, 가족 맥락 안에서도 어머니의 양육 태도에서 많은 영향을 받는다고 할 수 있다. 따라서 어머니가 유아에게 제공하는 온정적이고 지지적인 사회적 행동을 많이 경험한 유아일수록 바람직한 사회적 행동을 학습할 기회를 얻으며, 사회적 관계에서 높은 행동적 기준을 보인다. 즉, 바람직한 성인 모델을 관찰하거나 직접 경험한 아동은 스스로 높은 행동적 기준을 선택하는 친사회적 행동을 많이 한다고 할 수 있다(Bandura, 2002).

유아기에 들어서면서 교육기관을 통해 유아의 가정 밖 사회적 관계가 확장되며 접근이 가능한 정보가 지속적으로 늘어난다. 유아의 공격성은 유아교육 현장에서 일어나는 유아들 사이의 여러 갈등과 사고(또래와 부딪히거나 꼬집기, 물어서 다치는 행위 등)에 대한 원인으로 작용한다. 이로 인해 교사는 유아를 지도하는 데 유아의 공격성과 이를 유발하는 요소에 대해 항상 긴장하고 있는 게 사실이다.

4 친사회적 행동을 돕는 교사의 지원 방안

친사회적 행동은 타인을 이롭게 하는 행동으로 그 자체에 목적을 두고 어떠한 보상이나 기대감 없이 이타적으로 행동하는 것으로, 유아기에 형성된 친사회적 행동은 유아기를 거슬러 성인이 된 이후 집단 간의 긍정적인 사회관계를 형성하는 데 중요한 역할을 한다(Bar-Tal, 1976).

교육기관에서 또래와 하루 일과를 즐겁게 보내며 교사로부터 긍정적인 상호관계를 경험한 유아일수록 교사에게 처벌을 받은 유아보다 가족 및 또래에게 나눔의 행동을 더 많이 한다. 또한 부정적인 감정 경험이 많은 유아가 그렇지 않은 유아보다 친사회적 행동을 방해하거나 반사회적인 행동을 많이 한다(Duffy, 2010). 이는 정서적인 요인인 부정적인 감정과 적대적 분노감은 또래 간의 친사회적 행동을 방해하는 요인으로서 유아의 친사회적 행동 발달에 악영향을 미친다는 것을 나타낸다. 즉, 유아의 친사회적 행동 발달은 인지발달과 도덕성 발달 능력, 정서적 요인 및 양육 태도, 기질적 특성에 의한 개인적인 요인과 사회문화적인 요인 등으로 유지 발전될 수 있다. 유아의 친사회적 행동을 돕기 위해 교사는 유아가 자기중심적인 사고에서 벗어나 또래와의 관계에서 상황을 이해하고 공동체적 의미를 터득해 갈 수 있도록 지도해야 한다(이경노, 2017).

교사는 유아의 친사회적 행동을 돕기 위해 다음과 같이 지원할 수 있다.

첫째, 다른 사람에 대해 관심을 갖거나 다른 사람과 협력하고 자발적으로 돕는 분위기를 형성해 준다.

둘째, 유아에게 돕고 협력하기 등을 기대한다는 것을 알려주고, 또래나 친구의 역할을 바꿔 가며 친사회적 역할놀이를 연습해 볼 수 있도록 해 준다.

셋째, 유아의 우호적인 의견에 대해 바로 인식할 수 있도록 이야기해 준다(예: 방금 ○○이가 네 머리핀이 귀엽다고 말했어).

넷째, 유아에게 친구와 유사한 점을 강조하고 표현해 준다(예: 우리 ○○이와 똑같은 색깔의 옷을 입었구나).

다섯째, 연령에 맞는 책임감을 갖도록 자발적인 참여의 의지를 돕는다(예: 놀잇감 정리하기, 소지품 챙기기, 물 마신 후 물컵 정리하기, 화분에 물 주기 등).

여섯째, 그룹 게임을 통하여 협동하고 타인에 대한 배려심을 갖도록 한다.

일곱째, 관련 그림책을 선정하여 이야기를 들려주고 동극활동 등으로 재현해 봄으로써 유아가 친사회적 행동에 대한 의미를 자연스럽게 익히며 실천하도록 돕는다.

Activity

1. 자기주장이 강한 유아와 공격성이 높은 유아의 행동 간의 차이가 무엇인지 토론해 보고 예를 찾아보세요.
2. 무엇이든 양보만 하는 유아의 경우 친사회적 행동이 높다고 할 수 있을지, 아니면 다른 의견이 있는지 토론해 보고, 그 이유를 설명해 보세요.
3. 친사회적 행동을 돕는 유아의 '게임' 활동을 찾아보세요.

친사회적 행동을 돕는 유아 사회 놀이 ①

활동명	**함께하는 블록 놀이**
활동 목표	• 나와 친구의 감정을 이해한다. • 또래와 함께 놀이하며 즐거움과 소속감을 경험한다.

놀이 탐색 및 시작

지안이가 블록 쌓기에 집중하며 놀이를 한다.

여러 개를 차곡차곡 쌓으며 스스로 만족감을 얻는 듯 교사에게 "선생님, 이거 봐요!"라고 흥분하며 손뼉을 치며 좋아한다.

교사는 "지안이가 차곡차곡 잘 쌓았구나."라고 반응해 준다.

뒤에서 혼자 놀이하던 하민이가 "나도 할래!"라고 이야기하며 지안이의 블록을 잡아당기자 블록이 무너진다.

지안이는 "내 거야!"라고 하민이를 보고 화를 낸다.

교사는 "아! 하민이가 지안이와 함께 놀이하고 싶구나?"라고 반응해 주고, "그런데 지안이가 블록이 무너져서 속상한가 봐."라고 서로의 감정을 공감해 준다.

놀이 진행

지안이는 무너진 불록을 보더니 속상한 얼굴로 하민이에게 화를 낸다. 하민이도 멋쩍은지 시무룩하게 쳐다만 본다.

교사가 "우리 지안이와 하민이가 함께 다시 만들어 보면 어떨까?"라고 놀이 제안을 해 준다.

지안이가 잠깐 머뭇거리더니 "알았어요! 하민아, 이제 부수면 안 돼!"라고 말하고는 함께 하자고 한다.

하민이도 웃으며 "내가 미안해!"라고 말하고 함께 블록 쌓기를 진행한다.

교사는 "하민이랑 지안이랑 함께 만드는구나? 둘 다 기분이 좋아졌네?"라고 유아들의 행동과 감정을 표현해 준다.

교사의 놀이 관찰 및 지원

- 유아들의 감정을 읽어 주고 반응해 준다.
- 놀이 중 갈등 상황에 대해 적절한 개입과 도움을 주며 유아들의 친사회적 행동을 돕기 위한 제안을 한다.

친사회적 행동을 돕는 유아 사회 놀이 ②

활동명	**까꿍 놀이는 재미있어요**
활동 목표	• 나의 신체를 인식한다. • 교사, 또래와 함께 놀이하며 즐거움을 얻는다.

놀이 탐색 및 시작

영아와 교사가 마주 보며 서로 얼굴을 바라보다가 까꿍 놀이를 한다.

교사는 손으로 얼굴을 가리며 "선생님, 없네?"라고 표현해 주고 다시 얼굴을 보여주며 "선생님, 여기 있네?"라고 말해 준다.

영아는 교사의 까꿍 놀이를 모방하며 자신도 손을 가렸다가 펼쳤다 하며 놀이를 즐긴다.

놀이 진행

교사와 영아가 손으로 얼굴을 가렸다 펼쳤다 하며 놀이하다가 놀이 집 창문에서 까꿍 놀이를 한다. 옆에 있던 다른 영아도 함께 까꿍 놀이를 하며 즐거워한다.

교사는 "우리 도이랑 재현이도 까꿍 놀이 해 볼까?"라고 이야기해 주고 까꿍 놀이를 할 수 있도록 격려해 준다. 영아들이 교사의 행동을 모방하며 까꿍 놀이를 한다. 서로 얼굴을 마주 보며 즐거워한다.

교사의 놀이 관찰 및 지원

- 교사는 까꿍 놀이를 통해 영아가 자신의 신체를 인식하도록 반응해 준다.
- 까꿍 놀이를 통해 영아가 자신과 또래를 인식하도록 이름을 불러 주고 함께 놀이하며 즐거움을 갖도록 격려한다.

친구의 단점에 익숙해져라

못생긴 얼굴도 자꾸 쳐다보면 익숙해지는 것처럼 친구의 단점에도 익숙해져야 한다.
서로 의지하는 친구라면 더더욱 그가 지닌 단점에 익숙해져야 한다. 사람을 사귀다 보면 형편없는 사람인데도 어울려야 하는 경우가 있는데 이때 영리한 사람은 당황하지 않는다. 처음에는 이런 사람을 상대하기 힘들겠지만 지내다 보면 차츰 나아진다.

- 발타자르 그라시안(2023). 《아주 세속적인 지혜》 본문 중에서

제11장 세계시민교육

학습 목표

1. 세계시민교육과 다문화교육의 차이를 설명할 수 있다.
2. 세계시민의식을 갖고 교육 현장에서 다문화교육을 책임질 수 있다.

생각해 보기

1. 세계시민교육과 다문화교육에 관한 공통점과 차이점을 어떻게 알고 있는지 나누어 보세요.
2. 2024 세계시민교육 샌드아트 영상을 보고 느낀 점을 나누어 보세요.

한국을 포함한 세계 여러 나라에서는 영유아 시기부터 사회관계 능력을 발달시키기 위해 교육과정을 통해 세계시민교육을 체계적으로 다루고 있다. 다음 세대를 글로벌 리더로 세워 가기 위해서는 세상의 변화에 민감하며, 공동으로 지향해야 할 방향에 대해 조금씩 알아가며 국내와 국외에서 세계 여러 나라 사람을 대하고 그들의 문화를 접하면서 적응하는 데 보다 창의적인 접근이 필요하다. 본 장에서는 세계시민교육을 통한 의식의 변화를 토대로 책임감을 갖고 다문화교육을 실천하는 방향을 정리해 보고자 한다.

1 유아세계시민교육

유아세계시민교육이란 말이 낯설게 느껴질 수 있다. 그러나 더불어 살아가는 세상은 유아를 중심으로 한 주변 세계와 여러 나라만이 아니라 서로 소통하며 협력해야 하는 세상의 원리를 조금씩 알아가게 하는 것이라고 볼 수 있다. 우선 세계시민교육의 개념을 이해하고 유아에게 적용할 수 있는 세계시민교육에 대해서 살펴보고자 한다.

1) 세계시민교육의 개념 및 목표

(1) 세계시민교육의 개념

현대사회는 과학기술 및 IT 기술의 발달로 매일의 생활 속에서 세계의 각종 소식을 접하고 있다. 각 국가의 정치·경제·사회 현상을 알게 되고, 전쟁의 상황과 기후 및 환경 문제 등의 정보를 통해 세계 여러 나라가 직면한 공통의 사안을 파악하고 있다. 이를 잘 표현하고 있는 말이 지구공동체와 세계시민교육이다.

'지구공동체'는 전 지구를 아우르는 공동체를 가리키는 말로, 인류를 공동체로 보고 식량·자원·인구·빈곤 문제 따위를 전 지구적 차원에서 공유하고 함께 해결하고자 하는 바람으로 제안된 개념이다(네이버사전). 세계시민교육은 2012년 9월 반기문 전 유엔사무총장의 〈글로벌 교육 우선구상(Global Education First Initiative, GEFI)〉 선언과 함께 제시된 세 가지 우선순위 중 하나인 '세계시민권의 함양(Foster Global Citizenship)'을 통해 국제사회의 주요 교육 담론으로 주목받기 시작했다(김보명 외, 2020). 여기서 '세계시민교육'은 유엔의 용어로서 공식적으로 인정받았으며, 유엔은 GEFI를 통해 세계시민교육에 대한 일련의 추수 조치를 제안했다(맹주영, 2025).

세계시민교육은 인간은 본래 상호 연결적인 존재이고, 상호 의존적인 삶을 살고 있으므로 일상의 작은 변화도 지역과 세계의 영향을 미칠 수 있음을 자각하면서 세상의 변화를 위한 실천을 강조하는 것이다. 이처럼 전환적 성격의 세계시민교육은 변혁적 페다고지를 통해 교육 주체들 간의 소통과 비판적 사고를 고무하고, 창의적이고 책임감 있는 시민으로서의 실천에 보다 무게가 실리도록 하는 교육을 지향한다(서현선·전홍주, 2021).

세계시민교육은 모든 학문을 아우를 수 있는 특징을 가지고 있어 다양한 분야에서 연구되고 있으며, 개념은 학자마다 다르게 정의되고 있다.

① 세계시민교육은 학습자들이 더 포용적이고 정의롭고 평화로운 세상을 만드는 데 이바지할 수 있도록 필요한 지식, 기능, 가치 태도를 길러주는 교육이다(유네스코 한국위원회, 2015). 이를 통해 전 지구적으로 필요한 좋은 정보는 공유하며, 어려움이 있는 문제는 서로 협력하여 해결하는 것이 진정한 가치 실현이며 바람직한 삶의 태도임을 알게 해야 한다.

② 세계시민교육은 세계시민으로서의 자질인 세계시민성(global citizenship)을 함양하는 교육이다. 이를 위해서 특정 대상, 특정 시간, 특정 장소라는 제약을 넘어 꾸준히 전개되는 보다 정의롭고, 포용적이며, 지속 가능한 세상 만들기에 능동적으로 참여할 수 있는 변화에 열린 학습자의 창의적이고 비판적인 사고와 사고한 것을 행할 수 있는 소통 능력과 실천 역량이 강조되고 있다(김진희·허영식, 2013; Oxfam, 2015; UNESCO, 2014).

③ 세계시민교육은 지구촌의 구성원으로서 정체성을 가지는 교육, 국제 관계를 구조적으로 이해하여 비판적 사고를 함양하는 교육, 인류의 보편적 가치를 추구하고 윤리적 행동을 실천하는 교육, 모든 사람과 동물, 환경은 공동체임을 인식하는 교육, 지구 문제에 공동으로 대응하고 지역사회에서부터 참여하는 교육(김진희·임미은, 2014)이다.

④ 세계시민교육은 학습자를 수동적인 수용자가 아니라 능동적인 주체가 되도록 한다. 전통적인 교육 패러다임에서 교육은 기성세대의 가치와 규범의 전수를 통한 시민 양성을 추구하면서 학습자를 수동적인 수용자로서 위치시켰으며, 학교는 기존의 사회질서 유지에 필요한 주어진 지식 습득을 강조하는 인지 중심의 교육을 당연시해 왔다. 그러나 범지구적 차원에서 당면하고 있는 인권, 기후변화와 같은 도전적인 이슈들의 대안 마련을 위한 변화가 필요한 시점에서 세계시민교육은 근대적인 교육에서 벗어나 학습자가 교육의 능동적인 주체가 될 수 있어야 함을 주장한다(서현선·전홍주, 2021).

세계시민교육에 대한 유네스코(2015)의 정의는 포용, 정의, 평화를 세계시민교육의 중심

개념으로 강조한다. 포용은 '다름'이 차별과 배제의 대상이 아니며, 조화와 존중이 되어야 함을 강조하고, 정의는 불평등과 억압이 없어야 하며, 세계화로 인해 대두되는 불공정의 강요는 정의롭지 못함을 강조한다. 평화는 평온한 상황을 포함한 갈등과 분쟁을 비폭력적으로 극복하는 것을 뜻하며, 전쟁과 폭력보다는 양보와 타협, 또 다른 대안을 적극적으로 찾음을 강조한다. 세계시민교육이 강조하는 포용, 정의, 평화는 근본적으로 모든 교육이 공통된 목표를 추구하고 포괄하고 있다고 본다(김한솔, 2022; 한경구, 2017).

(2) 세계시민교육의 목표

현대사회에서 지구촌의 구성원으로서 정의롭고 평화로운 세상을 만들어가는 데 책임감을 느끼고, 이에 필요한 지식, 가치, 태도 등을 길러주는 세계시민교육은 매우 중요하다.

세계시민교육을 통해 이루고자 하는 목표는 다음과 같다(교육과학기술부, 2009).

- 인간은 누구나 소중하며 존중하는 태도를 갖는다.
- 세계의 한 구성원임을 알고 세계의 번영을 위해 노력한다.
- 문화적 차이를 이해하고 존중하는 태도를 갖는다.
- 갈등을 평화적으로 해결하고 평화를 실현하기 위해서 노력한다.
- 세계시민으로서 지구환경을 가꾸기 위해 노력한다.

이러한 목표는 세계시민교육의 핵심 영역을 통해 성취될 수 있다. 유네스코는 세계시민교육의 핵심 영역을 인지적 영역, 사회·정서적 영역, 행동적 영역으로 구분하고 있다.

표 11-1 유네스코 세계시민교육의 핵심 영역

영역	내용
인지적 영역	지역사회·국가·범지역·세계의 이슈를 비롯해 다양한 국가 및 사람들 간의 상호 연계성·상호 의존성에 대한 지식, 이해, 비판적 사고를 습득한다.
사회·정서적 영역	차이와 다양성에 대한 존중, 연대 및 공감, 가치와 책임을 공유하여 인류애를 함양한다.
행동적 영역	더 평화롭고 지속 가능한 세상을 위해 지역·국가·세계적 차원에서 효과적이고 책임감 있게 행동한다.

출처: 김한솔(2022). 유아세계시민교육에 기반한 어린이 박물관 전시 및 교육프로그램 현황 분석 연구. p. 17.

2) 유아세계시민교육의 개념 및 필요성

유아기에 세계시민교육을 한다는 것에 대해서는 많은 학자들이 동의해 왔지만, 피아제의 인지발달 이론적 측면에서는 탈중심화가 이루어지는 만 5세 이후가 되어야 타인을 이해할 수 있다(교육부, 1999)는 주장도 있었다. 그러나 유네스코(2015) 자료에서는 세계시민교육 대상에 유아 및 초등 저학년을 포함하여 연령별 학습 목표를 제시함으로써 유아를 세계시민교육의 대상으로 인정하고 있다(심예서·김지은, 2017). 따라서 유아세계시민교육의 개념과 내용에 대한 기초 지식을 토대로 다양한 세계시민교육 프로그램이 개발되어야 한다.

(1) 유아세계시민교육의 개념

유아세계시민교육은 유아들이 국경을 넘어선 지구촌 사회에서 인류공동체적인 책임을 가지고, 문화적 다양성을 존중하며, 평화적인 갈등 해결과 환경보호, 인권존중 등의 지식과 태도를 형성하며, 실질적으로 실천할 수 있도록 하는 것이다(교육과학기술부, 2009). 한마디로 유아세계시민교육은 유아들이 지역에 소속되어 있으면서 동시에 세계시민으로서 의식을 갖는 것(김한솔, 2022)이라고 할 수 있다.

세계시민교육이 유아가 살아가는 데 당장 필요한 교육은 아니지만, 앞으로 살아가는 데 있어 사회적·도덕적 책임을 갖고 분별력 있는 시민으로서 적극적인 역할을 하도록 준비해 줄 것(Collins, 2012)이라는 측면에서 보면, 사회화가 시작되는 유아기에 기본적인 시민의 소양을 갖추도록 한다는 것은 의미가 있다고 볼 수 있다.

(2) 유아세계시민교육의 필요성

세계가 지구촌화되면서 여러 분야에 걸쳐 국가 간에 상호 의존과 협력의 필요성이 증가하는 시대에 살고 있다. 따라서 단순히 개인이 속한 국가만을 전부인 것으로 아는 것이 아니라 세계시민으로서의 시민의식도 교육을 통해 강화해야 한다.

① 유아기는 세계시민의식의 형성에 기초가 형성되는 시기이다.

유아기와 세계시민교육은 너무 먼 얘기라고 생각될 수 있으나 결코 그렇지 않다. 올바른 시민의식의 형성에 기초가 되는 시기가 유아기이며, 기초적인 시민의식은 글로벌 시대에 세계시민으로서의 존재감을 느끼며 세계시민교육을 점진적으로 수용할 수 있게 하기 때문이다.

세계적 시민의식은 유아들이 세계시민으로서의 감각을 발달시켜 나갈 수 있도록 도우며, 이를 통해 유아는 자신의 행동이 다른 사람에게 미치는 영향에 대한 책임감을 습득하게 된다(황해익 외, 2015).

세계시민교육은 단기간에 배울 수 없다. 생애 전반에 걸쳐 세계시민성 함양을 위한 지식·가치·태도를 배워야 한다. 특히 유아기는 미래의 습관이나 가치관 형성을 위해 한 인간의 삶에서 중요한 시기이다. 그래서 가치·태도·사회성이 발달하는 중요한 유아기에 세계시민교육이 적극적으로 이루어져야 미래에 세계시민의 자질을 갖춘 시민들이 점차 등장할 수 있다(김한솔, 2022). 세계시민으로서 적합한 가치관과 태도를 함양시키기 위해서는 어릴 적부터 세계시민교육을 하는 것이 중요하다.

② 세계화 현상은 유아가 세계 속의 시민으로 성장하도록 돕는 교육을 필요로 한다.

시민교육은 유아가 자신과 다른 사람을 존중하고 나와 다른 가치도 인정하는 태도를 기르도록 하며, 사회생활에서 직면하는 여러 갈등과 문제를 의사결정 과정을 통하여 합리적으로 해결할 수 있도록 사회적 기술 및 태도를 기르게 한다(한국교육개발원, 1993). 전 지구적 차원에서 세계 간의 상호 의존과 협력이 당연시되는 시대를 살아가는 유아는 세계적인 변화에 능동적으로 대처할 수 있도록 세계시민으로서의 소양과 자질을 갖추도록 돕는 교육이 필요하다.

③ 유아기에 더불어 살아가는 방법의 가치와 의미를 알아가도록 해야 한다.

세계시민교육은 세계 각국 시민들이 지켜야 할 권리와 의무에 대한 필요성을 학습자 스스로 인지하고 실천하기 위한 태도를 갖추도록 돕는 교육이다. 이는 국경을 넘어 서로를 이해하고 존중하며 배려하는 것에서 시작된다(김한솔, 2022). 이처럼 국가와 국가, 개인과 개인이 서로 이해하고 존중하는 실천이 더불어 살아가는 방법이며, 개인은 이를 지켜야 할 가치 있는 존재임을 알게 하는 것이 중요한 의미이다.

세계시민교육은 인간이 본래 상호 연결적인 존재이고, 상호 의존적인 삶을 살고 있으므로 일상의 작은 변화도 지역사회와 세계에 영향을 미칠 수 있음을 자각하면서 세상의 변화를 위한 실천을 강조하고 있다(정기오, 2015; Lee, 2016).

④ 유아기에 의사소통능력 향상과 비판적 사고능력을 증대시켜야 한다.

세계시민교육은 공동의 문제해결을 위해 행동하고 참여하도록 돕는 것부터 배우는 것으로 의사소통능력 향상과 비판적 사고능력을 증대시켜야 한다. 특히 비판적 사고는 전 세계와 지역 문제에서 발생하는 일들을 단편적으로 보지 않고 상호 연결성과 상호 의존성을 가지고 다른 시각으로 문제를 바라보는 것이다(심미경·정진은, 2018).

⑤ 시대적으로 다양한 변화에 따른 적응이 요구된다.

최근 코로나19로 인해 전 세계가 공동의 문제와 위기의식을 가지게 되었고, 이에 우리 각자의 '세계시민'으로서의 역할이 더욱 중요해지고 있으며, 여러 국가에서 '세계시민교육'의 필요성과 실천이 더욱 요청되고 있는 상황이다(김한솔, 2022). 유네스코(2015)는 세계시민교육은 '학습자들이 더 포용적이고, 정의롭고, 평화로운 세상을 만드는 데 이바지할 수 있도록 필요한 지식, 기능, 가치, 태도를 길러 주는 교육'이라고 정의함으로써 전 세계 많은 사람이 보편적으로 받아들일 수 있도록 최대한 포괄적이고 추상적으로 세계시민교육의 의미를 규정하였다(김보명 외, 2020). 글로벌 시대에 국가 간 협력의 중요성이 강조되고, 안전하고 평화로운 세계를 만들기 위해 노력하는 것은 당연하다.

> 한 사람은 하루에 5가지 긍정적인 경험을 하고, 다른 한 사람은 하루에 5가지 부정적인 경험을 한다고 치자, 5년이 지나면 앞의 사람은 9,000가지 긍정적인 경험을, 뒤의 사람은 9,000가지 부정적인 경험을 하게 되어 그 격차는 1만 8,000가지로 벌어지게 될 것이다.
>
> – 문용린(2004). 《평범한 사람도 비범한 성취를 가능케 하는 지력혁명》 중에서

3) 유아세계시민교육의 내용

교육과학기술부(2009)는 《유아세계시민교육》에서 세계시민을 '전 지구적 시각을 가진 한국인이면서 세계시민'이라고 정의하였으며, 교육내용을 다섯 가지로 분류하여 제시하였다. 유아를 위한 세계시민교육의 내용은 '소중한 인권', '세계는 하나', '다양한 문화', '평화로운 세계', '함께 가꾸는 지구환경'으로 구성하였다(교육과학기술부, 2009. pp. 12-21). 이를 간략히 소개하면 다음과 같다.

① 소중한 인권: 아동은 성별, 국적, 종교, 인종, 사회적 신분에 따른 어떠한 차별도 받아서는 안 되며, 모든 아동 관련 활동에서 아동의 이익이 최우선적으로 고려되어야 한다.

표 11-2 '소중한 인권'의 내용

인간존중(나와 타인)	더불어 사는 세상	자유 평등
• 나는 소중한 존재이다. • 모든 사람은 존중되어야 한다. • 사람은 누구나 기본적인 권리가 있다. • 사람들은 각각의 생각(예: 신념, 종교)과 표현 방식을 가진다. • 사람들은 저마다 나름의 능력을 갖고 있다.	• 다양한 사람과 가족이 있으며 서로 도우며 살아간다. • 나와 다른 사람의 권리를 보호하기 위해 노력하는 단체와 사람들이 있다. • 사람들에 대한 편견과 차별을 갖지 않으며 더불어 살아야 한다.	• 누구나 하고 싶은 것에 참여할 수 있는 자유가 있다. • 인간은 존엄성과 권리에 있어서 평등하다. • 사람들은 누구나 차별받지 않을 권리가 있다.

② 세계는 하나: 우리들의 삶은 지역사회와 우리나라 안에서만 이루어지는 것이 아니라, 시간과 공간을 넘어서 전 세계와 밀접한 관계를 가지고 있다. 성인뿐 아니라 유아들도 뉴스나 인터넷 등으로 다양한 사회적 사건이나 문제를 접할 수 있어야 한다.

표 11-3 '세계는 하나'의 내용

가까운 세계	세계 속의 나	서로 협력하는 세계
• 세계 사람들은 왕래하며 살아가고 있다. • 세계 사람들은 정보와 물건을 서로 주고받는다. • 다양한 방법으로 세계 여러 나라에서 일어나는 일들을 알 수 있다. • 세계는 교통과 통신, 인터넷으로 가깝게 연결되어 있다.	• 세계 속에서 일하는 다양한 사람들이 있다. • 우리 주변에는 세계를 위해서 일하는 사람들이 있다. • 나는 이 세계의 일원으로 세계에 대한 역할과 책임이 있다.	• 세계는 경제적으로 협력하며 살아가고 있다. • 세계 여러 나라는 서로 도움을 주고받는다. • 세계 여러 나라는 서로 교류하며 살아가고 있다.

③ **다양한 문화:** 미래의 세계시민인 유아들이 우리나라 문화를 자랑스러워하며, 세계 여러 나라의 다양한 문화를 접함으로써 다양한 문화에 대한 이해와 존중감을 갖고, 다른 문화권을 가지고 있는 사람들과 함께 더불어서 잘 살아갈 수 있도록 도와야 한다.

표 11-4 '다양한 문화'의 내용

자랑스러운 우리 문화	다양한 문화에 대한 이해와 존중	다양한 문화의 공통점과 차이점
• 자랑스러운 우리나라 전통문화가 있다. • 우리나라를 나타내는 상징들이 있다. • 우리나라를 빛낸 사람들이 있다.	• 나라마다 독특한 문화가 있고, 그 문화는 존중되어야 한다. • 성, 인종, 계층, 계급 등에 의해 차별되지 말아야 한다.	• 의식주에는 공통점과 문화적 차이점이 있다. • 여러 나라마다 지켜야 할 예절을 가지고 있다. • 모든 사람은 기쁨과 슬픔 등의 감정을 느끼지만 표현하는 방법이 다양하다.

④ **평화로운 세계:** 적극적인 평화를 실현하기 위해 유아들이 세계시민으로 평화를 사랑하는 마음과 인간의 기본적 권리와 행복을 추구하는 능력을 기르고 적극적인 평화를 실현할 수 있도록 해야 한다.

표 11-5 '평화로운 세계'의 내용

평화로운 우리	전쟁과 평화	평화를 위한 노력
•나에게 평화로운 마음이 있다. •나와 타인은 감정과 생각이 다를 수 있다. •갈등을 평화적인 방법으로 해결할 수 있다. •평화는 모든 사람들이 함께 누려야 하는 것이다.	•세계에는 전쟁과 분쟁이 일어난 곳이 있다. •전쟁으로 고통받는 사람들이 있다. •우리 민족은 한국전쟁의 아픔을 가지고 있다. •평화적 통일을 이루기 위해서는 노력이 필요하다.	•평화와 비평화는 선택하는 것이다. •평화를 위해서 내가 실천할 수 있는 일들이 있다. •평화를 위해서 노력하는 사람들과 단체들이 있다.

⑤ **함께 가꾸는 지구환경**: 미래의 세계시민인 유아들이 지구환경의 중요성을 인식하고 환경에 대한 바람직한 지식, 태도, 가치를 지닐 수 있도록 교육해야 한다.

표 11-6 '함께 가꾸는 지구환경'의 내용

우리 생활과 환경	지구를 살리기 위한 노력	자연의 보전과 보호
•모든생물은 소중하다. •생명체(사람, 동물, 식물)는 서로에게 의존하여 살아간다. •우리가 살아가는 데 있어 자연환경은 중요하다.	•지구의 환경은 인류 공동의 유산이다. •지구의 환경은 모든 나라가 힘을 모아 보해해야 한다. •세계시민으로서 환경에 대한 책임감을 갖는다.	•자연의 아름다움을 느끼고 소중히 여긴다. •동물들이 사는 서식지를 보호해야 한다. •자원은 무한한 것이 아니므로 바르게 사용해야 한다. •환경을 보호하기 위해 내가 실천할 수 있는 일이 있다.

Activity

1. 세계 여러 나라의 집 이야기를 읽어 보며 여행의 경험이나 계획 등과 연관 지어 다양한 문화에 대해 이야기를 나누어 보세요.

참고 도서: 아이코리아 편집부(2008). 움막집, 기와집, 천막집, 나무집. 집과 사람(세계 여러 나라 집 이야기 5). 아이코리아.

2. 《유아세계시민교육》의 다섯 영역의 교육내용과 2019 개정 누리과정의 사회관계 영역을 비교해 보고 관련성을 찾아보세요.

2 유아세계시민교육의 실천

지구촌이라는 표현에 걸맞게 세계시민이라는 공동체로 살아가는 데에는 내 주변에 나와 신체적·언어적·성격적인 측면이 다르고 환경이 다른 사람들과도 공유되는 삶이 요구된다. 이에 국내에 증가하고 있는 다문화가정의 부모와 자녀들과의 관계 및 그들의 적응을 돕는다는 것은 매우 실천적이고 고무적인 일이다.

1) 다문화를 접목한 함께 살기

모리슨(Morrison, 1998)은 다문화교육을 다른 인종, 성, 사회계층, 언어 및 문화적 배경을 가진 사람들을 이해하고 존중하도록 함으로써 다양한 문화 세계에서 유아들이 공동의 목표를 달성하기 위해 상호 교류하고 협력할 수 있도록 준비하는 교육이라고 정의하고 있다. 이러한 관점에서 보자면 세계시민교육과의 연관성을 고려해 볼 때, 다문화를 접목한 함께 살기가 가능하려면 다문화교육에 관한 기초적인 이해가 중요하다.

(1) 다문화가족의 증가

「다문화가족지원법」 제2조(정의)에서 말하는 다문화가족이란 「재한외국인 처우 기본법」 제2조제3호의 결혼이민자, 「국적법」 제2조부터 제4조까지의 규정에 따라 대한민국 국적을 취득한 자로 이루어진 가족, 「국적법」 제3조 및 제4조에 따라 대한민국 국적을 취득한 자와 같은 법 제2조부터 제4조까지의 규정에 따라 대한민국 국적을 취득한 자로 이루어진 가족이다. 이때 결혼이민자란 대한민국 국민과 혼인한 적이 있거나 혼인관계에 있는 재한 외국인을 말한다.

국제결혼·외국인가정 자녀 증가에 따라 국가 간 교류 확대로 외국인 유입이 증가하는 한편, 저출산 기조에 따라 다문화학생 비율은 점차 높아질 것으로 예측하고 있으며, 이에 따라 국내 학교에 재학하는 학생들의 언어, 인종, 문화적 배경 등은 더욱 다양해지고 학교 현장의 변화도 가속화될 전망이다(교육부, 2023). 이는 세계시민의식을 기초로 하여 수용해야 하는 현실적인 당면 과제이다.

다문화 학생의 증가와 학령기 인구 감소에 따른 전체 학생 수 감소로 인한 전체 학생 대비 다문화 학생 비율이 지속적으로 상승하고 있다. 정부에서는 다문화가정의 자녀들이 학교생활에 적응하도록 돕기 위해 대학생 멘토링을 통해 기초학력 향상을 위한 지원을 하고 지역사회 내에 다문화 아동·청소년 지원기관과 연계하여 학교생활 및 정서 지원을 하고 진로교육 프로그램을 활용하여 진로지도를 하고 있다.

제4차 다문화가족정책 기본계획(2023~2027)에 따르면 다문화가구원 수는 2018년에 1백만 명을 넘어 2023년에는 119만 명으로 증가하였다. 다문화 대상자(결혼이민자·국적취득자)의 규모는 지속적으로 증가 추세이며, 10년 이상 장기 거주자가 많으며 경제활동의 욕구가 증대하고 있다. 다문화가구원의 출신국별 규모는 중국(한국계 포함), 베트남, 필리핀, 일본 순으로 나타났다(관계기관 합동, 2025).

표 11-7 다문화가구원의 출신국별 분포 (단위: 명)

합계	중국(한국계)	중국	베트남	필리핀	일본	미국	캄보디아	태국	기타
412,623	131,923	76,798	91,561	21,891	14,626	11,581	9,868	9,233	45,142

출처: 성평등가족부(2025). 2025년 다문화가족정책시행계획, p. 2.

한국국적을 취득한 자의 자녀 및 한국인과 결혼한 한국국적을 가지지 않은 자의 자녀로 미성년자만 집계한 결과는 다음 〈표 11-8〉과 같으며, 만 7세~12세의 학령기 아동이 가장 많으며, 그다음으로 만 6세 미만의 유아가 많은 것을 알 수 있다.

표 11-8 다문화가족(외국인주민) 자녀 연령별 현황(2023년) (단위: 명)

계	만 6세 이하	만 7~12세	만 13~15세	만 16~18세
308,402	104,763	110,577	55,483	37,579

출처: 성평등가족부(2025). 다문화가족 주요통계 2025년 6월.

(2) 다문화교육의 필요성

다문화사회에서 문화 간의 만남과 접촉이 빈번해지면 긍정적인 영향과 함께 상충하는 갈등과 문제가 발생하기 마련인데 이러한 갈등과 문제점을 극복하기 위해 이명종(2013)은 다문화교육의 필요성을 세 가지 관점으로 제시하였다. 이를 간략히 정리하면 다음과 같다.

① **교육적 관점**: 다문화적 배경을 가진 다문화가정에게 교육을 통하여 다문화사회의 시민으로서 자신의 정체성을 유지하도록 하며, 다문화사회의 시민으로서 가치관과 태도를 길러줄 수 있다는 점이다.

② **사회적 관점**: 다문화교육은 사회적 갈등을 줄이고 사회통합에 기여할 수 있는 방안을 제시해 줄 수 있다. 특히 한국 사회와 같이 단일민족을 오랫동안 유지해 온 경우에, 다문화가정의 자녀들은 국적과 민족의 불일치를 경험하게 되고 언어와 문화에서도 이중성을 경험하게 되는데, 사회적 통합을 위한 교육적 노력으로서의 다문화교육은 사회적 갈등을 줄일 수 있는 매우 중요한 방법이다.

③ **문화적 관점**: 다문화사회에 다양한 문화적 배경들이 섞임으로써 더욱 새로운 문화 창조의 기회를 제공받을 수 있다는 점도 고려해 볼 수 있다. 다양한 문화의 주입은 새로운 문화의 창조를 위한 시발점이 될 수도 있다. 다문화교육은 개인적 측면과 사회 전체적 측면 모두에서 그 필요성을 인정받으며, 나아가 새로운 문화를 창조하는 기반으로 작용할 수 있다.

21세기 다문화 사회에서는 시간과 문화의 경계가 없는 새로운 지식 기반, 기술, 기능을 요구하게 되므로 유아들에게는 다원적인 세상에서 살아가기 위한 준비가 필요하다. 특히 우리나라처럼 단일문화에서 살아온 유아들에게는 다문화교육이 더욱 필요하다(양옥승 외, 2014).

2) 다문화와 함께 살아가기

다문화가정이 우리 사회에 잘 적응하도록 하기 위해서는 대한민국 국민이 국내에 거주하고 있는 외국인과 다문화가정의 구성원들에 대해 기초적인 이해를 토대를 그들을 이해하는 것이 먼저 이루어져야 한다. 이를 위해서는 국내에서 유아교육기관에 다니는 다문화가정의 자녀와 부모들에게 그들의 욕구와 어려움을 살펴주며 도움을 줄 수 있어야 한다. 또한 외국에 나가서 외국 사람들을 대할 때, 특히 경제적으로 어려운 국가의 국민을 만날 땐 그들의 삶에 자연스럽게 다가가서 세계시민의식을 느끼는 것이 필요하다.

교육부는 '다문화교육 포털(www.edu4mc.or.kr)'을 통해 다문화교육 관련 자료·정보를 제공하고, 정책학교 및 다문화교육지원센터 개발자료 수집 및 현장 수요조사를 통해 14개 언어로 '다국어 학교 가정통신문'도 제작 보급하였다. 다문화교육은 「초·중등교육법 시행령」에 근거하였으나 「초·중등교육법」으로 격상하고, 다문화교육에 대한 안정적인 지원 기반을 마련하였다(교육부, 2023).

국내에는 특정 지역에 다문화가정이 거주하는 비율이 높기도 하고, 그들의 문화 거리가 조성되어 있기도 하다. 또한 전국적으로 한국인과 결혼한 외국인 또는 근로자로 취업하여 기러기 가족으로 살고 있는 외국인도 우리 주변에서 많이 볼 수 있다. 이들을 대상으로 다문화교육이 이루어지고 있지만, 더 적극적으로 확산되고 보장되어야 한다. 유아다문화교육은 유아가 직면하게 되는 다양한 인종과 사회계층, 장애 등을 문화적 속성으로 이해하고 서로의 차이를 존중하여 협력하며 창의적인 문화와 건강한 세상을 만들어갈 수 있는 역량을 만들어 가는 것이다.

정부는 이주배경학생 및 맞춤형 교육지원 확대를 위해 지원대상을 확장하여 포용적 교육정책을 추진하고자 하였다. 이에 영유아는 출발선 평등을 위해 한국어·생활 적응 등 조기 지원을 하며, 교육과정 개선 및 정책학교 운영을 통해 다문화 친화적 환경을 조성하며, 학부모를 대상으로 관계부처와 협력하여 한국어, 학교제도에 익숙하지 않은 학부모 대상 연수·교육을 강화하고 맞춤형 정보 제공을 지원하고자 한다(교육부, 2025b).

다문화 통합어린이집에서는 여러 나라의 문화를 접할 수 있도록 다문화 요리, 전통의상, 전통놀이 체험 등 다양한 체험 활동을 진행하고 다문화 영유아의 한

찾아가는 문화 활동

글 교육을 지원하거나 다문화 부모 대상의 교육을 실시하는 등 다문화 프로그램을 진행하고 있다. 또한 일부 어린이집에서는 해당 다문화 영유아의 고유한 언어를 수용하고 원활하게 소통하기 위해 다문화 교사를 대상으로 외국어 강좌를 개설하거나 가정통신문을 외국어로 작성하여 배포하는 등 가정과의 의사소통에도 적극적으로 대처하고 있다. 이러한 다문화 영유아를 위한 서울시의 제도적·물질적 지원으로 이어지는 다문화 통합어린이집은 2024년도 기준 124개소로 최초의 운영 시점인 2008년도에 비해 대폭 증가하여 운영되고 있다(서울특별시, 2024).

다문화가정을 위한 정책(서울시, 2025)에는 '위기다문화가족 안전망 구축', '이주여성 보호 및 자활시설 운영', '생활지원정책', '취업지원정책'이 있다. 이 중에서 교육·양육지원정책에는 다문화가족자녀 보육시설 운영, 다문화가족 기초학습 및 진로설계 지원, 저소득 다문화가족 자녀 교육활동비 지원, 다문화가족자녀 방문학습, 다문화가족 맞춤형 돌봄서비스 제공, 유소년 축구교실, 다문화가족자녀 진로·진학 지원이 있다.

교육부의 2025학년도 다문화교육정책 중에서 이주배경 영유아의 초기 발달을 위한 지원의 내용은 다음과 같다(교육부, 2025b, pp. 89-90).

① 언어 평가·진단

- 사전진단으로 1:1 또는 모둠 상황에서 의사소통·읽기·쓰기 등 언어능력을 파악하고 사후평가로 사전평가와 같은 방법으로 유아의 언어능력 향상도를 파악한다.

② 언어 평가·진단 결과 활용

- 이주배경유아의 발달에 적합한 맞춤형 언어교육 프로그램 운영
  - 평소 일상생활에서 관찰된 언어적 부진이 없더라도, 다양한 검사를 통해 언어교육 지원의 필요성 여부 진단
  - 통합언어교육을 기본으로 하되, 평가 결과에 따라 수준별 맞춤형 개별언어교육 지원
  - 사전·사후 평가 결과 및 교육지원 사항을 지속적으로 모니터링하여 추수 지도계획을수립하는 등 환류 노력

③ 언어교육 프로그램 운영

- **통합언어교육**: 누리과정과 연계한 놀이 중심의 통합언어교육
  - 누리과정의 5개 영역(신체운동·건강, 의사소통, 사회관계, 예술경험, 자연탐구) 연계하여 모든 유아가 함께 어울리는 가운데 그룹 상호작용을 통한 언어능력 향상 도모
  - 발달 상황 평가 결과에 따라 질문을 통한 표현 기회 우선 제공, 지속적인 관찰을 통한 언어발달 지원
- **개별언어교육**: 다문화유아의 초기 발달 맞춤형 개별언어교육
  - 발달 지연이나 부진이 관찰된 경우 학생 분석을 통한 수준별 수업 실시
  - 자유선택·방과후과정 시간을 활용한 담임교사와의 언어적 상호작용 기회 제공, 필요시 외부강사(유아교육 전공자, 한국어교원자격 소지자 등) 활용 보충교육 지원

3) 교육과정과 세계시민교육 및 다문화교육

전통문화 체험

세계시민교육은 단순한 지식을 습득하는 교육이 아니라 학습자가 능동적인 교육의 주체가 되어, 스스로 사고하고, 분석하며, 문제를 해결하는 과정 중심 교육을 지향한다(한경구 외, 2015). 서현선과 전홍주(2021)가 유아세계시민교육 교과목을 수강한 예비 유아교사들을 대상으로 한 연구에서 수업 참여가 예비 유아교사 스스로 유아교사로서 자신의 부족한 점을 자각하는 반성적 자기 성찰의 기회였고, 유아라는 존재를 재인식하며 유아세계시민교육의 의미를 발견하고 자신의 교육신념을 형성해 나가는 과정이기도 하였다고 했다. 또한 예비 유아교사들은 이 수업을 통해 비판적으로 생각하는 힘의 필요성을 깨달으며 교육을 통한 변화 만들기에 기여하기 위한 나름의 방안을 모색하는 시간이었다고 밝혔다.

이와 같이 세계시민교육은 교사와 유아 모두 능동적인 학습자가 되어 세계시민의식을

고취시키는 것이 되어야 할 것이다. 물론 여기에는 다문화교육을 포함하고 있다.

① 2019 개정 누리과정을 통한 교육

2019 개정 누리과정에서는 세계시민교육과 다문화교육을 포함한 내용이 사회관계 영역에 포함되어 있다. '더불어 생활하기' 내용범주에서 '서로 다른 감정, 생각, 행동을 존중한다'와 '사회에 관심 가지기' 내용범주에서 '다양한 문화에 관심을 가진다'를 통해 세계시민으로서 다문화를 수용할 수 있는 교육이 이루어지고 있음을 알 수 있다.

2019 개정 누리과정 사회관계 영역에서 유아의 세계시민교육은 다음과 같은 내용으로 교육할 수 있다.

표 11-9 사회관계 영역의 세계시민교육과 다문화교육의 내용

내용범주	더불어 생활하기	사회에 관심 가지기
내용	• 가족의 의미를 알고 화목하게 지낸다. • 친구와 서로 도으며 사이좋게 지낸다. • 친구와의 갈등을 긍정적인 방법으로 해결한다. • 서로 다른 감정, 생각, 행동을 존중한다. • 친구와 어른께 예의 바르게 행동한다. • 약속과 규칙의 필요성을 알고 지킨다.	• 내가 살고 있는 곳에 대해 궁금한 것을 알아본다. • 우리나라에 대해 자부심을 가진다. • 다양한 문화에 관심을 가진다.

출처: 교육부, 보건복지부(2019a). 2019 개정 누리과정 해설서, p. 82.

표 11-10 사회관계 영역의 세계시민교육과 다문화교육의 적용

내용범주	더불어 생활하기	사회에 관심 가지기
목표	• 사람들마다 감정, 생각, 행동이 각기 다름을 알고 존중하며 친구와 서로 돕고 양보, 협력하며 사이좋게 지낸다. • 친구와 어른께 예의 바른 태도로 말하고 행동하며, 사회공동체의 일원으로서 약속과 규칙의 필요성을 알고 지킨다.	• 자신이 사는 지역에 관심을 가지고 탐구하며, 우리나라의 상징과 언어, 문화 등을 알아가면서 대한민국의 국민으로서 긍지와 자부심을 갖는다. • 다른 나라의 다양한 문화와 사람, 음식 등에 관심을 가지고 존중하는 마음을 갖는다.

내용범주	더불어 생활하기	사회에 관심 가지기
적용	**활동 1. 우분트 놀이** 아프리카 빈투족의 '우분트' 이야기를 들려주고 함께 '열매 따기' 게임을 해 본다. **활동 2. 다문화 그림이야기책 소개** 다문화 관련 그림이야기책을 한 권씩 소개하며 내용에 대한 느낀 점을 이야기해 본다. (예: '샌드위치 바꿔 먹기')	**활동 1. 올림픽 놀이** 올림픽 응원가 모음을 들려주며 각 국가의 국기를 들고 올림픽에 출전하는 선수들의 모습을 재현해 본다. **활동 2. 음식책 만들기** 인테넷을 통해 여러 나라의 이름, 국기, 여러 음식 사진을 출력해서 색도화지로 접은 병풍책에 붙이고 소개해 본다.

유아는 집단에서 자신과 다른 사람의 권리와 책임을 이해하고, 사회규칙과 공정성을 알게 되므로 시민의식을 증진시킬 수 있다(Mindes, 2005). 따라서 게임, 신체표현, 견학, 요리, 동화, 노래 등을 통하여 자연스럽게 다문화교육과 세계시민교육이 이루어질 수 있다.

② 2024 개정 표준보육과정(0~2세)을 통한 교육

2024 개정 표준보육과정(0~2세)에서는 '더불어 생활하기'의 내용범주를 통해 세계시민으로서 다문화를 수용할 수 있는 기초적인 교육이 이루어지도록 하고 있다. 사회관계영역에서 영아의 세계시민교육은 다음과 같은 내용으로 교육할 수 있다.

표 11-11 사회관계 영역의 다문화교육의 내용(2세반)

내용범주	더불어 생활하기
내용	• 가족에게 관심을 가진다. • 또래와 함께 놀이한다. • 다른 사람의 감정과 행동에 관심을 가진다. • 지켜야 할 약속이 있음을 안다.

출처: 교육부(2025a). 2024 개정 표준보육과정(0~2세) 해설서, p. 113.

표 11-12 사회관계 영역의 다문화교육의 적용(2세반)

내용범주	목표	내용
더불어 생활하기	• 사람들마다 감정, 생각, 행동이 각기 다름을 알고 존중하며 친구와 서로 돕고 양보, 협력하며 사이좋게 지낸다. • 친구와 어른께 예의 바른 태도로 말하고 행동하며, 사회공동체의 일원으로서 약속과 규칙의 필요성을 알고 지킨다.	활동 1. 사랑하는 우리 가족 반친구들의 가족사진을 보고 손짓과 언어로 가족 구성원을 가리킨다. 활동 2. 여러 나라 인형의 감정 표현 여러 나라 인형의 감정을 웃음과 미소, 울음, 화난 얼굴 등으로 표현해 본다.

③ 교사의 역할

다문화를 수용할 수 있는 세계시민교육은 무엇보다도 교사의 역할이 중요하다. 교사 자신이 직장 안팎에서 사람을 대할 때 더불어 생활하기를 실천할 수 있어야 한다. 이를 위해서는 예비 유아교사일 때 다양한 봉사활동의 경험을 통해서 다양한 사람들의 생각과 표현방법, 문화 등에 대한 깊이 있는 경험이 필요하다. 교육봉사활동을 통해 다문화가정의 유아들을 대하는 현장 교사들과 유아들의 일상생활을 보며 배우는 것도 좋은 경험이 될 수 있다.

교사는 유아가 다른 사람을 대할 때 자신과 상대와의 다른 점을 틀린 것이 아니라 다른 특성으로 받아들이고 편견 없이 대할 수 있도록 지원해야 한다. 또한 교사는 유아들에게 다양한 가족의 형태 및 문화적 배경을 이해할 수 있는 경험을 제공하여 다양성을 존중하고 배려할 수 있도록 지원해야 한다(신예지, 2023).

Activity

1. 《만들면서 배우는 세계의 다문화》(알렛 N. 브래먼 저, 유계숙·안은진·최효진 번역, 2008, 시그마프레스)를 참고로 유아들과 함께 만들며 다문화에 대해 알아가는 경험을 할 수 있는 놀이를 만들어 보세요.
2. 세계 여행을 통해 여러 나라의 문화를 경험할 수 있음을 알도록 하기 위한 방법을 소개해 보세요.
   (예: 세계 여행 놀이, 다른 나라 동요 불러 보기 등)

다양성이 머무는 공간

- 다르게 결정할 수 있도록 준비된 환경 -

미국의 작은 도시에서 인지도가 높은 몬테소리 유치원을 견학하게 되었다. -중략- 기관의 교육 철학 배경은 다양성(diversity)이라고 했다. 그들의 다양성은 휴머니즘에 입각한 개인의 가치 존중을 품는 듯했다. 교실이 4개 있었는데, 각각 같은 듯 다른, 다른 듯 비슷하게 연결되어 있는 느낌의 구조였다. 어느 교실에는 이오니아식 기둥이 드문드문 서 있어서 아이들이 아테네 파르테논 신전의 푸토(putto)같이 보였다. 기둥에는 아이들의 그림이 절제되어 붙어 있었다. -중략- 또 다른 장면은 간식 책상이었다. 놀이 중에 자기가 원하는 시간에 자유롭게 간식을 먹도록 하였는데, 그건 우리도 매우 익숙한 방법이다. 그런데 익숙하지 않은 방법은 책상의 배치였다. 교실 한쪽에는 두 명이 앉도록, 다른 쪽에는 서너 명이 앉도록 또는 혼자서 앉도록 여러 가지 방법으로 간식 책상을 구성해 놓았다. 각자 다르게 결정할 수 있도록 환경이 준비되어 있는 것. 이게 다양성이구나…

- 최명희(2024). 《좋은 선생님》 중에서

제12장 경제교육 및 환경교육

학습 목표

1. 유아기 경제교육의 개념과 중요성을 설명할 수 있다.
2. 유아기 환경교육의 개념과 중요성을 설명할 수 있다.
3. 유아의 경제교육 및 환경교육이 인성 발달에 미치는 영향에 대해 생각해 볼 수 있다.

생각해 보기

1. 경제 개념이 있다는 것은 어떤 의미인지 생각해 보고, 본인은 어떠한 경제교육의 경험이 있는지 나누어 보세요.
2. 가정과 학교에서 경험한 환경교육의 내용에 대해서 나누어 보세요.

최초의 사회화는 가정에서 이루어진다. 가정에서는 관계의 경험, 소비와 저축, 환경 정비와 분리수거 등 새로운 경험들을 쉽게 학습해 간다. 그러므로 많은 것을 보고 느끼며 배워 가는 유아기에 경제교육과 환경교육을 한다는 것은 가정과 유아교육기관의 당연한 책무이다. 본 장에서는 언어적으로나 상황적으로 이해와 경험이 가능한 유아기를 대상으로 하는 경제교육과 환경교육에 관하여 다루고자 한다.

1 유아경제교육

1) 유아경제교육의 개념 및 중요성

(1) 유아경제교육의 개념

표준국어대사전에서는 경제란 인간의 생활에 필요한 재화나 용역을 생산·분배·소비하는 모든 활동 또는 그것을 통하여 이루어지는 사회적 관계로 정의되고 있다. 돈과 관련된 것은 살면서 자연스럽게 알아갈 수 있는 분야라고 생각하지만, 경제의 정의로 볼 때 교육이 필요할 수밖에 없다.

경제교육은 경제생활의 구체적인 사실들을 알게 하는 것이 아니라 보다 객관적이고 합리적인 사고를 할 수 있는 능력을 통해 경제문제를 이해하고 나아가 합리적인 선택, 결정을 하도록 하는 교육활동이다(이윤경, 1999). 합리적인 결정에 따라 경제생활을 영위하는 능력은 급변하는 경제 현상과 문제해결에 적절하게 대처할 수 있도록 하며 자신이 현명하게 선택한 일에 대하여 시간과 비용을 줄이는 동시에 민주시민으로서의 기본 능력이 되는 자질이기도 하다(김영옥·박미자, 2008). 이러한 측면에서 보면, 경제는 계획적인 과정과 일상생활에서의 비계획적인 과정에서 자연스럽게 교육이 이루어져야 함을 알 수 있다.

경제교육은 경제 지식을 바탕으로 일상생활에서 일어나는 경제 문제를 올바르게 이해하고 분석하여 합리적인 선택을 통해 경제활동을 할 수 있는 능력을 길러주는 것이다(이종향, 2017). 유아기에 경제교육이 필요한 이유는 경제와 관련된 합리적인 선택을 할 수 있는 능력을 길러주어야 하기 때문이다.

유아경제교육은 유아들의 생활 주변에서 일어나는 사회·경제 현상에 관심을 갖도록 하며, 이와 관련한 기본적인 경제지식과 경제가치의 교육을 통해 경제적 측면에서 합리적인 의사결정 능력을 함양하고 경제적인 가치관을 기르는 지속적인 생활교육활동이다(한명자, 2007). 따라서 유아경제교육은 유아를 대상으로 하는 경제교육으로 일상생활에서 일어나는 생산 및 소비의 과정을 위한 합리적인 선택을 위해 필요한 지식, 기술, 태도의 형성을 돕는 교육이라고 할 수 있다.

(2) 유아경제교육의 중요성

세계의 여러 국가들은 유아 시기부터 적극적인 투자를 통해 경제교육에 힘쓰고 있다. 우리나라는 IMF 외환위기, 2003년 신용카드 사태, 2007년 발생한 미국발 금융위기 등을 계기로 유아경제교육의 중요성을 인지하여 활발한 양적 팽창을 하였으나 분산적이고 비체계적인 형태를 보이고 있다(이종향, 2017). 유아경제교육이 중요한 이유는 다음과 같다.

① 유아의 전인적 발달에 도움을 준다.

- 유아경제교육은 인지발달 및 문제해결 능력을 발달시킨다.

유아들은 동전의 형태와 크기를 관찰하고 가게 놀이를 할 때 더 많이 세거나 더 적게 세기도 하며 물건을 사기 위해 일을 해야 한다는 것을 알게 된다. 아울러 필요와 욕구를 구별하고 생산과 판매도 이해하게 된다(이종향, 2017). 유아도 충분히 문제를 해결하기 위한 논리적 구조를 가지고 사고한다는 것을 입증하며 경제교육이 인지발달 및 당면한 문제를 해결하는 능력을 촉진하는 데 긍정적 영향을 끼친다는 연구(McCormack & Hoerl, 2007; Tunteler & Resing, 2002)도 있다.

- 유아경제교육은 언어와 인성 발달 및 대인관계 능력을 발달시킨다.

올바른 경제 개념은 타고나는 것이 아니라 교육을 통해 학습된다. 부모와 마트에 가서 물건을 선택하고 구매하는 모든 과정을 통해 사물의 이름과 돈의 거래를 배우게 된다. 그러한 과정에서 친절하게 묻고 돈을 지불하고 물건을 구매하는 경로를 배우며, 소비자로서의 태도를 학습하게 된다. 이것이 사회 속에서의 어울림이며, 다양한 사람들을 바르게 대하는 올바른 인성을 길러가는 과정이다.

유아들이 소비와 저축 등의 개념에 대해서는 다양한 교수 방법과 마트와 은행 견학을 통해 학습하게 되며, 그 과정에서 소비자와 생산자의 입장에서 사용할 수 있는 어휘와 태도 등을 배우게 된다. 또한 저축의 다양한 방법에 대해서 알게 되며, 이와 관련된 언어와 돈에 관한 어휘가 증가하게 된다. 유아는 부모에게 돈과 관련하여 용돈, 소비 욕구에 대해 언어 표현이 가능하게 되면서 그 과정에서 다양한 언어와 표현 방법을 배우게 되고 절제의 성품을 알아간다.

"절제란 내가 하고 싶은 대로 하지 않고 꼭 해야 할 일을 하는 것이다."

– 좋은나무성품학교

참고 동영상

[절제 한글정의] 좋은나무성품학교 | 굿트리뮤직 | 노래로 배우는 좋은성품 | 절제

② 유아는 현재의 소비자이며, 미래의 생산자이다.

출산율이 극도로 낮아진 현대 사회에서 각 가정의 소비는 자녀의 교육비와 소비욕구에 많이 맞추어지고 있다. 남예지 외(2024)의 연구에서는 2022년 우리나라의 합계출산율이 0.78명으로 역대 최저를 기록하였으나 유아용품 시장은 성장하고 있는 특이한 양상을 보이고 있다고 밝힌 바 있다. 또한 경제적 소비를 강조하는 '가치소비 트렌드'가 떠오르며, 육아 가구의 88.2%가 중고거래를 통해 육아용품을 구매하는 등 중고거래가 보편화되고 있다고 하였다. [그림 12-1]을 보면 그러한 변화를 예측할 수 있다.

'텐포켓'의 기조에 MZ세대 육아맘의 프리미엄 소비와 편리미엄 경향까지 등장하며 고급 유아용품 성장세는 지속되고 있다(오유림, 2023). 텐포켓이란 아이 한 명당 부모를 포함한 지인 열 명이 지갑을 연다는 뜻으로, 저출산 시대에 아이를 위한 지출을 아끼지 않는 현상을 말한다. 편리미엄이란 '편리함'과 '프리미엄'을 결합한 용어로, 시간과 노력을 아낄 수 있는 편리한 상품이나 서비스를 선호하는 현상을 의미한다(https://press.kunsan.ac.kr). 이러한 소비 경향은 유아의 식품이나 의류에도 마찬가지로 긍정적, 부정적인 영향이 있을 것이다.

부모가 유아를 위해 소비할 때는 계획된 소비도 있겠지만, 유아와 동반한 비계획 상황에서 충동구매에 의한 소비가 있을 수 있다. 이럴 때 경제교육의 유무는 부모와 자녀에게 합리적인 선택을 하게 할 것이다. 또한 유아기에 경제교육은 유아가 단순한 소비자일뿐 아니라 미래의 소비자로서 우리 경제를 이끌어갈 수 있다는 측면에서 볼 때, 책임감 있는 경제 개념을 심어 주기 때문에 중요하다.

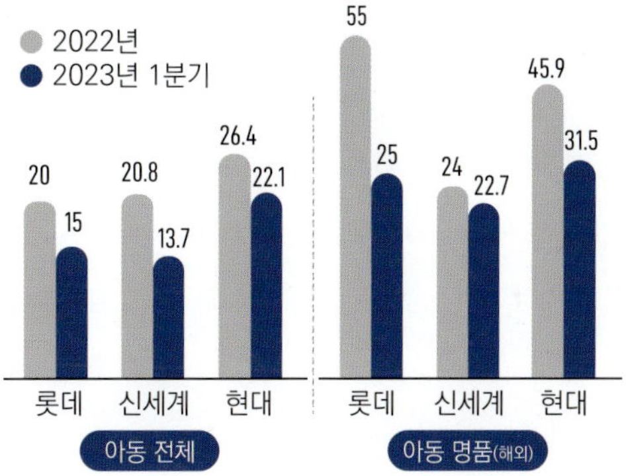

그림 12-1 백화점 3사 아동제품 매출 증가율

출처: 남예지 외(2024). 유아용품 브랜드 유형에 따른 제품의 소비가치가 태도 및 구매의도에 미치는 영향: 양면적 소비자를 중심으로. p. 162.

③ 유아경제교육은 민주시민교육의 일환이다.

유아경제교육은 민주시민교육의 일환으로 사회적 행동기술과 태도 및 가치관 등을 배울 수 있는 기회를 제공한다. 경제교육은 유아에게 경제 질서 유지를 위한 공통된 가치와 태도, 공동체의 효용을 습득할 수 있게 하며, 시민교육과 맥락을 함께하여 사회적 가치 등을 형성하는 데 도움을 준다(이종향, 2017). 또한 자본주의 사회에서 요구되는 노력의 성과에 따른 소득은 책임과 성취에 대한 결과를 알게 하며, 직업에 관심을 갖고 자기 일을 계획하고 생산과 소비를 통해 경제의 활성화가 이루어 가는 과정에까지 기초적인 이해를 도울 수 있다.

나를 위한 경제교육도 중요하지만, '우리'라는 공동체를 위한 경제교육도 함께 강조되어야 한다. 경제교육을 통해서 돈을 아는 아이를 바라는 것이지 돈만 아는 아이가 되는 것을 원하지 않는다. 혼자 사는 세상이 아니라 함께 사는 세상을 가르쳐야 행복한 부자가 될 자격을 갖출 수 있다(이종향, 2017)

유아기의 경제교육은 돈을 버는 것이 소비를 위한 목적뿐만 아니라, 가정의 의식주 생활과 국가의 경제발전에도 영향을 준다는 것을 알게 한다. 또한 저축을 통해 내일을 대비해야 한다는 것과 남을 돕는 배려의 차원에서 기부에 대한 것도 알게 한다. 따라서 서로 돕고 나누며 협력하는 민주시민으로 성장하는 데 도움이 되기 때문에 유아기에 경제교육이 중요하다.

Activity

1. 유아경제교육을 위한 효과적인 활동의 예시를 소개해 보세요.
2. 다음 글을 읽고 '명품'에 대한 자신의 생각을 나누어 보세요

한국 사람들은 명품을 굉장히 좋아합니다. 명품이라면 가짜라도 가지고 싶어 합니다.
한 신문에서 명품을 들고 다니는 젊은이들에게 물었습니다.
"왜 명품을 좋아합니까?"
젊은이들이 이렇게 대답했습니다.
"명품을 들고 다니면 자신감이 생깁니다."
명품 옷을 입고 명품 가방을 들고 명품 시계를 차면 뭔지 모르는 자신감이 생긴다는 것입니다. 남보다 뛰어나 보인다는 환상 때문에 기분이 좋다는 것입니다.

– 원 베네딕트(2007). 《명품 인생이 되라》 중에서

2) 유아경제교육의 내용 및 실제

바람직한 경제 개념과 경제생활이 어릴 적부터 자리 잡히도록 하기 위해서는 유아교육 현장에서 영유아의 발달을 고려하여 다양한 경험을 제공하는 경제교육이 이루어져야 한다. 경제교육은 영아기 보육과정에서는 다루지 않지만 유아기의 교육과정인 누리과정에서는 다루고 있다. 3~5세 누리과정에서는 사회관계 영역의 5개 내용범주 중 '사회에 관심 갖기' 내용 범주의 '지역사회와 관심 갖고 이해하기' 내용에서 경제교육에 관련하여 다루었으며, 2019 개정 누리과정에서는 사회관계 영역의 3개 내용범주 '나를 알고 존중하기'와 '더불어 생활하기', '사회에 관심 가지기'에서 경제교육 관련 내용을 찾아볼 수 있다.

표 12-1 경제교육 관련 '사회관계 영역' 내용범주 및 내용

<table>
<tr><th colspan="4">3-5세 누리과정</th><th colspan="2">2019 개정 누리과정</th></tr>
<tr><th rowspan="2">내용</th><th colspan="3">세부 내용</th><th rowspan="2">내용범주</th><th rowspan="2">내용</th></tr>
<tr><th>3세</th><th>4세</th><th>5세</th></tr>
<tr><td rowspan="8">지역사회에 관심 갖고 이해하기</td><td rowspan="2">우리 동네의 이름을 안다</td><td rowspan="2">우리 동네에 대해 알아본다.</td><td rowspan="2">우리 동네에 대해 알아본다.</td><td rowspan="2">나를 알고 존중하기</td><td>나를 알고 소중히 여긴다.</td></tr>
<tr><td>내가 할 수 있는 것을 스스로 한다.</td></tr>
<tr><td rowspan="4">우리 동네 사람들에 관심을 갖는다.</td><td rowspan="4">우리 동네 사람들이 하는 일에 관심을 갖는다.</td><td rowspan="4">다양한 직업에 관심을 갖는다.</td><td rowspan="4">더불어 생활하기</td><td>가족의 의미를 알고 화목하게 지낸다.</td></tr>
<tr><td>서로 다른 감정, 생각, 행동을 존중한다.</td></tr>
<tr><td>친구와 어른께 예의 바르게 행동한다.</td></tr>
<tr><td>약속과 규칙의 필요성을 알고 지킨다.</td></tr>
<tr><td></td><td>물건을 살 때 돈이 필요함을 안다.</td><td>일상생활에서 돈의 쓰임에 대해 안다.</td><td>사회에 관심 가지기</td><td>다양한 문화에 관심을 가진다.</td></tr>
</table>

(1) 교육과정에 나타난 유아경제교육의 내용

연령별로 구분되었던 3~5세 누리과정과 연령 구분이 없어진 2019 개정 누리과정의 차이를 살펴볼 수 있다. '사회관계 영역'에서 경제교육과 관련하여 다룰 수 있는 내용을 정리하면 다음과 같다.

① 3~5세 누리과정의 내용에서 경제교육과 관련하여 다룰 수 있는 내용

- 우리 동네에는 물건을 파는 곳과 사는 곳에는 어떤 곳이 있는지 살펴본다.
- 우리 동네에 있는 시장 또는 가게에 가서 물건을 구매해 본다.
- 우리 동네에 물건이나 식품을 만드는 곳이 있는지 살펴본다.
- 우리 동네에 은행이 있는지 살펴본다.
- 우리 동네에서 돈을 소비하고 저축할 수 있는 곳이 어디인지 살펴본다.

② 2019 개정 누리과정에서 경제교육과 관련하여 다룰 수 있는 내용

- 내가 혼자서 구매할 수 있는 것에는 무엇이 있는지 알아보고 구매해 본다.
- 내가 구매한 것에 대해 책임 있게 사용을 했는지 점검해 본다.
- 우리 집에서 돈을 절약하기 위해 함께 노력해야 하는 것에는 무엇이 있는지 살펴본다.
- 전통사회와 현대사회에서 돈의 쓰임과 보관 방법 등에 관한 궁금한 것을 정리하고 찾아본다.

(2) 유아경제교육 내용의 실제

문제해결접근법을 통해서 유아는 자신을 주도적으로 이끌며 적극적으로 표출하고 탐구하는 과정을 경험한다. 문제해결접근법은 유아경제교육에서 지향해야 하는 사고력 증진과 직접적인 연관이 있다. 이 과정에서 교사는 유아가 다양한 경제문제를 제시고 그 문제를 해결하는 경험을 제공해야 한다(이종향, 2017). 이종향(2017)이 이러한 접근의 방법으로 문제 인식, 문제 정의, 자료 수집, 평가하기, 의사 결정하기의 과정을 적용한 경제활동의 예를 소개하면 다음과 같다.

표 12-2 유아경제교육 활동의 예시 1

<table>
<tr><th>활동명</th><td>좋은 메뉴판 만들기</td><th>경제 개념</th><td>생산자, 소비자, 돈, 분배</td></tr>
<tr><th>목표</th><td colspan="3">• 생산자, 소비자, 돈, 분배의 의미를 안다.
• 메뉴판의 차이점을 발견한다.
• 더불어 살아가는 마음을 갖는다.</td></tr>
<tr><th colspan="2">구분</th><th>활동 내용</th><th>준비물</th></tr>
<tr><th>도입</th><td>문제 인식</td><td>• 메뉴판 그림자료 보며 경험에 대해 이야기 나눈다.
• 생산자와 소비자가 나눔을 실천할 수 있는 방법 찾기를 소개한다.</td><td>메뉴판 그림자료</td></tr>
<tr><th rowspan="4">전개</th><td>문제 정의</td><td>• 메뉴판의 공통점과 차이점을 발견한다.
• 메뉴판이 다른 원인에 대해 설명한다.</td><td>메뉴판</td></tr>
<tr><td>자료수집</td><td>• 원인을 해소하기 위한 정보를 찾아본다.
• 개인 혹은 모둠 간의 해결책을 정한다.</td><td>정보 관련 서적</td></tr>
<tr><td>평가하기</td><td>• 해결책을 친구들에게 소개한다.
• 해결책에 대해 평가한다.</td><td>칠판</td></tr>
<tr><td>의사결정 하기</td><td>• 해결책 중에 가장 좋은 해결책을 결정한다.
• 일상생활에서 어떻게 행동해야 할 것인가에 대해 이야기 나눈다.</td><td></td></tr>
<tr><th>평가</th><td colspan="2">• 활동 목표 달성 여부에 대해 이야기 나눈다.
- 새롭게 알게 된 것은 무엇이며, 가장 중요한 것이 무엇이라고 생각하는지</td><td></td></tr>
<tr><th>확장 활동</th><td colspan="3">• 나눔을 실천할 수 있는 소비 방법 조사하기
• 협동조합, 한살림 등 견학하기
• 메뉴판 만들기</td></tr>
<tr><th>유의점</th><td colspan="3">• 해결책을 찾을 수 있도록 다양한 정보를 제공할 수 있도록 안내한다.</td></tr>
</table>

출처: 이종향(2017). 유아경제교육을 위한 방향 제안 및 실효성 연구, p. 227 재인용

〈표 12-2〉에서 사용된 준비물은 인터넷 검색이나 챗GPT를 활용하여 다양한 자료를 수집하여 다양한 형태로 만들어서 놀이에 적용해 볼 수 있다.

동산밭어린이집(2005)에서 실시한 경제 프로젝트의 내용 중 이야기 나누기와 표상 활동의 일부를 재정리하여 소개하면 다음과 같다.

표 12-3 유아경제교육 활동의 예시 2

	목표	표상 활동
1	유아들에게 실생활에서 필요한 것은 무엇인지 이야기 나누어 보고, 현재 유아들이 갖고 있는 돈에 대한 인식과 개념을 알아본다	• 우리가 살아가는 데 필요한 것에는 무엇이 있을까요? • 돈이란 무엇일까요? • 돈의 좋은 점과 안 좋은 점은 어떤 것이 있을까?
2	지난번 생각 모으기에서 '돈'의 좋은 점을 다시 회상하여 '돈'의 효용성에 대해서 좀 더 알아보도록 이야기를 나눈다.	• 돈이 많으면 좋은 점이 있어요 • 돈이 없으면 불편한 점이 있어요 • 사람들은 돈을 많이 벌면 어떻게 할까요?
3	일정한 기간에 선행을 하고 부모에게 받은 용돈을 관리함으로써 합리적인 경제생활을 일상생활에서 직접 체험하고 계획적인 소비가 이루어질 수 있도록 용돈 기입장을 만들어 절약이 습관화될 수 있도록 한다.	• 돈을 벌어 본 소감 이야기하기 • 우리가 번 돈으로 저축해 보기
4	은행에 대한 생각 모으기와 질문 등의 활동을 통해 은행에 대해 유아들이 가지고 있는 기초 지식들을 구조화한다.	• 은행은 어떤 일을 할까요? • 은행 전문가이 이야기를 듣고 어떤 생각이 들었나요?
5	바자회를 통해 직접 생산자가 되어 노동의 대가를 얻는 기쁨을 느껴 보고, 경제 개념 중 자본 투자와 수입을 경험하게 한다. 돈을 주고받으면서 생산에서 판매까지의 과정을 알아본다.	• 바자회 계획하기 • 바자회를 열고 나서 • 바자회로 생긴 수익금으로 무엇을 할까요?

〈표 12-3〉에서 유아들이 그림으로 나타낸 표상 활동 중에서 '돈'에 대한 유아의 생각은 다음과 같았다.

- 불쌍한 사람을 도와줄 수도 있고 돈을 많이 저금해서 부자가 될 수 있어서 좋아요.
- 북한에 불쌍한 아이들을 도와주고 싶어요.
- 돈이 많으면 도둑이 들어와서 돈을 가져갈 수 있어요.
- 엄마 아빠가 돈이 없다고 싸웠어요.

이와 같이 경제와 관련된 교육 활동은 유아들이 사회에서 일어나고 있는 일에 대해 관심을 갖고 있으며, 돈이 사람들의 행복한 생활에 필요한 것이지만 때로는 사람들 사이에 불편함을 주는 매개가 될 수 있음을 알게 한다. 따라서 가정에서는 돈의 긍정적인 쓰임을 알게 하고 교육기관에서는 이러한 돈의 다양한 쓰임에 대해 알아가도록 하는 과정이 필요하다.

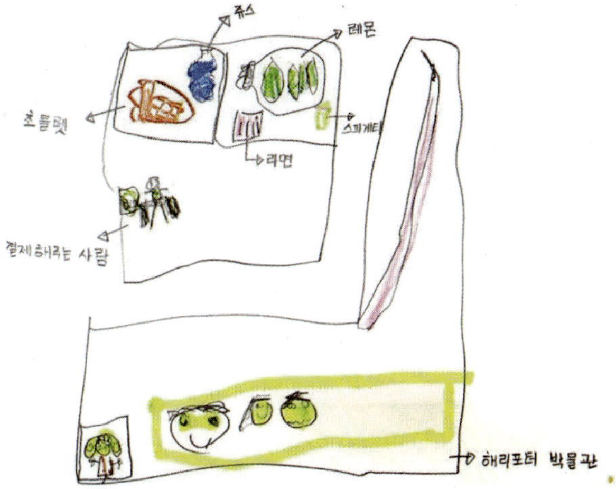

4세 유아: 돈의 쓰임 – 박물관에 가서 구경하고 맛있는 것을 사 먹을 수 있다

Activity

나의 일주일 용돈 기입장 만들어 실천해 보세요.

아이에게 성취감 주기

작은 일이라도 항상 아이의 의견을 묻고 선택할 기회를 제공합니다. 그리고 스스로 선택한 것을 실천하고, 책임지도록 노력합니다. 실수하더라도 최선을 다한 그 과정을 기억할 수 있도록 해 줍니다.

- 작은 일 함께 하기: 빨래 널기, 주변 정리하기, 화분에 물 주기 등
- 스스로 선택하기: 입을 옷, 신발, 읽을 책 등

– 최창욱 외(2019). 《인생을 결정하는 유·초등 교육》 중에서

2 유아환경교육

1) 유아환경교육의 개념 및 중요성

(1) 유아환경교육의 개념

환경은 생물에게 직접·간접으로 영향을 주는 자연적 조건이나 사회적 상황을 말한다(국립국어원 표준국어대사전). 인간의 안락함을 위해 존재했던 환경은 이제 더 이상 평온한 안식처가 될 수 없게 되었다. 산업기술과 문명의 발달로 자연의 많은 부분이 훼손되어 축소되었다. 여기에는 인간의 끝없는 쾌락과 이기주의, 개인주의 성향이 기여했다고 볼 수 있다.

과학기술 및 의학의 발전과 경제의 발전은 인간의 삶에 양질의 변화를 가져왔으나 이에 수반되는 자연환경의 파괴와 플라스틱의 무분별한 사용, 공해 등으로 기후변화와 생태계의 파괴라는 초유의 위기에 직면하게 되었다. 국내뿐 아니라 세계적으로 지구온난화가 심각해지면서 기후변화가 급증하고 있으며, 폭염, 폭우, 가뭄, 산불 등으로 자연재해가 빈번하게 발생하고 있다. 따라서 환경교육의 필요성이 대두되었고 지속가능발전을 지향하며 전 세계가 노력하고 있는 실정이다.

환경교육은 환경에 관한 문제를 바르게 인식하고 환경 보전을 위한 구체적인 실천 능력을 개발하기 위한 교육을 말한다(네이버사전). 「환경교육진흥법」(2008. 3. 21. 제정)에서는 '환경교육'이란 국가와 지역사회의 지속가능발전을 목표로 국민이 환경을 보전하고 개선하는 데 필요한 지식·기능·가치관 등을 배양하고 이를 실천하도록 하는 교육을 말한다. 「환경교육진흥법」은 이제 현행법이 아니며 「환경교육의 활성화 및 지원에 관한 법률」(약칭: 환경교육법)로 개정(2023. 12. 26.)되었다. 「환경교육법」 제2조1항에서는 '환경교육'을 국민이 환경의 중요성을 이해하고, 환경을 보전하고 개선하는 데 필요한 지식·기능·태도·가치관 등을 갖추어 환경의 보전 및 개선을 실천하도록 하는 교육이라고 명시하고 있다.

표 12-4 환경교육의 정의

네이버사전(2025)	환경에 관한 문제를 바르게 인식하고 환경 보전을 위한 구체적인 실천 능력을 개발하기 위한 교육
환경교육진흥법(2008)	국가와 지역사회의 지속가능발전을 목표로 국민이 환경을 보전하고 개선하는 데 필요한 지식·기능·가치관 등을 배양하고 이를 실천하도록 하는 교육
환경교육법(2023)	국민이 환경의 중요성을 이해하고, 환경을 보전하고 개선하는 데 필요한 지식·기능·태도·가치관 등을 갖추어 환경의 보전 및 개선을 실천하도록 하는 교육

유아환경교육은 유아를 대상으로 환경의 중요성을 알고 환경의 보전 및 개선을 위해 지식과 가치관, 태도를 갖추어 환경을 보전하고 개선하려는 노력을 하도록 하는 교육이라 할 수 있다. 이를 위해서는 죽어가는 생태계와 지켜내야 하는 살아있는 생태계에 대해서 보여주고, 느끼게 하고, 알게 하는 과정이 필요할 것이다.

레이첼 카슨(Rachel Carson, 2011)은 원래의 아름답고 조화로운 생태계와 인간의 잘못으로 인해 죽어가는 생태계에 대한 이야기를 다음과 같이 묘사하였다(지옥정 외, 2017 재인용).

표 12-5 생태계의 대비

조화로운 생태계: 생태계 모든 구성원이 조화를 이루며 사는 마을	죽어가는 생태계: 살충제, 화학 비료 등의 과도한 사용으로 죽어가는 마을
마을에는 온갖 곡식이 자라는 밭과 과수원, 풍요로운 농장들이 펼쳐져 있다. 과수원의 푸른 밭 위로 흰 구름이 흘러가고, 새들이 지저귀는 소리가 경쾌하게 울려 퍼진다. 가을이 되면 병풍처럼 둘러싸인 소나무를 배경으로 노을처럼 붉게 물든 참나무와 단풍나무, 자작나무의 너울거림이 눈부신다. -후략-	어느 날 낯선 병이 이 지역을 덮어버리더니 모든 것이 변하기 시작했다. 어떤 사악한 마술의 주문이 마을을 덮친 듯했다. 사람, 닭, 소 떼와 양 떼가 이유 없이 시름시름 앓다가 죽고 말았다. 나무도 잎을 축 늘어뜨린 채 맥이 없다. 도무지 병의 정체를 알 수 없는 마을 의사들은 당황하기 시작했다. 원인을 알 길 없는 갑작스러운 죽음이 곳곳에서 보고되었다. -후략-

출처: Carson, R. (2011): 지옥정 외(2017). 지속가능발전 지향 유아환경교육, p. 12. 재인용 및 부분 편집

「기후위기 대응을 위한 탄소중립·녹색성장 기본법」(약칭: 탄소중립기본법)에 명시된 기후 관련 용어의 정의(제2조)를 살펴보면 다음과 같다.

표 12-6 기후 관련 법적 용어

용어	뜻
기후변화	사람의 활동으로 인하여 온실가스의 농도가 변함으로써 상당 기간 관찰되어 온 자연적인 기후변동에 추가적으로 일어나는 기후체계의 변화를 말한다.
기후위기	기후변화가 극단적인 날씨뿐만 아니라 물 부족, 식량 부족, 해양산성화, 해수면 상승, 생태계 붕괴 등 인류 문명에 회복할 수 없는 위험을 초래하여 획기적인 온실가스 감축이 필요한 상태를 말한다.
탄소중립	대기 중에 배출·방출 또는 누출되는 온실가스의 양에서 온실가스 흡수의 양을 상쇄한 순배출량이 영(零)이 되는 상태를 말한다.
온실가스	적외선 복사열을 흡수하거나 재방출하여 온실효과를 유발하는 대기 중의 가스 상태의 물질로서 이산화탄소(CO_2), 메탄(CH_4), 아산화질소(N_2O), 수소불화탄소(HFCs), 과불화탄소(PFCs), 육불화황(SF_6) 및 그 밖에 대통령령으로 정하는 물질을 말한다.
기후위기 적응	기후위기에 대한 취약성을 줄이고 기후위기로 인한 건강피해와 자연재해에 대한 적응역량과 회복력을 높이는 등 현재 나타나고 있거나 미래에 나타날 것으로 예상되는 기후위기의 파급효과와 영향을 최소화하거나 유익한 기회로 촉진하는 모든 활동을 말한다.
녹색성장	에너지와 자원을 절약하고 효율적으로 사용하여 기후변화와 환경훼손을 줄이고 청정에너지와 녹색기술의 연구개발을 통하여 새로운 성장동력을 확보하며 새로운 일자리를 창출해 나가는 등 경제와 환경이 조화를 이루는 성장을 말한다.
녹색산업	온실가스를 배출하는 화석에너지의 사용을 대체하고 에너지와 자원 사용의 효율을 높이며, 환경을 개선할 수 있는 재화의 생산과 서비스의 제공 등을 통하여 탄소중립을 이루고 녹색성장을 촉진하기 위한 모든 산업을 말한다.

출처: 탄소중립기본법 제2조(정의)

참고 동영상

환경동화를 시청해 보세요.

'바다가 아파요'

(2) 환경교육의 중요성

사무엘슨과 카가(Samuelsson & Kaga, 2008)에 따르면 지속가능한 미래에 기여할 수 있는 책임감 있는 시민을 양성하는 교육은 지속가능한 발전과 환경에 대해 생각해 보고, 차이와 평등, 공정함을 존중하는 것을 포함하도록 권고하고 있다(이종향, 2017).

국내에도 「교육기본법」 제22조2(기후변화환경교육)에 "국가와 지방자치단체는 모든 국민이 기후변화 등에 대응하기 위하여 생태전환교육을 받을 수 있도록 필요한 시책을 수립·실시하여야 한다."라고 환경교육 조항(2021.9.24. 신설)이 명시되어 있다. 이러한 법적 근거 외에도 유아환경교육이 중요한 이유를 정리하면 다음과 같다.

① 유아기는 환경교육의 최적기이며, 가정 내에 영향력이 있는 시기이다.

유아기는 가장 많은 변화가 나타나는 시기로 '결정적 시기', '민감기'라고 말하며, 생애주기로 볼 때 가장 중요한 시기이다. 틸버리(Tilbury, 1994)는 유아기를 언어, 개념 이해, 정서, 태도 등 발달의 모든 측면에서 그 이후의 시기에 비해 매우 중요한 시기이며, 같은 맥락에서 환경교육을 위해서도 중요한 시기라고 하였다.

유아교육기관에서 환경교육을 하고 나면, 가정과 연계해서 부모와 자녀가 실천하도록 권면하며 관련된 프로그램을 지속적으로 실행하고 있다. 그런 과정에서 부모는 자녀들에게 정직한 환경 지킴이가 되어 가며, 유아들은 자신뿐 아니라 가족들의 환경 실천 감시자가 될 수 있다.

사회적으로 많은 환경 캠페인을 실행하고 있지만, 가정과 유아교육기관에서의 교육이 가장 실천적이며 확산 속도가 빠르다. 따라서 어린 시기에 환경의 문제점과 중요성을 알고 일상생활에서 실천하며 환경을 보존하기 위한 창의적 방법으로 노력하는 태도를 길러 주는 일은 매우 중요할 수밖에 없다.

② 환경교육은 시대적 변화에 따른 요구이다.

기후재난뿐만 아니라, 우리가 매일 버리는 쓰레기는 다양한 곳에서 더 심각한 문제를 유발한다(Eco-steam 연구회, 2022). 코로나19 바이러스로 인하여 비대면 활동 비중이 증가하고 방역 관련 용품 사용이 늘어나면서 쓰레기 배출량이 늘어나고 있는 실정이다. 많은 쓰레기들은 태워서 없애거나 어딘가에는 쌓아 놓을 수밖에 없다. 실제로 지도상에서 발견할 수 없는 섬이 태평양 한가운데에 쓰레기 매립장처럼 존재하고 있으며 그 쓰레기 섬은 우리나라 면적의 약 7배로 추정된다고 한다. 세계의 과학자들은 지구온난화로 인한 기후변화가 코로나19 이상의 더 큰 재앙을 몰고 올 것이라고 하면서, 인류가 대응할 수 있는 시간은 2030년까지라고 경고한다(박찬 외, 2022: 옥새별, 2023 재인용). 그러므로 정부와 기업, 학계, 교육 및 환경 단체 등은 환경보존과 환경파괴에 대한 대책 마련을 위해 적극적인 노력을 할 수밖에 없다.

③ 국가 수준의 교육과정 차원에서 환경교육을 강조한다.

환경오염 문제의 심각성이 대두되기 시작한 1980년대 후반 및 1990년대 초반에는 환경오염에 대한 인식 및 해결 방법에 관한 교육 관련 연구가 주요 관심사였다(조형숙 외, 2014). 그러다가 유아환경교육은 제5차와 제6차 유치원교육과정을 거쳐 2007 개정 교육과정, 2009 개정 교육과정에서도 계속 주요 내용 또는 범교과 학습 주제로 제시되었다. 특히 2007 개정 교육과정에서는 '환경교육'과 함께 '지속가능발전교육'이 제시되었으며, 2009 개정 교육과정에서는 여기에 '녹색교육'이 더 제시되었다. 그리고 2015년 개정 교육과정에서는 '환경교육'과 '지속가능발전'이 '환경·지속가능발전교육'으로 함께 묶여 제시되고, '녹색교육'은 빠져나갔다(교육부, 2015: 지옥정 외, 2017 재인용). 이어 3~5세 누리과정에서는 사회관계 영역에 '다른 사람과 더불어 생활하기'의 내용범주에서 '사회적 가치를 알고 지키기'의 내용에 4세와 5세에 '자연과 자원을 아끼는 습관을 기른다'의 세부 내용을 포함하였다. 이후 2019 개정 누리과정에서는 자연탐구 영역에 '자연과 더불어 살기'의 내용범주에 '생명과 자연환경을 소중히 여긴다'의 내용을 포함하고 있다.

이와 같이 환경교육은 유아를 대상으로 하는 교육과정의 적용뿐 아니라 교사들도 교육의 대상이 되고 있다. 「환경교육의 활성화 및 지원에 관한 법률」(환경교육법) 제12조(교원 등에 대한 지원)에는 "국가 및 환경교육의 전문성을 높이기 위하여 「영유아보육법」 제21조제1항 및 제2항, 「유아교육법」 제20조제1항, 「초·중등교육법」 제19조제1항에 따른 교원의 환경교육에 관한 연수 기회를 제공하거나 연구 활동을 지원할 수 있다."고 명시되어 있다. 따라서 교사들의 환경보전을 위한 노력은 더욱 강조될 수밖에 없다.

참고 자료

'지구소생탄소중립' 8월호 <버리는 게 아니라 다시 살리는 거예요!>

출처: 경기 안성시육아종합지원센터(https://www.ans.or.kr). 버리는 게 아니라 다시 살리는 거예요!. 지구소생탄소중립 8월호.

Activity

1. 유아환경교육을 위한 효과적인 활동의 예시를 소개해 보세요.
2. 유아교육 현장에서 관찰한 환경교육 내용을 소개해 보세요.

2) 유아환경교육의 내용 및 실제

국내에는 다양한 환경 행사가 진행되고 있다. 특히 최근 들어 탄소중립을 실천하고 자체 개발 프로그램을 소개하기 위한 행사 및 교육으로 '지구 위기! 응답하라 강북환경 축제', '2024 서울생태전환교육 한마당', '습지체험 행사', 'ESG 감수성을 깊게 잇다' 등이 이루어졌으며, 국가환경교육통합프랫폼(https://www.keep.go.kr)에는 기후변화와 탄소중립, 에너지, 물, 생명윤리, 생태계 등 다양한 프로그램과 콘텐츠가 소개되고 있다.

교육기관에서는 3-5세 누리과정에서 다루었던 환경 관련 내용과 2019 개정 누리과정에서 다루고 있는 환경 관련 내용을 응용하여 환경교육 활동을 해볼 수 있다. 이를 정리하면 다음과 같다.

표 12-7 환경 관련 '사회관계 영역'의 내용

3-5세 누리과정			2019 개정 누리과정	
내용범주	내용	세부내용	내용범주	내용
다른 사람과 더불어 생활하기	사회적 가치를 알고 지키기	자연과 자원을 아끼는 습관을 기른다.	자연과 더불어 살기	생명과 자연환경을 소중히 여긴다.

① 자연과 자원을 아끼는 습관을 기른다.

유아기부터 자연과 자원의 가치 및 소중함을 알고 보호하는 태도를 기르며, 자신도 자연의 일부임을 알고 자연과 더불어 살아가야 한다는 생각을 갖도록 하는 내용을 다루었다. 만 4, 5세 유아에게 주변의 자연 속에서 자연물을 직접 접하여 그 상태와 변화를 느끼게 하고, 우리가 살고 있는 세계가 여러 가지 자연물과 함께 어우러져 있으며, 이러한 자연과 자원들은 소중히 가꾸어져야 하고 아껴서 보존해야 한다는 인식을 갖도록 한다. 또한, 자연과 자원 같은 사회적으로 가치 있는 것들이 얼마나 우리에게 필요하고 중요한 것임을 알도록 하며, 이를 아끼고 가꾸며 보호하는 습관을 기르도록 한다(보건복지부·교육과학기술부, 2013).

《5세 누리과정 교사용지도서》(교육과학기술부, 2012, p. 9)에 소개되었던 '물과 우리 생활' 주제에 관한 소주제와 내용 및 활동 유형을 정리하면 다음과 같다.

표 12-8 물과 우리 생활의 활동 예시

소주제	주요 내용	활동명	활동 유형
물의 특성과 생명체와의 관계 이해하기	• 물의 특성과 현상을 이해한다. • 물과 생명체의 관계를 이해한다. • 물의 필요성을 이해한다.	• 첨벙첨벙 물 실험실	과학
		• 물이 변해요	이야기 나누기
		• 물이 없다면	이야기 나누기
물의 이용과 물 부족 알아보기	• 물을 이용하는 방법을 알아본다. • 물 부족 현상을 이해한다. • 물 절약 방법을 알아본다. • 물 절약을 실천한다.	• 물의 이용	이야기 나누기
		• 비 는 날 만나는 친구들	바깥 놀이
		• 물이 부족한 친구를 도와요	게임
물의 오염과 피해 알아보기	• 물이 오염된 곳을 찾아본다. • 오염된 물에 의한 우리 생활의 피해를 알아본다. • 물의 피해를 줄일 수 있는 방법을 알아본다.	• 더러워진 바다	이야기 나누기
		• 물이 오염되면	이야기 나누기
		• 맑은 물이 좋아요	수·조작
물 보호하기	• 깨끗한 물 만들기 위한 방법을 알아본다. • 수질 보호 방법을 실천한다.	• 물을 깨끗하게 만들어요	이야기 나누기
		• 물의 여행	동화
		• 물고기는 맑은 물을 좋아해요	수·조작

② 생명과 자연환경을 소중히 여긴다.

2019 개정 누리과정 자연탐구 영역의 '자연과 더불어 살기' 내용범주는 생명과 자연을 존중한다는 목표로 세 가지의 내용을 제시하고 있다.

- 주변의 동식물에 관심을 가진다.
- 생명과 자연환경을 소중히 여긴다.
- 날씨와 계절의 변화를 생활과 관련짓는다.

이와 관련하여 《2019 개정 누리과정 해설서》(교육부·보건복지부, 2019a, p. 108)에 소개된 유아 경험의 실제 예를 보면 다음과 같다.

유아: 저, 도토리 엄청 주웠어요.

교사: 벌써 도토리가 떨어져 있었어?

유아: 네, 다람쥐들이 도토리를 많이 먹으라고 조금만 주웠어요.

교사: 어머! 네가 주워 온 도토리를 보니까 정말 가을이 온 걸 알겠구나. 네 말대로면 다람쥐들은 맛있는 도토리를 먹는 가을이라서 신나겠다.

유아가 개미를 발견하고 모두 놀란다. “야 개미다.”, “여기 봐.” “으~악”, “무서운 거 아니야.” 한 유아가 “열매 같은 걸 가져가나 봐. 무겁겠다.”, “배가 고픈가 봐.” “어디로 가지?”, “밟지 마.”라고 이야기하며 개미가 지나갈 수 있도록 몸을 옆으로 비키며 개미를 쳐다본다.

교구의 활용 : 바퀴 달린 미니카

예비 유아교사들이 우유팩과 헌옷을 이용하여 바퀴 달린 미니카를 만들었다. 유아 한 명이 자동차에 앉으면 또 다른 유아가 자동차를 끌어 준다. 우유팩 속에 신문지가 있어서 견고하며, 바닥에는 나무판을 옷으로 감싸서 붙였기 때문에 긁히거나 부서지지 않는다.

유아들은 재활용품으로 만든 교구로 재미있게 놀이를 하면서 재활용품의 다양한 활용을 알게 되어 창의적인 미술활동으로 연계가 될 수 있다.

Activity

1. '환경기념일'에 해당하는 그림책을 더 찾아서 적어 보세요.

환경기념일	그림책	그림책을 찾아서 적어 보세요
3월 22일 세계 물의 날	• **《세상을 돌고 도는 놀라운 물의 여행》**(맬컴 로즈 글, 숀 심리 그림, 사파리) • **《더러운 물 때문이야》**(윤구병 기획, 심조원 글, 김성민 그림, 보리)	
4월 22일 지구의 날	• **《지구는 내가 지킬 거야》**(존 버닝햄 글·그림, 이상희 옮김, 비룡소) • **《투발루에게 수영을 가르칠 걸 그랬어》**(유다정 글, 박재현 그림, 미래아이)	
5월 31일 바다의 날	• **《할머니의 용궁 여행》**(권민조 글·그림, 천개의바람) • **《사라지는 물고기》**(킴 미셸 토프트·앨런 시더 글, 킴 미셸 토프트 그림, 윤나래 옮김, 다섯수레)	
6월 5일 환경의 날	• **《그린피스의 집》**(오이카와 겐지 글, 다케우치 마유코 그림, 김난주 옮김, 시공주니어) • **《환경아, 놀자》**(환경교육센터 글, 김미선 그림, 한울림)	
7월 3일 세계 일회용 비닐봉투 없는 날	• **《도시에 물이 차올라요》**(마리아호 일러스트라호 글·그림, 김지은 옮김, 위즈덤하우스) • **《바다로 간 빨대》**(김영미 글, 조희 그림, 아이앤북)	

2. 국내에 어떠한 환경단체가 있는지 찾아보세요.

3. 유아환경교육을 위해 견학할 곳을 찾아보세요.

슬기로운 기후 위기 대응 및 탄소중립 생활

1. 물을 절약하기 위해 양치컵을 사용하고 수도꼭지를 잠그자.
2. 빈 교실과 빈 방의 전등을 끈다.
3. 음식물 쓰레기를 줄이기 위해 먹을 만큼 사서 먹고, 지역 농산물이나 텃밭 채소를 길러 본다.
4. 채식으로 지구를 살리자.
5. 건강도 챙기고 지구도 지키는 줍깅을 생활화한다.
6. 쓰지 않는 가전제품의 플러그는 뽑아 둔다.
7. 용기 내서 일회용기 대신 다회용기를 사용한다.
8. 핸드타월과 손드라이어 대신 손수건을 사용한다.
9. 종이컵 대신 텀블러를 사용한다.
10. 자연보호 활동으로 나무를 심고 가꾼다.

- 조현서(2023). 《생태환경교육을 만나고 실천하다다》, p. 163.

참고문헌

경제. 국립국어원 표준국어대사전. https://stdict.korean.go.kr/search/searchView.do?word_no=392398&searchKeywordTo=3

고정리(2014). 유아 공동체의식, 정서지능, 친사회적 행동 간의 관계 분석. 육아지원연구, 9(1), 97-125.

과학기술정보통신부(2022). 지능정보서비스의 건전한 활용을 위한 스마트폰, 인터넷 과의존 예방 및 해소 기본 계획(2022-2024). 과학기술정보통신부.

관계기관 합동(2025). 제4차 다문화가족정책기본계획(2023~2027) 2025년 다문화가족정책시행계획. 성평등가족부 https://www.mogef.go.kr/as/asl/as_asl_s001.do

교육과학기술부(2009). 전문가와 함께하는 유아세계시민교육. (2009.04.20. 교육부 등록자료)

______(2011). 유치원 기본과정 내실화를 위한 경제·소비자교육 프로그램. 교육과학기술부.

______(2012). 5세누리과정 교사용 지도서 제10권 환경과 생활. 교육과학기술부.

______(2013). 3-5세 연령별 누리과정 교사용 해설서. 교육과학기술부.

교육부(1999). 유아를 위한 세계이해 교육활동 지도자료. 선명.

______(2000). 유아의 사회적 능력발달 교육활동자료. 교육부.

______(2022). 초등학교 교육과정. 교육부 고시 제2022-33호 [별책 2].

______(2023). 출발선 평등을 위한 2023년 다문화교육 지원계획.

______(2025a). 2024 개정 표준보육과정(0~2세) 해설서. 교육부.

______(2025b). 2025학년도 다문화교육 정책학교 및 한국어학급 사업설명회-유치원-. 국가평생교육진흥원.

교육부, 보건복지부(2019a). 2019 개정 누리과정 해설서. 교육부, 보건복지부.

교육부, 보건복지부(2019b). 영유아 보육. 교육 통합과정 운영 지침. 교육부, 보건복지부

교육인적자원부(2007). 교사를 위한 유아사회교육 지침서. 교육인적자원부.

국립군산대학교 언론사 https://press.kunsan.ac.kr/pyeonrimieom-sidae-uri-juwieneun-eoddeon- seo-biseudeuli-isseulgga-7383

기후위기 대응을 위한 탄소중립·녹색성장 기본법(약칭: 탄소중립기본법). 법제처 국가법령정보센터. https://www.law.go.kr/LSW/lsInfoP.do?efYd=20251023&lsiSeq=270219#0000

김경선(2020). 유아의 자기조절력과 놀이성 및 리더십의 관계. 광주교육대학교 교육대학원 석사학위논문.

김경옥(2004). 유아의 성역할 사회화에 관한 문화기술적 연구 -K 어린이집을 중심으로-. 창원대학교 대학원

박사학위논문.

김광웅, 조유진, 홍기묵(2005). 심리적 성장환경이 청소년의 사회적 유능성에 미치는 영향. 인간발달연구, 12(3), 1-13.

김길숙, 김태은(2015). 유아의 정서지능과 사회적 유능성 관계에서 유아-교사 간계의 매개효과. 대한가정학회지, 53(3), 241-251.

김보명, 박순용, 안현효, 이동기, 이선경, 임현묵, 장은주, 조대훈, 최현, 한건수, 한승희(2020). 한국 세계시민교육이 나아갈 길을 묻다. 도서출판 살림터.

김세은(2019). 반편견 그림책을 활용한 역할놀이가 유아의 성역할 고정관념 및 또래유능성에 미치는 영향. 서울교육대학교 교육전문대학원 석사학위논문.

김영옥(2014). 유아사회교육. 양서원.

김영옥, 박미자(2008) 유아 경제 개념의 발달적 경향 분석. 미래유아교육학회지, 15(4), 231-267.

김영옥, 이은화(2000). 유아사회교육. 양서원.

김은영(2015). 교사가 지각한 유아의 기질, 또래 유능성, 자기조절능력이 유아 리더십에 미치는 영향. 가톨릭관동대학교 대학원 박사학위논문.

김정화(2020). 유아교사의 유아인권 교수효능감에 영향을 미치는 요인분석. 한국유아교육연구, 22(2), 138-162.

김종미(2023). 어머니의 과보호 양육태도와 유아의 자기조절학습능력 및 사회적 특성 변인의 관계 분석. 경기대학교 대학원 박사학위논문.

김지현(2014). 콜버그의 도덕 발달 이론을 통해 본 청소년 도덕 연구. 호남신학대학교 기독교상담대학원 석사학위논문.

김진영(2017). 어머니의 명령적 언어통제와 유아의 리더십의 관계에서 자기조절능력의 매개효과. 숙명여자대학교 사회교육대학원 석사학위논문.

김진희, 임미은(2014). 공정여행 수업활동에 나타나는 세계시민교육의 의미 탐색. 한국교육 41(3), 217-218

김진희, 허영식(2013). 다문화교육과 세계시민교육의 담론과 함의 고찰. 한국교육, 40(3), 155-181.

김한솔(2022). 유아세계시민교육에 기반한 어린이 박물관 전시 및 교육프로그램 현황 분석 연구-국립아시아문화전당 어린이문화원 체험관을 중심으로-. 전남대학교 문화전문대학원 석사학위논문.

김향은, 정옥분(1999). 자녀의 힘을 북돋우는 프로그램이 어머니와 자녀에게 미치는 영향. 아동학회지, 20(4), 179-193.

김현자, 하수연, 이지영, 이해정(2025). 유아교육개론. 어가.

김희진, 최인경(2018). 유아 성역할 학습 지표(SERLI)의 타당도 개선: 생태학적·문화적 타당성을 중심으로. 이화여자대학교 대학원 석사학위논문.

남예지, 이정훈, 김도연(2024). 유아용품 브랜드 유형에 따른 제품의 소비가치가 태도 및 구매의도에 미치

는 영향: 양면적 소비자를 중심으로. 기술혁신연구, 32(4). 159-189.

노진형(2014). 유아의 자기효능감과 정서조절능력이 또래유능성에 미치는 영향. 유아교육·보육복지연구, 18(3), 185-206.

도남희, 배윤진, 김지예(2014). 유아기 행복감 증진 방안. 연구보고 2014-21. 육아정책연구소.

동산밭어린이집(2005). 유아인성교육을 위한 경제 프로젝트 사례. 창지사.

맹주영(2025). 세계시민교육을 위한 그림책 읽기에서 나타난 유아의 반응연구. 중앙대학교 대학원 박사학위논문.

민미희, 성미영(2016). 아동의 인권감수성과 인권상황인식에 영향을 미치는 변인 연구. 한국보육지원학회지, 12(2). 1-17.

민혜영, 김영희, 유은석, 임경령(2023). 유아사회교육(3판). 공동체.

박미숙, 안효진(2015).유아의 또래 상호작용, 자기조절과 리더십간의 관계연구: 자기조절의 매개효과 분석. 한국보육지원학회지, 11(4), 1-17.

박선영(2012). 유아의 놀이성과 친사회적 행동과의 관계. 한국유아교육연구, 14(1), 129-152.

박선희(2012). 유아의 정서조절능력 및 어머니의 정서성, 정서표현이 유아의 사회적 유능감에 미치는 영향. 가톨릭대학교 교육대학원 석사학위논문.

박영아(2013). 아동발달. 창지사.

박정인, 김경숙, 이미나, 임희정, 임광호(2022). 행복코칭심리의 이해. 동문사.

방세현(2023). 유아교사 공감능력과 유아 친사회적 행동관계에서 교사-유아 상호작용의 매개효과. 조선대학교 교육대학원 석사학위논문.

백예지(2017). 유아의 기질과 사회적 유능성 간의 관계. 성균관대학교 대학원 석사학위논문.

보건복지부, 교육과학기술부(2013). 3–5세 연령별 누리과정 해설서. 보건복지부, 교육과학기술부.

사회교육(社會教育). 한국민족문화대백과사전. https://encykorea.aks.ac.kr/Article/E0026124

사회교육. 교육학용어사전. https://terms.naver.com/entry.naver?docId=510986&cid=42126&categoryId=42126

사회교육. 표준국어대사전. https://ko.dict.naver.com/#/entry/koko/99d4377b9ee24aee884ea6781e38b8e3

서동미, 엄은나, 박성희, 이혜경(2017). 영유아언어교육. 정민사.

서울특별시(2024). 다문화통합어린이집 근황. https://news.seoul.go.kr/welfare/archives/543360 (2024. 2. 15. 인출)

_________(2025). 한울타리. https://mcfamily.or.kr/guide/policy#

서은정(2023). 유아의 창의인성리더십 증진을 위한 '꿈꾀끼깡끈' 코칭프로그램 개발과 효과: WISE–FIVE 모델

활동. 숙명여자대학교 대학원 박사학위논문.

서주희(2020). 학령기 아동의 회복탄력성과 관련변인들 간의 관계 구조분석. 대구가톨릭대학교 대학원 박사학위논문.

서현, 박나경(2023). 유아교사 놀이성과 유아의 사회적 유능성 간의 관계에서 교사 정서표현성의 병렬다중매개효과. 유아교육연구, 43(5), 459-480.

서현선, 전홍주(2021). 예비유아교사의 전환적 유아세계시민교육 수업참여의 의미. 유아교육연구, 41(4), 101-131.

성평등가족부(2025). 다문화가족 주요통계 2025년 6월. https://www.mogef.go.kr/as/asl/as_asl_s001.do

심미경, 정진은(2018). 아동을 위한 세계시민교육: 평생교육 성인학습자를 위한 코칭북. 박영story.

양옥승, 이옥주, 이정란, 손복영(2014). 유아사회교육. 신정.

오유림(2023). 저출생에도 몸집 키우는 프리미엄 유아용품시장. https://www.hankyung.com/article/2023090848731

옥새별(2023). 구성주의 교실에서 3세 유아환경교육 실천을 위한 실행연구. 한국교원대학교 교육대학원 석사학위논문

원 베네딕트(2007). 명품 인생이 되라. 상상북스.

유구종, 심우경(2014). 유치원 물리적 환경 변인이 유아의 사회·정서 능력에 미치는 영향. 유아교육연구, 34(1), 177-201.

유네스코 한국위원회(2015). 2015 세계시민교육 전문과정 연수자료집.

유네스코(2015). 세계시민교육: 학습 주제 및 학습 목표. (유네스코 아시아·태평양 국제이해교육원 역). 유네스코 아시아·태평양 국제이해교육원.

유정은, 문수연, 은미향, 김현미(2023). 영유아의 의견 존중 한걸음 더 나아가기. 지식터.

윤미승, 김경은, 윤정진(2022). 아동이 지각하는 학교 환경 및 자아존중감과 행복 간의 관계. 한국생활과학학회지, 31(3), 317-329.

이경노(2017). 만 3세 유아의 친사회적 행동과 교사 지도에 관한 질적연구. 안양대학교 대학원 박사학위논문.

이경실(2011). 유아사회교육의 목표와 내용, 수업 운영에 대한 교수와 유치원교사의 인식. 이화여자대학교 대학원 박사학위논문.

_____(2012). 유아사회교육 수업 계획하기에 대한 유치원 교사의 인식. 열린유아교육연구, 17(1), 215-244.

이경실, 엄정애(2012). 유아사회교육의 목표, 내용, 수업운영에 대한 교수와 유치원 교사의 인식. 유아교육연구, 32(1), 229-253.

이명종(2013). 한국 다문화교육 정책의 내용 및 실태분석. 박사학위논문. 중부대학교 교육대학원.

이미정(2006). 유아 성별에 형제자매, 유무, 성 지위 유형에 따른 성역할선호도 분석. 경성대학교 교육대학원 석사학위논문.

이선애, 현은자(2010). 교사-유아의 관계와 유아의 또래 유능성 및 자기조절능력 간의 관계 연구. 아동학회지, 31(2), 1-15.

이연실(2010). 유아의 자기조절력과 리더십의 관계. 유아교육·보육복지연구, 14(3), 151-174.

이영미, 임민정, 윤재희, 이승하(2021). 영유아사회교육. 공동체.

이용희(2017). 유아의 자기조절력에 영향을 미치는 변인 연구. 경희대학교 교육대학원 석사학위논문.

이윤경(1999). 유치원의 경제교육 지도실태에 관한 연구. 한국교사교육, 16(2). 173-194

이정란, 양옥승(2003). 유아의 자기조절 구성 요인에 관한 연구. 유아교육연구, 23(2), 69-91.

이정원, 박원순, 엄지원(2021). 영유아의 미디어 이용 적정화를 위한 정책방안 연구. 육아정책연구소 연구보고 2021-15.

이종향(2017). 유아경제교육을 위한 방향 제안 및 실효성 연구. 유아교육학논집, 21(3), 215-239.

이진화(2014). 보육교사의 교육신념과 영유아권리존중 보육실행과의 관계. 한양대학교 교육대학원 석사학위논문.

이혜수(2024). 협동적 원게임이 유아의 자기조절력 및 친사회적 행동에 미치는 효과. 서울교육대학교 교육전문대학원 석사학위논문.

이효림, 박소연(2017). 내용교수지식에 따른 유아사회교육 대학교재 내용분석. 유아교육학논집, 21(1). 283-308

이효림, 이지연(2018). 예비유아교사의 사회과 내용교수지식(PCK) 향상을 위한 유아사회교육 수업모형 개발. 열린유아교육연구, 23(5), 223-244.

임말자(2002). 유아의 생태학적 변인에 따른 유아교육기관 적응에 관한 연구. 신라대학교 대학원 석사학위논문.

임연자(2011). 유아의 또래 인기도에 따른 리더십 및 마음이해 능력의 차이. 전남대학교 대학원 석사학위논문.

임지영, 배윤진(2015). 한국판 Rothbart 유아용 기질 척도의 타당화. 한국생활과학회지, 24(4), 477-497.

임해순(2008). 그림동화가 유아의 공격성 및 친사회적 행동에 미치는 효과. 우석대학교 대학원 석사학위논문.

임효선(2013). 유아교육기관 내 남자 유아교사 유무에 따른 유아의 성(性)역할 발달 차이 연구. 인하대학교 교육대학원 석사학위논문.

전숙영, 권혜진(2016). 유아의 사회성 기질, 유아교육기관의 물적 환경 및 인적 환경과 또래 놀이상호작용과의 구조적 관계. 한국아동심리치료학회지, 11(3), 65-80.

정기오(2015). 세계시민교육을 위한 교사론. 교원교육, 31(1), 183-205.

정미라(2009). 유아의 성역할 정체감에 따른 자아존중감과 사회적 능력에 관한 연구. 한국영유아교원교육학회, 24(3), 107-130.

정선희(1997). 다문화교육에 관한 유아교사의 인식과 실태조사. 이화여자대학교 대학원 석사학위논문.

정지나, 김경희(2015). 유아의 자기조절력과 교사-유아 관계가 유아의 사회적 행동에 미치는 영향. 한국생활과학회지, 24(5), 617-629.

조성연, 천희영, 심미경, 황혜정, 최혜영, 전효성(2017). 영유아발달. 신정.

조운주(2014). 3-5세 유아사회교육 내용의 비교, 분석 및 유아사회교육 내용에 대한 교사들의 인식. 유아교육학논집, 18(5), 5-27.

조운주, 최일선(2023). 유아사회교육(제3판). 창지사.

조현서(2023). 생태환경교육을 만나고 실천하다. 지식터.

조형숙, 김선월, 김지혜, 김민정, 김남연(2014). 삶의 가치와 아름다움을 찾아가는 유아과학교육. 학지사.

지옥정, 조부경, 서윤희, 정애경(2017). 지속가능발전 지향 유아환경교육. 창지사.

최명희(2024). 좋은 선생님. 지식터.

최범서(2003). 명심보감. ㈜지경사.

최예원(2020). 유아의 언어능력, 정서조절능력, 운동능력이 친사회적 행동과 사회적 능력에 미치는 영향. 동아대학교 대학원 박사학위논문.

최옥희(2007). 생태학적 변인이 초등학교 저학년 아동의 학교 적응과 학업 성취에 미치는 영향. 경기대학교 대학원 석사학위논문.

최윤경, 임부연(2023). 놀이중심 유아교육과정의 교육내용에 대한 분석: 힘 있는 지식과 얽힘의 관계적-신지식론 관점으로. 영유아교육과정연구, 13(4) 85-110.

최정윤(2012). 유아의 자기조절력과 지적능력 및 또래 간 상호작용간의 관계. 동국대학교 대학원 석사학위논문.

최창욱, 유민종, 이승화(2019). 인생을 결정하는 유·초등 교육. ㈜러닝앤코.

최태혁(2011). 중학생의 도덕성 발달과 학습태도 및 사회성의 관계연구: 도덕 판단력 중심으로. 경희대학교 교육대학원 석사학위논문.

최하나(2018). 보육교사의 다문화정책지향성, 다문화수용성, 다문화역량에 관한 연구. 총신대학교 교육대학원 석사학위논문.

최혜진, 조은래, 권유선, 김선영(2022). 영유아사회교육. 공동체.

하수연(2021. 2. 22.). 가정은 자녀가 보물을 찾는 모험의 장소. 화성신문. https://www.ihsnews.com/38269

______(2024. 3. 3.). 너무나 뻔한 말, 아이는 부모를 닮는다. 화성신문. https://www.ihsnews.com/50275

______(2024. 4. 22.). 행복하고 즐거운 여가의 장소, 가정. 화성신문. https://www.ihsnews.com/50858

______(2025. 1. 13.). 부모가 부르는 호칭은 자녀의 미래를 결정한다. 화성신문. https://www.ihsnews.com/53720

하수연, 박원혁, 박영태(2023). 창의적 말하기와 글쓰기. 동문사.

하수연, 신현경, 이해정, 정재은, 김보경, 서영민(2018). 유아사회교육. 공동체.

하수연, 정재은, 김명지, 김연옥, 김보경(2019). 생활지도 및 상담. 공동체.

한경구(2017). 국제이해교육에서 세계시민교육으로: 글로벌 교육패러다임의 진화 그리고 현장의 혼란. 국제이해교육연구, 12(2), 1-43.

한경구, 김종훈, 이규영, 조대훈(2015). SDGs 시대의 세계시민교육 추진 방안. 유네스코 아시아태평양 국제이해교육원.

한국교육개발원(1993). 유치원용 민주시민교육 프로그램 교사용지도서. 대한교과서주식회사.

한명자(2007). 유아경제교육에 대한 교사의 인식. 원광대학교 대학원 석사학위논문.

행복(2025). 우리말샘. https://opendict.korean.go.kr/dictionary/view?sense_no=521229&viewType=confirm(2025. 10. 12. 인출).

환경. 국립국어원 표준국어대사전. https://stdict.korean.go.kr/search/searchResult.do?pageSize=10&searchKeyword=%ED%99%98%EA%B2%BD

환경교육. 네이버 사전. https://ko.dict.naver.com/#/entry/koko/c7af27622524496a91f39463d5565bd1

황선희(2015). 유아교사를 위한 생활지도 및 상담. 양서원.

황윤세(2010). 유아의 리더십과 자기조절력 간의 관계. 변형영유아교육연구, 4(2), 115-129.

황해익, 신현정, 탁정화(2022). 유아 행복 플로리시 척도 개발 연구. 생태유아교육연구, 21(1), 209-235.

황해익, 최미현, 천희영, 서현아, 최혜진, 오정녀(2015). 유아사회교육. 양서원.

황해익, 최혜진(2000). Vygotsky의 사회문화적 이론이 유아교육에 주는 시사: 비계설정과 역동적 평가. 열린유아교육연구, 5(2), 205-229.

Eco-steam 연구회(2022). 지구를 살리는 업사이클링 환경놀이. 테크빌교육.

Ainsworth, M. D. S., Blehar, M. C., Waters, E., & Wall, S. (1978). *Patterns of attachment: A psychological study of the strange situation*. Lawrence Erlbaum.

Allport, G. W. (1937). *Personality*. Holt.

________ (1961). *Pattern and growth in personality*. Holt.

Bandura, A. (1977). *Sociai learning theory*. Prentice-Hall.

________ (2002). *Social learning theory*. (변창진, 김경린 역). 한국학술정보.

Bar-Tal, D. (1976). *Prosocial behavior: Theory and research*. John Willy & Sons.

Bauer, I. M., & Baumeister, R. F. (2013). Self-Regulatory Strength. In K. D. Vohs & R. F. Baumeister (Eds.), *Handbook of Self-regulation* (2nd ed., pp. 64-82). Guilford Press.

Baumrind, D. (1967). Child care practices anteceding three patterns of preschool behavior. *Genetic Psychology Monographs, 75*(1), 43-88.

____________ (1971). Current patterns of parental authority. *Developmental Psychology, 4*(1, Pt.2), 1-103.

Baumrind, D., & Black, A. E. (1967). Socialization practices associated with dimensions of competence in preschool boys and girls. *Child Development, 38*(2), 291-327.

Beran, T. N., & Tutty, L. (2002). Children's reports of bullying and safety at school. *Canadian Journal of School Psychology, 17*(2), 1-14.

Berger, E. H. (2015). *Parents as partners in education: Families and schools working together* (9th ed.). Pearson Education.

BerK, l. E. (2013). *Development Through the Lifespan* (6th or 7th ed.). Pearson.

__________ (2013). *Infants and children: Prenatal through middle childhood* (7th ed.). Pearson Education.

Birch, S. H., & Ladd, G. W. (1997). The teacher-child relationship and children's early school adjustment. *Journal of School Psychology, 35*(1), 61-79.

Bird, J., & Edwards, S. (2015). Children learning to use technologies through play: A Digital Play Framework. *British Journal of Educational Technology, 46*(6), 1149-1160.

Block, J. H., & Block, J. (1980). The role of ego-control and ego-resiliency in the organization of behavior. In W. A. Collins (Ed.), *Development of cognition, affect and social relations: The Minnesota symposia on child psychology* (Vol. 13, pp. 39-101). Erlbaum.

Bodrova, E., & Leong, D. J. (1996). *Tools of the mind: The Vygotskian approach to early childhood education*. Merrill.

Bowlby, J. (1982). Attachment and loss: Retrospect and prospect. *American Journal of Orthopsychiatry, 52*(4), 664-678.

Bronfenbrenner, U. (1955). The bio-ecological model from a life course perspective: Reflections of a partic-ipant observer. In P. Moen, G. H. Elder, Jr., & k. Luscher(Eds), *Examining lives in context*(pp. 599-618). American Psychologicai Association.

__________________ (1979). *The ecology of human development: Experiments by nature and design*. Harvard University Press.

Bronson, M. B., & Bronson, M. (2000). Self-regulation in early childhood: Nature and nurture. Guilford. https://doi.org/10.1016/s0885-2006(01)00074-6

Calkins, S. D., & Hill, A. (2007). Caregiver influences on emerging emotion regulation: Biological and environmental transactions in early development. In J. J. Gross (Ed.), *Handbook of emotion regulation*(pp. 229-248). The Guilford Press.

Chaudron, S., Di Gioia, R., & Gemo, M. (2018). *Young children (0-8) and digital technology: A qualitative exploratory study*. European Commission.

Coie, J. D., Dodge, K. A., & Kupersmidt, J. B. (1990). Peer group behavior and social status. In S. R. Asher & J. D. Coie (Eds.), *Peer rejection in childhood* (pp. 17-59). Cambridge University Press.

Collins, M. (2012). 아동을 위한 세계시민교육[*Global citizenship for young children*]. (박명순, 김현경 역). 학지사.

Collins, W. A., Maccoby, E. E., Stein-berg, L., Hetherington, E. M., & Bornstein, M. H. (2000). Contem-porary research on parenting: The case for nature and nurture. *American psycholgist, 52*, 218-232.

Cummings, E. M., & Davies, P. (1994). *Children and marital conflict: The impact of family dispute and resolution*. Guilford Press.

Denham, S. A. (2006). Social-Emotional Competence as Support for School Readiness: What Is It and How Do We Assess It? *Early Education and Development, 17*(1), 57-89.

Denham, S. A., & Burton, R. (2003). *Social and emotional prevention and intervention programming for preschoolers*. Springer.

Denham, S. A., Blair, K. A., DeMulder, E., Levitas, J., Sawyer, K., Auerbach-Major, S., & Queenan, P. (2003). Preschool Emotional Competence: Pathway to Social Competence? *Child Development, 74*, 238-256.

Diener, E., Kesebir, P., & Tov, W. (2009). Happiness. In M. R. Leary & R. H. Hoyle (Eds.), *Handbook of individual differences in social behavior*. The Guilford Press.

Dodge, K. A., Coie, J. D., & Lynam, D. (2006). Aggression and antisocial behavior in youth. In N. Eisenberg (Ed.), *Handbook of child psychology: Vol. 3*. Social, emotional, and personality development (6th ed., pp. 719-788).

Duffy, R. A. (2010). Challenging behavior step-by-step sifting: Part 4-critical needs. *Exchange: The Early Childhood Leaders' Magazine Since (1978), 193*, 74-76.

DuMuller, E. K., Denham, S., Schmidt, M., & Mitchell, J. (2000). Q-sort assessment of attachment security during the preschool years: Links from home to school. *Developmental Psychology, 36*(2), 274-282.

Dunn, J. (1988). *The beginnings of social understanding*. Harvard University Press.

_______ (2004). *Children's friendships: The beginnings of intimacy*. Blackwell Publishing.

Dunn, J., & Kendrick, C. (1982). *Siblings: Love, envy and understanding*. Harvard University Press.

Eisenberg, N., Spinrad, T. L., & Morris, A. S. (2010). Regulation, resiliency, and quality of social functioning. *Self and Identity, 1*, 121-128.

Erikson, E. H. (1950). *Childhood and society*. Norton.

____________ (1963). *Childhood and Society*(2nd ed.). Norton.

Falbo, T., & Polit, D. F. (1986). Quantitative review of the only child literature: Research evidence and theory development. *Psychological Bulletin, 100*(2), 176-189.

Fredrickson, B. L. (2001). The role of positive emotions in positive psychology: The broaden-and-build theory of positive emotions. *American Psychologist, 56*(3), 218-226.

Gordon, K. (1995). The self concept and motivational patterns of resilient African American high school students. *Journal of Black Psychology, 21*, 239-256.

Gracián, B. (2023). 아주 세속적인 지혜: 400년 동안 사랑받은 인생의 고전[*Oraculo manual y arte de prudencia*]. (강정선 역). 페이지2.

Gralinski, H. J., & Kopp, C. B. (1993). Everyday rules for behavior: Mothers' requests to young children. *Developmental Psychology, 29*(3), 573-584.

Gross, J. J. (1998). The emerging field of emotion regulation: An integrative review. *Review of General Psychology, 2*(3), 271-299.

Grusec, J. E., & Lytton, H. (1988). *Social development: History, theory, and research*. Springer-Verlag Publishing.

Guralnick, M. J. (1992). A hierarchical model for understanding children's peer-related social competence. In S. L. Odom, S. R. McConnell, & M. A. McEvoy(Eds.), *Social competence of young children with disabilities: Issues and strategies for intervention*, 37-64.

Halliwell, J., Layard, R., & Sachs, J. (2013). *World happiness report 2013*. UN Sustainable Development Solution Network.

Hamre, B. K., & Pianta, R. C. (2001). Early teacher-child relationships and the trajectory of children's school outcomes through eighth grade. *Child Development, 72*(2), 625-638.

Hartup, W. W., & Moore, S. G. (1990). Early peer relations: Developmental significance and prognostic implications. *Early Childhood Research Quarterly, 5*(1), 1-17.

Hay, D. F. (1994). Prisocial develoment. *Journal of child Psychology and psyc hiatry, 35*(1), 29-71.

Hetherington, E, M., & Parke, R, D. (1993). *Child Psychology: A Contemporary View-point*. McGraw-Hill.

Holder, M. D., & Klassen, A. (2010). Temperament and happiness in children. *Journal of Happiness Studies: An Interdisciplinary Forum on Subjective Well-Being, 11*(4), 419-439.

Holloway, D., Green, L., & Livingstone, S. (2013). Zero to Eight: Young Children and their Internet Use. LSE, London and EU Kids Online.

Honig, A. S. (1995). Choosing child care for young children. In M. H. Bornstein (Ed.), *Handbook of*

Parenting (Vol. 4, pp. 411-435). Lawrence Erlbaum.

Howes, C. (1987). Social competence with peers in young children: Developmental sequences. *Developmental Review, 7*(3), 252-272.

Howes, C., & Ritchie, S. (2002). *A matter of trust: Connecting teachers and learners in the early childhood classroom*. Teachers College Press.

Hubbard, J. A. (2001). Emotion expression processes in children's peer interaction: The role of peer rejection, aggression, and gender. *Child Development, 72*(5), 1426-1438.

Hyson, M. (2004). *The emotional development of young children: Building an emotion-centered curriculum* (2nd ed.). Teachers College Press.

Katz, L. G., & McCellan, D. E. (1997). *Fostering children's social competence: The teacher's role*.(Vol.8.) NAEYC Research into Practice into Practice Series.

Katz, L. G., & McClellan, D. E. (1997). *Fostering children's social competence: The teacher's role*. National Association for the Education of Young Children.

Kirkorian, H. L., Wartella, E. A., & Anderson, D. R. (2008). Media and young children's learning. *The Future of Children, 18*(1), 39-61.

Kohlberg, L. (1966). A cognitive-developmental analysis of children's sex role concepts and attitudes. In E. E. Maccoby(Ed), *The development of sex differences*(pp. 82-173). Stanford University Press.

Kopp, C. B. (1982). Antecedents of self-regulation: A developmental perspective. *Developmental Psychology, 18*(2), 199-214. https://doi.org/10.1037/0012-1649.18.2.199

Kopp, C. B. (1989). Regulation of distress and negative emotions: A developmental view. *Developmental Psychology, 25*(3), 343-354.

Kostelnik, M. J., Sodderman, A. K., Whiren, A. P., Rupiper, M. L., & Gregory, K. M. (2017). 영유아의 사회정서발달과 교육[*Guiding Children's Social Development & Learning* (8th ed)]. (박경자, 김송이, 신나리, 권연희, 김지현 역). 교문사.

Kostelnik, M. J., Soderman, A. K., Whiren, A. P., & Rupiper, M. L. (2017). *Guiding Children's Social Development and Learning: Theory and Skills* (9th ed.). Cengage Learning.

Kostelnik, M. J., Stein, L. C., Whiren, A. P., & Soderman, A. K. (1993). *Guiding children's social development: Classroom practices*. Delmar Publishers.

Ladd, G. W. (1990). Having friends, Keeping friends, making friends, and being liked by peers in the classroom: Predictors of children's early school adjustment? *Child Development, 61*(4), 1081-1100.

Laevers, F. (2005). Deep-level-learning and the experiential approach in early childhood and primary education. *European Early Childhood Education Research Journal, 13*(1), 17-29.

Lee, K. (2016). Challenges facing South Korea early childhood teachers in providing global citizenship education: becoming a cosmopolitan citizen. *International Journal of Early Childhood Education, 22*(2), 115-131.

Linn, S. (2008). *The case for make believe: Saving play in a commercialized world*. The New Press.

MaCormack, T., & Hoerl, C. (2007). Young children's reasoning about the order of past events. *Journal of Experimental Child Psychology, 98*, 168-183.

Marsh, J. (2010). Young children's play in online virtual worlds. *Journal of Early Childhood Research, 8*(1), 23-39.

McCullough, M. E., & Carter, E. C. (2013). Waiting. Tolerating, and Cooperating: Did Religion Evolve to Prop Up, Humans' Self-Control Abilities? In K. D. Vohs & R.F. Baumeister (Eds.) *Handbook of Self-Regulation* (2nd ed, pp. 422-440). NY: Guilford Press.

McLoyd, V. C. (1998). Socioeconomic disadvantage and child development. *American Psychologist, 53*(2), 185-204.

Mindes, G. (2005). Social studies on today's early childhood curricula. Young Children, 60(5), 12-19.

Moore, G. T. (1986). Effects of the spatial definition of behavior settings on children's behavior: A quasi-experimental field study. *Journal of Environmental Psychology, 6*(3), 205-231.

Morrison, G. S. (1998). *Early childhood education today*(7th ed.). Prentice Hall.

Mussen, P., & Eisenberg, N. (1977). *Boots of caring sharing and helping: The development of prosocial behavior in children*. H. Free man.

NAEYC-FRC. (2012). *Technology and interactive media as tools in early childhood programs serving children from birth through age 8*. Fred Rogers Center.

NAEYC (2009). *Developmentally appropriate practice in early childhood programs serving children from birth through age 8*. National Association for the Education of Young Children.

Neil, P. (2015). Going from me to we: Social studies in preschool. HighScope Extension, 29(1), 1-15.

O'Malley, J. M. (1977). Research perspective on social competence. *Merrill-Palmer Quarterly, 23*, 30-44.

Oxfam (2015). Education for global citizenship: A guide for schools. Retrieved October 1, 2019 from https://www.oxfam.org.uk

Parker, J. G., & Asher, S. R. (1993). Friendship and friendship quality in middle childhood: Link with peer group acceptance and feelings of loneliness and social dissatisfaction. *Development Psychology, 29*, 611-621.

Pianta, R. C. (1999). Examples from life. In R. C. Pianta, *Enhancing relationships between children and teachers* (pp. 105-123). American Psychological Association.

Plowman, L., & Stephen, C. (2005). Children, Play and Computers in Preschool Education. *British Journal of Educational Technology, 36*, 145-157.

Radesky, J. S., Schumacher, J., & Zuckerman, B. (2015). Mobile and interactive media use by young children: The good, the bad, and the unknown. *Pediatrics, 135*(1), 1-3.

Raver, C. C. & Zigler, E. F. (1997). Social competence: An untapped dimension in evaluating head start's success. *Early Childhood Research Quarterly, 12*(4), 363-385.

Rideout, V. (2017). *The common sense census: Media use by kids age zero to eight*. Common Sense Media.

Rogoff, B. (2003). *The cultural nature of human development*. Oxford University Press.

Rohrer, J. M., Egloff, B., & Schmukle, S. C. (2015). Examining the effects of birth order on personality. *Proceedings of the National Academy of Sciences, 112*(46), 14224-14229.

Rothbart, M. K., & Bates, J. E. (2006). Temperament. In N. Eisenberg, W. Damon, & R. M. Lerner (Eds.), *Handbook of child psychology: Social, emotional, and personality development*(6th ed., pp. 99-166). John Wiley & Sons, Inc.

Rubin, K. H., Bukowski, W. M., & Parker, J. G. (2006). Peer interactions, relationships, and groups. In N. Eisenberg, W. Damon, & R. M. Lerner (Eds.), *Handbook of child psychology: Social, emotional, and personality development* (6th ed., pp. 571-645). John Wiley & Sons, Inc.

Saarni, C. (1984). Observing children's use of display rules: Age and sex differences. *Child Development, 55*, 1504-1513.

Samuelsson, I. P., & Kaga, Y.(Eds.) (2008). *The contribution of early childhood education to a sustainable society* (pp. 1-136). UNESCO.

Santrock, J. W. (2021). *Child development* (15th ed.). McGraw-Hill Education.

Schaffer, H. R. (1996). *Social development*. Blackwell Publishing.

Schonert-Reichl, K. A., & Lawlor, M. S. (2010). The effects of a mindfulness-based education program on pre- and early adolescents' well-being and social and emotional competence. Mindfulness, 1(3), 137-151.

Seefeldt, C. (1997). *Social Studies for the Preschool-Primary Child*. (5nd ed.). Charles E. Merrill Publishing Co.

__________ (2001). *Social studies for the preschool/primary child* (6th Eds). Merrill.

Seefeldt, C., Castle, S., & Falconer, R. D. (2014). *Social studies for the preschool/primary child*. (9th ed). Pearson

Seligman, M. E. P. (2012). *Flourish: A visionary new understanding of happiness and well-being*. Simon Element/Simon Acumen.

Selman, R. (1980). *The growth of interpersonal understanding: Developmental and clinical analyses*. Academic Press.

Steinberg, L., Vandell, D. L., & Bornstein, M. H. (2012). 아동발달. (곽금주, 김경은, 김근영, 김연수, 이강이, 한세영 역). 센게이지러닝코리아. (원저 출판 2011년)

Stephen, C., & Edwards, S. (2017). *Young children playing and learning in a digital age: A cultural and critical perspective*. Routledge.

Strongman, K. T. (1996). *The psychology of emotion: Theories of emotion in perspective* (4th ed.). John Wiley & Sons.

Sulloway, F. J. (1996). *Born to rebel: Birth order, family dynamics, and creative lives*. Pantheon Books.

Thomas, A., & Chess, S. (1977). *Temperament and development*. Brunner/Mazel.

__________________ (1986). The New York Longitudinal Study: From infancy to early adult life. In R. Plomin & J. Dunn (Eds.), *The Study of Temperament: Changes, Continuities, and Challenges*(pp. 39-52). Lawrence Erlbaum Associates.

Tilbury, D. (1994). The international development of environmental education: A basis for a teacher education model? Environmental Education and Information, 13(1), 1-20

Tunteler, E., & Resing, C. M. (2002). Spontaneous analogical transfer in 4-year-olds: A microgenetic study. *Journal of Experimental Child Psychology, 83*, 149-166.

UNESCO (2014). *Global citizenship education: Preparing learners for the challenges of the twenty-first century*. UNESCO.

Vygotsky, L. S. (1978). *Mind in society. The development of higher psychological processes*. Harvard University Press.

Wartella, E., Rideout, V., Lauricella, A. R., & Connell, S. (2013). *Parenting in the age of digital technology*. Report for the center on media and Human development school of communication Northwestern University.

저자 소개

김현자 숙명여자대학교 대학원 아동복지학과(문학박사)
두원공과대학교 유아교육과 교수

하수연 동아대학교 대학원 교육학과(교육학박사)
장안대학교 유아교육과 교수

김종미 경기대학교 유아교육학과(교육학박사)
두원공과대학교 유아교육과 겸임교수
신나는어린이집 원장

영유아사회교육

첫째판 1쇄 발행 | 2025년 12월 8일

지 은 이 김현자, 하수연, 김종미
펴 낸 이 어진용
책임편집 태선옥
디 자 인 이은경
펴 낸 곳 어가
10449 경기도 고양시 일산동구 장백로 20, 102동 202호(백석동, 동문굿모닝힐1차)
전화 031) 901-4222, 6318
팩스 031) 901-6319
이메일 uhga@uhga.co.kr
홈페이지 www.uhga.co.kr
등 록 2016년 7월 4일·제2016-000133호

ISBN 979-11-7075-217-2 (93370)
정가 20,000원